AU TRAVAIL...

Jean-Paul Arveiller est psychologue dans le service de santé mentale du 5e arrondissement de Paris.

Clément Bonnet est psychiatre des hôpitaux dans l'Association de santé mentale du 13e arrondissement de Paris.

Les auteurs sont des praticiens engagés depuis des années dans le mouvement d'ouverture des hôpitaux psychiatriques et participent également aux travaux de la Fédération nationale Croix-Marine.

Jean-Paul Arveiller

Clément Bonnet

AU TRAVAIL...

Les activités productives dans le traitement et la vie du malade mental

érès

ISBN : 2-86586-180-5

19, rue Gustave Courbet, 31400 Toulouse

L'idée d'utiliser le travail comme une thérapeutique des maladies mentales est ancienne mais a recouvert, depuis deux cents ans, des conceptions et des réalités fort diverses, en relation avec les conditions sociales et idéologiques de l'époque.

Notre pratique quotidienne dans les secteurs de psychiatrie publique nous a montré que le bien-fondé d'un travail thérapeutique est actuellement à remettre en cause. Les exigences économiques de rentabilité pour l'hôpital ou l'obligation de canaliser l'activité des aliénés agités ne sont plus des nécessités comme c'était le cas au temps du traitement moral. Par ailleurs, la crise économique actuelle limite les emplois et la société tend à assister les inactifs. Alors que le chômage trouve des solutions plus sociales qu'économiques, quel modèle peut encore représenter le travail pour des malades mentaux ?

Telle est la question que nous avons souhaité poser dans cet ouvrage en tentant essentiellement de brosser un état des lieux, à défaut de suggérer des solutions radicales. Pour cela, un détour historique nous a semblé nécessaire : nous l'avons limité dans le temps au XXe siècle et nous ne nous sommes intéressés qu'à la population adulte. Un peu artificiellement nous avons repéré trois grandes périodes : le début du siècle et plus précisément la période d'entre-deux-guerres 1918-1940, la période d'après-guerre jusqu'aux environs de 1970 qui recoupe *grosso modo* ce que les économistes dénomment « les 30 glorieuses » et, enfin, les temps actuels c'est-à-dire ces vingt dernières années. Nous les désignerons par les titres : *éduquer, humaniser, réadapter* qui caractérisent les grands axes théoriques et pratiques de chacune de ces périodes.

Ainsi, au début du siècle, le travail à l'asile se donne une justification éducative. On fait travailler le malade pour son bien — mais au bénéfice de l'établissement. L'essentiel est que l'ordre règne grâce à l'adaptation de l'aliéné à son lieu de soin. Seul ce résultat compte, ce qui explique les méthodes de mise au travail associant souvent contraintes et conditionnements. A la mi-siècle, dans un environnement amélioré, le travail prend, à l'hôpital psychiatrique, un autre sens. Comme élément d'une psychothérapie institutionnelle, il s'intègre parmi les techniques visant à restaurer la communication et les échanges avec et entre les malades mentaux. L'instauration d'une praxis, par la confrontation à la situation de travail constitue un moyen de se retrouver soi-même au travers de relations signifiantes dans le groupe d'activité. Le soin individuel passe par la confrontation aux autres et la réadaptation sociale. Les années 70 se caractérisent par une critique en règle du travail aliénant des asiles : les ateliers intra-hospitaliers se vident, alors que de nouvelles pratiques naissent dans le milieu social. Parmi celles-ci, la mise en place d'un réseau de travail protégé pose actuellement question : ne s'agit-il pas, encore une fois, d'un processus d'exclusion sociale ?

A l'heure où le travail tend à se raréfier, la loi de 1975 transforme les malades mentaux en handicapés du travail, comme si le fait d'être salarié était le seul critère de bonne santé mentale. Alors que le non-travail se banalise de par sa fréquence, ceux qui sont dans « l'impossibilité de se procurer un emploi » sont orientés vers des structures de travail protégé, primitivement destinées à recevoir les seuls patients psychotiques. Cette constatation nous conduit à repenser la place du travail dans le processus de réadaptation. N'étant plus le seul symbole de bonne santé, il ne doit plus être le passage obligé de l'intégration sociale. Ainsi, à la notion de réadaptation par le travail doit se substituer un projet plus global dans lequel l'indépendance de vie, la gestion du quotidien, l'acquisition de responsabilités, la lutte contre la solitude, auront leur place. Bien évidemment, ce changement ne peut se concevoir que dans un environnement social évolué où les notions de solidarité communautaire, d'intégration, de citoyenneté seront réellement porteuses de sens.

C'est donc en direction de la communauté globale qui accueillera malades et exclus que devront aussi porter nos efforts. L'insertion par le travail ou sans le travail deviendrait alors le champ d'un autre enjeu pour les acteurs sociaux.

I

EDUQUER PAR LE TRAVAIL
(1919-1939)

Repères

1919 *Loi fixant la durée du travail à 48 heures par semaine.*

1921 *Ouverture de l'école de Summerhill (S. Neil).*

1921 *Création des premiers services libres.*

1925 *Parution de* Jeunesse à l'abandon *(A. Aichhorn).*

1926 *Création du premier Centre d'aide par le travail (CAT) aux Pays-Bas.*

1926 *Congrès des médecins aliénistes en Suisse, consacré au travail des aliénés.*

1929 *Parution de* Une thérapeutique plus active à l'hôpital psychiatrique *(H. Simon.).*

1930 *Parution de* L'introduction à la psychanalyse pour éducateurs *(A. Freud).*

1930 *Loi sur les assurances sociales.*

1932 *Parution des* Propos sur l'éducation *(Alain).*

1936 *Victoire du Front Populaire aux élections législatives. Création des CEMEA (centres d'entraînement aux méthodes d'éducation active).*

1937 *L'asile devient hôpital psychiatrique.*

L'émergence d'une pédagogie

S'il y a une constante dans la thérapeutique des maladies mentales depuis deux cents ans, c'est bien la valeur positive attribuée au travail. Valeur réelle ou alibi... peut-être les deux à la fois ? Elle a en tous cas le mérite, dans un passé proche, de rassembler tout le monde tant en théorie — de Karl Marx [165] au Pape Léon XIII [224] — qu'en pratique — médecins et administratifs hospitaliers. Certains parmi ces derniers considèrent pourtant que le travail n'a été qu'un alibi pour rentabiliser l'asile, instaurer l'ordre, occuper des malades hospitalisés mais inactifs ; c'est le cas par exemple du Docteur Armand Laroche : « On le met [le travail] en général tout à fait en avant et ce qui me frappe c'est que cette mise en valeur permanente remonte en fait au XIXe siècle, très exactement à la ferme à Sainte-Anne. On dit alors, comme on disposait d'un grand terrain, qu'il serait excellent que les malades le cultivent. A chaque fois que la psychiatrie a voulu faire des progrès, elle s'est parée d'idées thérapeutiques pour simplement faire face à des difficultés de nature économique, ce qui me paraît constamment scandaleux depuis cent cinquante ans. C'est pourquoi je trouve que les psychiatres ont tort de répéter depuis si longtemps que le travail est le seul moyen de "se réaliser" pour un malade mental » [331, p. 18]. Il semble qu'aujourd'hui dans la situation économique que nous connaissons, même l'alibi soit difficile à trouver. Nous pourrions être tentés de dire qu'en psychiatrie, soit le travail a une valeur thérapeutique en lui-même, soit il n'en a pas et doit alors disparaître des pratiques... Mais revenons en arrière avec le siècle qui débute.

L'HÉRITAGE DU XIXe SIECLE

Nous ne rappellerons que brièvement l'avant XXe siècle pour donner quelques éléments sur ce que pouvait représenter le travail dans les asiles à ce moment-là. Au début était Pinel, peut-on dire, puisque c'est le premier à avoir parlé de travail pour les malades. Il semble que la question du travail se pose pour les malades chaque fois que ceux-ci accèdent à davantage de liberté : c'est le cas à l'époque de Pinel comme à celle des premiers neuroleptiques dans les années 50 ou après le mouvement d'externements des années 70. Il est donc impossible de ne pas citer Philippe Pinel, puisqu'il est le promoteur théorique du travail des aliénés. Le chapitre XXI de son traité est en effet consacré au travail mécanique, « loi fondamentale de tout hospice d'aliénés » : « Ce n'est plus un problème à résoudre, c'est le résultat le plus constant et le plus unanime de l'expérience, que dans tous les asiles publics, comme les prisons et les hospices, le plus sûr et peut-être l'unique garant du maintien de la santé, des bonnes mœurs et de l'ordre, est la loi d'un travail mécanique, rigoureusement exécutée. Cette vérité est surtout applicable aux hospices des aliénés ; et je suis très fortement convaincu qu'on ne peut faire un établissement de ce genre durable et d'une utilité soutenue, s'il ne pose sur cette base fondamentale » [273, p. 224]. Malgré ses efforts, Pinel n'a jamais pu mettre ses propos en pratique. Notons toutefois que dans son idée, il s'agissait essentiellement d'un travail agricole destiné aux aliénés convalescents, qui aurait l'avantage parallèle de couvrir la dépense procurée par leur internement.

D'un point de vue pratique, toutes les expériences de travail sont déjà mises en œuvre vers le milieu du XIXe siècle, sous couvert de traitement moral. Le travail tient sa place dans la thérapeutique au même titre que l'isolement ou l'hydrothérapie ; seuls les supports théoriques et les applications pratiques changeront au cours de l'histoire. Il faut remarquer que tout a déjà été organisé pour le travail dans l'asile, mais aussi au-dehors.

Dans l'asile, le travail est constitué essentiellement par des activités de plein air (ferme, jardin, élevage, cultures maraîchères mais aussi maçonnerie, terrassement), dans quelques cas plus rares par de l'artisanat au sein d'ateliers. « Comme le travail de la terre, quoique généralement agréable, n'est pas recherché par tous et que d'ailleurs, il est impossible dans certains jours et contre-indiqué par certains états maladifs, la prévoyance médicale met à la disposition des malades de nombreux ateliers où ils travaillent sous la direction des gardiens. Ce sont des ateliers de tailleurs, de cordonniers, de menuisiers, de serruriers, de tourneurs, de charrons, de relieurs, etc. » [140, p. 434] — ou par une participation au travail des services généraux. Voici, en exemple, la répartition des 191 malades travailleurs de l'asile de Vaucluse en 1899 [85, p. 367] :

Employés	*à la ferme*	*15*
	au potager	*24*
	au jardin	*40*
	à l'atelier de menuiserie	*9*
	à l'atelier de cordonnerie	*15*
	à l'atelier de tailleur	*9*
	à l'atelier de couture	*51*
	à l'atelier de lingerie	*10*
	à l'atelier de buanderie	*32*

De la même manière, « en 1889, à l'asile d'Evreux, sur une population moyenne de 424 hommes, 217 aliénés ont pu être occupés à divers travaux, 39 à la culture agricole et maraîchère, 50 à des travaux de terrassement, 65 aux services intérieurs, 3 aux bureaux, 1 à la conciergerie, 4 à la buanderie, 3 à la cave et au bûcher, 4 à la meunerie et à la boulangerie, 3 à la couture et au raccommodage, 23 à la cordonnerie et à la chaussonnerie, 6 à la maçonnerie, 7 à la menuiserie, 7 à la serrurerie et à la ferblanterie, 2 à la peinture » [57, p. 223].

En-dehors de l'asile, à partir de 1870, certaines sociétés de patronage qui possédaient déjà des ouvroirs, comme l'œuvre de La Salpétrière, mirent en place des ateliers, voire créèrent de véritables entreprises pour malades mentaux. La société d'assistance par le travail est créée en 1891 [250].

La littérature spécialisée parle, elle, surtout du travail au sein de l'asile, c'est-à-dire essentiellement du travail agricole.

1. L'exemple anglais

De nombreux aliénistes français, Berlie [266], Parchappe [253], Morel de G. [408], se rendent à cette époque en Angleterre, pays d'avant-garde en ce qui concerne les modes de traitement des insensés, pays de l'*open-door* et du *no-restraint* appliqués couramment dans les asiles. Morel de G. en particulier constate que presque 90 % des malades travaillent, que même les aliénés de la classe riche effectuent un travail manuel et que le travail est adapté au malade « selon ses goûts et ce qui peut remuer ses émotions ». Parchappe, quant à lui, énumère les nombreuses activités qu'il a observées dans les asiles anglais :

— travaux sans caractère spécial : ménage, magasins, usines, cuisine, boulangerie ;

— travaux avec caractère spécial : travail industriel (fabrication d'habillement, chaussures, tissus, mobilier), travaux du bâtiment (menuiserie, serrurerie, peinture, vitrerie), ouvrages de fantaisie (broderie, fleurs artificielles, vitrerie), imprimerie typographique, terrassement, travaux agricoles (jardin, ferme)...

Il s'étonne en particulier du fait qu'on fasse « figurer au nombre des travailleurs, les malades qui font de la musique, qui dessinent, qui lisent et cela pour des nombres considérables » [253, p. 391], « qu'on affecte de poser en principe que les questions de bénéfice doivent être négligées dans l'organisation du travail et doute que seule la persuasion permette de faire travailler les malades ». D'ailleurs, ajoute-t-il, « les aliénés doivent être gouvernés comme des enfants, c'est-à-dire avec douceur mais aussi autorité ». On comprend les réactions et les surprises des médecins français pour qui le travail à l'asile représente tout à fait autre chose, pour ne pas dire exactement l'inverse.

En Angleterre, ce sont les conditions d'humanisation des asiles, la suppression des punitions et de la contention, l'ouverture des portes, qui permettent la réalisation d'un travail alors qu'en France à la même époque, le travail est institué comme un facteur d'ordre et de discipline. « Il n'est qu'un moyen de calme, de régularisation, de discipline » [53, p. 323]. Ainsi le travail est généralement imposé. Si la persuasion ne suffit pas, certains proposent d'ailleurs d'utiliser « la privation d'une petite faveur, l'application de la camisole pendant quelques heures, une douche même ou une séance d'électrisation surmonteront la résistance mieux que ne l'auraient fait tous les raisonnements du monde » [156, p. 98]. Nous sommes loin de la conception anglaise du travail comme lieu d'expression, ouvert aux hommes comme aux femmes, aux riches comme aux pauvres : il reste essentiellement lié à la discipline. « L'observation de chaque jour a dû montrer qu'on ne peut presque pas obtenir de guérison solide sans avoir recours à quelques moyens moraux » (ne fût-ce que le travail, la discipline, etc.) [177, p. 526]. Pour obtenir calme et ordre, le travail doit être dur et... abrutissant. C'est le sens de l'intervention de Bouchet de Nantes, qui voit dans le travail communautaire (« communisme ») la possibilité de rendre « l'aliéné docile, tranquille, ordonné » [49, p. 308]. Il faut, dit-il, que « l'aliéné, entraîné dans une vie qui le domine, ait à peine la pensée de s'y soustraire », qu'il soit passif et incapable de manifester un quelconque désir : « Il est très vrai que ce sont les principes du communisme dont l'application est faite au régime des aliénés. La raison en est simple : la plupart du temps, la maladie n'est que la conséquence du principe de l'individualisme porté à l'excès dans la famille, la propriété, le travail et la liberté. Son remède se trouve donc dans la disposition contraire, c'est-à-dire dans l'abnégation de soi-même et la régulation des actes, soumise à la direction d'une pensée étrangère. Sous l'emprise de ces principes, la lutte a cessé, le cerveau et ses facultés sont entrés peu à peu dans le repos. Le sentiment du communisme s'est infiltré peu à peu dans la pensée, dans les actes ; il a suspendu les élans de l'individualisme et les écarts qui en étaient le résultat » [49, p. 307].

Un véritable rapport de force sous-tend les activités de travail, et certains comptes rendus de l'époque font état d'une réelle relation sado-masochiste ! Ainsi, on peut lire sous la plume d'Evrat en 1852, cité par P. Marie [234] : « Les terres qui conviennent le mieux aux aliénés sont les terres de mauvaise qualité parce qu'elles coûtent peu, parce qu'elles exigent un labeur plus pénible et d'une durée plus longue et parce que, grâce au travail de ces hommes dangereux et autrefois inutiles, elles sont appelées à prendre par la suite, beaucoup plus de valeur ». De l'autre côté, un compliment lu en 1897 par les apprentis de Bicêtre à la Commission de surveillance des asiles publics d'aliénés du département de la Seine qui leur alloue annuellement une somme de 20 francs, se révèle être un véritable acte d'allégeance associant remerciement et contrition : « Nous ne pouvons pour le moment que vous donner des promesses, mais elles sont sincères, c'est celles d'avoir une conduite meilleure que par le passé et d'être plus réservés dans nos paroles et nos actes, de nous conformer à tout ce qui est prescrit en vue de notre guérison et de notre instruction primaire et professionnelle, afin de toujours conserver votre bienveillance qui nous est d'un grand prix » [84, p. 137].

2. Une double justification

En ce qui concerne la psychiatrie française, la justification reste double, à la fois économique et thérapeutique, les médecins directeurs parvenant toujours, grâce à leur statut de médecin, à concilier leur souci de gestion et le cadre thérapeutique. Cependant, on peut naturellement s'étonner que le travail thérapeutique ne s'applique principalement qu'aux chroniques et aux indigents. Le travail est censé soigner mais on fait travailler surtout les chroniques, c'est-à-dire ceux pour lesquels on pense que toute thérapeutique est devenue pratiquement inutile. On parlera donc pour ces « aliénés tranquilles » c'est-à-dire chroniques, de moyens de bien-être, autrement dit d'occupation, ce qui correspond mieux à la réalité.

Bien que Parchappe [266] définisse le travail selon deux axes :
— traitement pour les malades curables
— moyen de bien-être pour les incurables,
l'asile étant à la fois lieu de soin et lieu de vie, dans la réalité, la prescription du travail n'est appliquée qu'aux malades chroniques qui nécessitent moins de surveillance et sont plus productifs. « Le perfectionnement vers lequel il faut tendre aujourd'hui, c'est d'organiser le travail dans le double intérêt des malades et des établissements, c'est de concilier la nécessité de conserver au travail son caractère essentiellement hygiénique avec la convenance de lui imprimer une direction lucrative » [266, p. 396]. A l'époque, une certaine unanimité s'obtient sur ce point de vue pragmatique qui reconnaît au travail un triple intérêt : thérapeutique, occupationnel et lucratif (voir par exemple Bonnet [47, p. 164]). C'est ce que résume bien Parchappe : « La salubrité et l'attrait dans le travail n'étant en aucune sorte incompatibles avec sa productivité, la conciliation de l'intérêt des malades avec l'intérêt de l'établissement est possible. Et dès lors, le but essentiel de l'organisation du travail dans les établissements d'aliénés doit être la création sur une large échelle d'occupations salubres, agréables et productives » [266, p. 398].

Comment, en effet, un directeur d'asile boucle-t-il son budget au XIXe siècle ? Il a essentiellement deux sources de revenus : la participation financière des malades pensionnés, c'est-à-dire en pension payante, et le revenu des ateliers des malades. En effet, le règlement modèle des asiles du 20 mars 1857 mentionne bien que :
— le travail est institué dans l'asile comme moyen de traitement et de distraction pour les malades (article 150),
— le produit du travail appartient à l'établissement. Une rémunération de... centimes est attribuée pour chaque journée de travail, aux aliénés entretenus au compte des départements (article 153),
— la journée de travail est de dix heures (article 154).

Le travail vient donc en déduction des frais d'hospitalisation, c'est en quelque sorte un dû pour les malades indigents, et chaque année, la Commission de surveillance des asiles insiste sur l'importance financière de faire travailler le maximum d'aliénés. Prenons quelques exemples.

En 1886 : « Nous n'avons pas à revenir sur l'obligation qu'ont, pour des raisons diverses, les médecins et les directeurs de nos asiles d'occuper les malades depuis le matin jusqu'au soir, et de les utiliser le plus possible [...] les résultats sont convenables ; nous attendons encore mieux quand l'asile sera enfin organisé » [83, p. 307].

En 1899 : « Cet accroissement ininterrompu de journées de travail est la preuve manifeste de tout le parti qui est tiré de la main-d'œuvre volontaire (!) fournie par les malades utilisables [...]. Ces résultats satisfaisants justifient notre insistance pendant bien des années pour obtenir le développement du travail des malades. La commission ne peut qu'encourager les médecins et les directeurs pour obtenir encore davantage : il y va de l'intérêt des malades et de l'intérêt des finances départementales » [85, p. 326-327].

Le budget de l'hôpital de Villejuif, en 1885, nous donne une idée de l'importance de cette ligne budgétaire : le produit du travail des aliénés est estimé, cette année-là, à 75.000 francs. A titre indicatif, la solde de tout le personnel infirmier s'élève pour la même année à 54.000 francs. Il faut dire que certains asiles étaient parfaitement équipés pour produire, P. Marie [234] donne quelques exemples : 18.000 pêches produites à Sainte-Gemmes en 1865, des dizaines de tonnes de pommes à cidre et 105.000 litres de lait à Caen, etc. Mais toute la production agricole pouvait être représentée dans les asiles : culture fruitière, légumes, vigne — parfois même le vin était produit sur place —, plantes fourragères, céréales, élevages ovin, bovin, surtout porcin, volailles, etc., on abattait et transformait souvent sur place, etc. L'asile était même organisé en fonction de la meilleure rentabilité possible. Comme le dit Bouchet [49, p. 312], « c'est donc sous le rapport de l'économie surtout, que le travail des femmes doit être envisagé ».

Pour cela, on a recours à des statistiques visant à établir la surface cultivable optimum pour cent aliénés. Celle-ci va en 1874, de 1,31 ha à Mareville à 14,78 ha à Breuty. P. Marie [234] nous apprend que Lunier estime cette surface à 10 ha, qu'elle peut être augmentée à 15 ha pour les asiles ne recevant que des hommes selon les souhaits des inspecteurs généraux en 1874, que Combes se contenterait de 5 ha, que le directeur de l'asile de Pau estime que 10 ha constitue un maximum, etc. Certains pensaient que la production agricole d'un asile devait être portée à hauteur de l'exonération complète des aliénés indigents, c'est le cas de Billod, cité par Semelaigne [316, p. 59]. D'autres arrivent même à réaliser des bénéfices grâce au seul travail des malades, et sans la participation des malades pensionnés comme Belloc à Alençon, cité par P. Marie [234, p. 117].

Bien évidemment, des excès ont été commis. Ils ont été dénoncés tant à l'échelon local que national. Nous pensons dans le premier cas à la discussion du 30 mars 1897 de la Commission de surveillance, concernant essentiellement le travail au service du personnel de direction, mais élargissant le débat à la condition de travailleur au sein des asiles, et à la portée thérapeutique du travail. Elle soulève un certain nombre de questions sur les rapports entre l'intérêt du malade et l'intérêt du soignant et se focalise finalement sur l'emploi des malades dans les familles des médecins ou responsables administratifs de l'asile. Dans ce cas, le travail ne peut se justifier car :

— il ne se pratique pas au grand air et n'est donc pas hygiénique,

— il a lieu hors de toute surveillance puisque ces malades sont utilisés pour permettre à ceux qui les emploient de s'absenter. Le directeur de Villejuif insiste sur le fait que si on n'autorise plus les malades à garder les enfants du personnel, « il faudra les remplacer par des bonnes qui seront difficiles à surveiller » ! [84, p. 87],

— il introduit enfin un rapport de domesticité qui ne doit pas exister entre internés et responsables de l'asile ; c'est le sens de l'intervention de Monsieur Le Roux, directeur des affaires départementales : « Mon objection primordiale, c'est que je considère que quand l'Administration a pris des malades en vue de les soigner et de les rendre à la santé, elle n'a pas le droit de les transformer en serviteurs. C'est là un véritable abus de pouvoir, et si l'opinion publique était saisie, je ne crois pas qu'elle hésiterait à se prononcer en ce sens » [84, p. 86].

La décision de la Commission adoptant le principe « qu'il n'y a pas lieu d'appeler un aliéné à remplir un service de domesticité chez un fonctionnaire quelconque des asiles d'aliénés de la Seine » ne sera malheureusement pas suivie d'effets immédiats d'autant plus qu'un amendement autorisait le travail dans les jardins privatifs puisqu'il se déroulait au grand air.

Au plan national, on peut citer la pétition au Sénat du Docteur Turck, accusant les asiles de créer les maladies auxquelles succombent les fous : « Aujourd'hui, 3.000 fous au moins succombent chaque année dans nos asiles au froid, à la faim, à une nourriture insuffisante, à des travaux excessifs, au désespoir » [267, p. 110]. Cette pétition s'appuyait sur un rapport d'avril 1861 à Monsieur le Préfet de la Seine de Girard, qui disait : « Les directeurs s'occupent plutôt à profiter des labeurs le plus souvent industriels des aliénés valides qu'à appliquer à ces travaux ceux dont le produit n'est pas en rapport avec les efforts qu'ils exigent ; d'un autre côté, on impose à ceux dont on peut tirer bon parti une continuité d'efforts qui dépassent souvent les limites d'une sage mesure » [267, p. 122].

L'autre façon pour un directeur de boucler son budget, était d'accueillir le maximum de malades pensionnés et si possible de la première classe. En 1886, un directeur se lamente sur son budget : « L'accroissement [du nombre de pensionnaires] a principalement porté sur la troisième classe qui est la moins productive au lieu de profiter à la première qui donne réellement des résultats avantageux » [83, p. 244]. Ernest Billod, désirant accroître les ressources de son établissement de Blois fit, quant à lui, des pieds et des mains pour obtenir des malades parisiens pour lesquels le prix de la journée était supérieur, « ses dortoirs remplis, il continuait à réclamer des entrées nouvelles et il finit faute d'autres places, par caser les derniers venus dans des hamacs le long des couloirs. Le nombre des internés passait ainsi de 76 à 519. Mais cet encombrement profitable aux revenus de l'asile était contraire à son hygiène, d'où plainte à l'administration, visites officielles et blâme adressé au directeur » [316, p. 57]. Parchappe obtint finalement la révocation de Billod tant les excès de son zèle gestionnaire avaient mis en veilleuse l'aspect thérapeutique de son asile.

L'asile du XIXe siècle a tendance à se scinder : d'un côté hôpital pour malades aigus et surtout riches qui payent pension et ne travaillent pas ; de l'autre colonie pour chroniques indigents, construite bien souvent autour de la ferme. Cette séparation se matérialise, bien souvent, par deux lieux distincts. A Vaucluse, l'asile est séparé de la colonie par la rivière, ailleurs, la ferme peut même être à plusieurs kilomètres de l'asile. Ce phénomène s'est encore accentué quand il a été question de désenclaver systématiquement les fermes, c'est-à-dire de créer des colonies agricoles, totalement distinctes des lieux de soin. C'était déjà le cas de la ferme de Sainte-Anne créée par Ferrus dans les années 1830 pour recevoir quotidiennement les malades travailleurs de Bicêtre, mais le modèle mis en avant était surtout la colonie de Gheel en Belgique.

Les partisans et adversaires de ce mode d'assistance se sont affrontés verbalement à la Société médico-psychologique pendant plusieurs années après le rapport princeps de Falret, le 30 décembre 1861 [141]. Les partisans insistaient essentiellement sur les trois avantages matériels : désencombrement, économie et autarcie ; les adversaires craignaient les risques d'isolement médical et d'exploitation. La création de deux colonies familiales par Marie en 1892 à Dun-sur-Auron et en 1897 à Ainay-le-Château dans le centre de la France, donneront plus tard raison aux uns comme aux autres mais ces expériences sont demeurées isolées.

A l'aube du XXe siècle, tous les dispositifs de travail thérapeutique étaient déjà présents. Le XXe siècle n'a rien inventé quant aux différents modes d'assistance des aliénés, tout au plus les a-t-il adaptés en théorie et en humanité. Ce qui ne veut pas dire que le souci d'humanité était absent chez tous les aliénistes du siècle passé. Nous pensons par exemple à Auzouy [15], à Garnier [162] qui suggère d'utiliser « douceur, bienveillance, sympathie affectueuse que le médecin sait trouver en son cœur pour les calmer, les rassurer et obtenir d'eux ce que l'intimidation ne leur arracherait pas » (p. 35) ou encore à Renaudin dont l'éthique louable demeure l'exception dans l'ambiance de l'époque [293, p. 257] : « Nous ne devons donc pas nous préoccuper des avantages financiers qui peuvent en résulter pour l'asile. Qu'il soit une source de revenu ou qu'il occasionne une dépense, le travail doit être organisé dans le seul but d'améliorer la position des aliénés. C'est d'après cette pensée médicale et philanthropique qu'il doit être dirigé : aussi est-ce conformément à ce principe que nous ne mettrons aucune différence entre les indigents et les pensionnaires, à quelque classe que ceux-ci appartiennent. Leur santé seule nous préoccupe, et nous leur prescrivons le travail comme nous leur prescririons une limonade ou une potion ».

Falret résume le mieux la place du travail dans le traitement moral au XIXe siècle. Citons-le largement : « Nous pensons, comme M. Auzouy, que le produit du travail des aliénés doit, dans tous les asiles publics bien organisés, contribuer à exonérer en partie les départements des frais considérables qu'ils sont obligés de s'imposer pour venir en aide à leurs aliénés ; mais, comme lui aussi, nous croyons que c'est une dangereuse illusion, qu'on doit combattre au point de vue de l'humanité, du bien-être et du traitement de ces malades, que de s'imaginer, avec quelques médecins et quelques administrateurs, qu'il sera possible un jour d'exonérer ainsi complètement les départements des dépenses qu'ils font aujourd'hui pour leurs aliénés et même de réaliser des bénéfices considérables, qui pourraient être utilisés ultérieurement pour d'autres services départementaux. Sans doute, il importe d'augmenter de plus en plus, dans la limite du possible, le nombre des travailleurs dans les asiles d'aliénés et l'on doit chercher à soulager, par-là, le plus possible, les finances départementales ; mais si le travail des aliénés reste facultatif ; si l'on n'emploie aucun moyen violent pour forcer les aliénés à travailler ; si l'on ne choisit pour le travail que ceux auxquels il peut être réellement agréable ou profitable ; si l'on n'occupe chacun que dans la mesure de ses forces et de ses aptitudes ; enfin si l'on a affaire qu'à une population composée indistinctement de toutes les catégories d'aliénés et non à des aliénés choisis tout exprès parmi les malades valides, inoffensifs et déjà habitués au travail des champs, il nous paraît absolument impossible, comme à M. Auzouy lui-même, de jamais arriver au chiffre énorme de soixante quinze travailleurs sur cent aliénés et de couvrir, par le produit de leur travail, la totalité des dépenses nécessaires pour leur entretien » [142, p. 91].

Au début du XXe siècle, on travaille donc dans les asiles. La question des colonies agricoles est restée en suspens. Ce thème ne donnera plus lieu à des débats d'idées jusqu'à la période de l'entre-deux-guerres qui, elle, renouvellera les conceptions au sujet des activités de travail au sein de l'asile puis de l'hôpital psychiatrique à partir de 1937. Ainsi, à cette époque, un homme émerge pour avoir systématisé une certaine organisation de l'asile autour de la notion de travail. Hermann Simon [318] était certes un précurseur mais surtout il réussit à faire la synthèse de différents mouvements d'idées. « Toute psychothérapie, dit-il, est, avant tout, une éducation (une éducation curative), c'est-à-dire une *action sur la volonté* et le pouvoir des malades avec, comme but, leur meilleure adaptation aux événements présents et aux *nécessités de la vie en commun* » [319, p. 21].

La thérapeutique par le travail se définit alors comme une pédagogie et cette pédagogie est à replacer dans le contexte de la pédagogie de l'époque.

LE MOUVEMENT DE RÉNOVATION PÉDAGOGIQUE

Au moment où, en France, apparaît l'école publique laïque et obligatoire, où Jules Ferry adresse sa lettre à tous les instituteurs (1883), naissent, surtout en Europe, toute une série de personnalités qui auront un grand rayonnement entre les deux guerres.

1. Les pédagogues

Nous évoquerons quelques-uns de ces pédagogues, souvent médecins de formation (Maria Montessori, Ovide Decroly, Edouard Claparède) qui ont défini de nouvelles formes d'éducation pour lesquelles le primat serait non plus un programme à enseigner mais l'enfant dans son environnement social et humain. Ces mouvements de pédagogie nouvelle proposaient de bouleverser aussi bien les objectifs, les finalités, les contenus pédagogiques que les principes et les moyens de l'enseignement. L'attitude pédagogique préconisée ne reposait plus sur le dualisme domination/soumission mais sur l'esprit de participation et de coopération.

Ainsi *Maria Montessori* (1870-1952) qui, ayant commencé sa carrière parmi les « enfants anormaux », tenta de généraliser bientôt son enseignement, insista sur les notions d'auto-éducation, de personnalisation dans l'enseignement : à l'enfant l'acquisition d'un espace propre, à l'adulte l'observation et l'instauration d'un climat favorable passant par une remise en cause de soi, de ses « propres défauts, ses propres tendances au mal » [251].

Ovide Decroly (1871-1932), neuro-psychiatre de formation débuta lui aussi en fondant une école pour enfants anormaux avant de créer une école pour enfants normaux où il put mettre en pratique ses principes : importance de l'évolution affective de l'enfant, aspect globalisant de toutes ses perceptions et surtout utilisation systématique des centres d'intérêt de l'élève.

On a souvent repris sa célèbre formule : « Une école pour la vie, à travers la vie ».

A *John Dewey* (1859-1952) on reconnaîtra, entre autres, le mérite d'avoir analysé avec précision les notions d'effort et d'intérêt dans le cadre de l'école. La prise en compte du désir est également présente [119], ce qui s'oppose totalement aux thèses de la pédagogie traditionnelle, comme nous aurons l'occasion de le voir.

Adolphe Ferrière (1879-1960), créateur en 1921 de la Ligue internationale pour les écoles nouvelles, est très attentif à ce que l'école soit en prise directe avec la vie et surtout qu'elle prépare à une vie de liberté et de solidarité. « L'éducation nouvelle a pour principe de partir de ce qui est, pour aboutir à ce qui doit être » [151, p. 17]. Le rôle social de l'école doit donc être au premier plan de ses fonctions. Un des ouvrages de Ferrière est d'ailleurs ainsi sous-titré : *L'art de former des citoyens pour la nation et pour l'humanité.*

Edouard Claparède (1873-1940) est également médecin. Sa contribution essentielle concerne l'étude et l'utilisation du jeu chez l'enfant. On lui doit la formule : « Comme l'horticulture repose sur la connaissance des plantes, la pédagogie doit reposer sur la connaissance de l'enfant » et cet adage n'est pas si loin des préoccupations de Simon qui conseille d'« individualiser sans cesse » [318, p. 17] le travail proposé aux malades (en fonction de leurs capacités, plus qu'en fonction de ce qu'ils sont, il faut le reconnaître).

L'œuvre de *Célestin Freinet* (1896-1966) est celle d'un militant : concilier l'école et la vie, mettre en place un travail coopératif au sein du groupe-classe ont été ses préoccupations majeures. Nous relèverons sa formule : « On ne travaille que pour quelqu'un », qui pourra renvoyer soit au transfert, soit à la séduction selon le type de pédagogie auquel on se réfère.

Si tous ces tenants de la pédagogie qui deviendra « nouvelle » ont enrichi la pensée de leur époque, ils ont surtout, en ce qui concerne la pédagogie des adultes, essaimé pour plus tard. En effet, l'attitude de Simon (qui commença à mettre en place sa thérapeutique active dès 1905) et de ses disciples doit davantage à Alain (1868-1951), connu pour avoir transcrit une certaine forme de pédagogie didactique traditionnelle dans laquelle la place du maître et de l'élève, le contenu de l'enseignement sont des données *a priori*. La peine y est nécessaire mais l'intérêt et le plaisir totalement absents.

Cette pédagogie traditionnelle que l'on retrouve actuellement sous d'autres dénominations telles que système bureaucratique [229, ch. 2] ou didactisme, a servi de modèle à de nombreux psychiatres de cette époque. En s'inspirant de Durkheim et d'Alain [6], G. Avanzini [16, ch. 9] définit le didactisme selon trois caractéristiques principales :
— l'initiative absolue de l'enseignant (choix du programme, techniques de travail...) ;
— la séparation des disciplines (fragmentation des enseignements, emplois du temps, horaires...) ;

— l'autorité est l'arme du maître (son savoir implique que l'enfant s'y plie).

Ces traits sont eux-mêmes sous-tendus par des postulats psychologiques :

— la psychologie de l'enfant est homogène à celle de l'adulte (la différence entre les deux est que l'un est savant, l'autre ignorant) ;

— l'esprit est constitué de facultés psychologiques cloisonnées et indépendantes ;

— l'enfant, par essence, n'aime pas le travail. Il y a donc une relation de contrainte entre enseignant et enseigné.

Les moyens que se donne l'enseignant sont alors les sanctions, l'émulation, l'attrait (dans le sens où Alain parlait de la « coupe amère dont les bords sont recouverts de miel »), la crainte de l'examen et l'appel à l'ambition (les fruits du travail ne pourront se goûter que bien plus tard). On retiendra de cette conception que l'enseignant n'a, à aucun moment, à se justifier, ni à justifier ses actes auprès de ses élèves et que, d'autre part, son enseignement par ses qualités universelles lui permet de pouvoir être administré à tous sans distinction de psychologie ou d'état d'âme. C'est ce que Durkheim [127, p. 169] exprime dans ce *credo* : « Il faut que l'enfant apprenne le respect de la règle ; il faut qu'il apprenne à faire son devoir parce que c'est son devoir, parce qu'il s'y sent obligé et sans que la sensibilité lui facilite outre mesure la tâche ».

C'est au carrefour de ces conceptions radicalement différentes bien que contemporaines, que les partisans d'une thérapeutique active, les philosophes de l'action, comme les appelle Rappard [288] vont avoir à se situer. On sait que l'asile évolue très lentement et si certains de ses collègues ont pu dire que « le docteur Hermann Simon, directeur de l'asile de Gutersloh, est l'auteur de la véritable révolution asilaire que constitue la « thérapeutique par le travail », telle qu'elle est appliquée aujourd'hui dans maints asiles » [311], c'est qu'un faisceau de conditions convergentes permettait une telle mise en place.

On assiste, dès le début du siècle, à une éclosion d'initiatives et de réalisations, en particulier dans le domaine de la pédagogie et de l'éducation populaire.

2. *Les mouvements d'inspiration pédagogique*

Il s'agit essentiellement dans un premier temps, de mouvements de jeunesse. Notre ambition n'est pas ici de proposer un tour d'horizon exhaustif des différents mouvements de jeunesse nés avec le siècle ou juste avant, comme Le Sillon (1894) ou l'Association catholique de la jeunesse française (1886) (pour plus de détails, nous renvoyons à G. Cholvy [73]), mais de rappeler leur contribution dans l'œuvre de reconstruction, de projet social et enfin de formation des caractères.

Prenons l'exemple du scoutisme. Fondé en Angleterre par Baden Powel (1908), il apparaît avant tout comme une méthode qui vise à redonner à son pays les hommes fiers, courageux, patriotes qu'ils ne sont plus. Les racines du mal sont pour le promoteur du scoutisme la mauvaise santé liée à la vie urbaine, l'alcoolisme, la tuberculose, le tabagisme autant de tares qu'il convient de combattre pour relever la race en lui redonnant les qualités morales qui lui manquent... et l'empire économique en lui fournissant les travailleurs solides qui lui font défaut en raison de l'absentéisme lié aux maladies. En effet, comme le dit Baden Powel : « Le nombre d'heures de travail perdues chaque année par suite de maladies se monte à un chiffre impressionnant de millions » [cité dans 210]. On lit dans le même ouvrage que le scoutisme est, en fait, « un remède pour augmenter le rendement de notre nation », et, au départ, toutes les activités du scout (sportives, religieuses, civiques, de formation...) visaient le but ultime : le développement de la puissance économique de son pays. L'enjeu est de taille : discipliner les enfants, de toutes conditions sociales, pour en faire des travailleurs et des patriotes.

Philippe Laneyrie cite dans son ouvrage une lettre adressée au dirigeant du mouvement des éclaireurs par le chef du personnel des usines Citroën en 1927 [210, p. 91] : « Après expérience, je peux vous dire en toute certitude que le développement du scoutisme me paraît répondre à ce que l'industrie désire et ne trouve pas dans la jeunesse qui franchit le seuil de ses usines. L'idéal scout habitue le futur ouvrier et le futur chef au dévouement, il met en jeu le germe de l'idéal social dont la France a besoin pour une élite destinée à montrer que le progrès n'est pas dans la lutte des classes, mais dans le dévouement de tous à un devoir commun ».

Si le scoutisme nous semble être un bon exemple de mouvement d'entre les deux guerres (il apparaît en France, en 1911, pour les éclaireurs de France ; en 1920, pour les scouts de France), ces idées sont en fait plus anciennes et correspondent aux années d'après la guerre de 1870 où reconstruction et revanche étaient à l'ordre du jour. Cela est vrai tant de la création des bataillons scolaires que du développement des activités sportives à la fin du XIXe siècle. Pourtant, ce mouvement de jeunesse d'inspiration militaire, va peu à peu et surtout à partir des années 30, évoluer dans ses objectifs. Une pédagogie de l'intérêt est introduite : les activités de loisir comme de travail seront alors mises au service, non plus prioritairement de la mère patrie ou d'un idéal lointain et extérieur, mais de l'individu lui-même en vue de son épanouissement personnel et de la réalisation de ses potentialités individuelles. Parallèlement, dans le travail scolaire et dans les loisirs, on entrevoit que les principes de la pédagogie des jeunes peuvent se développer moins dans le sens d'une discipline en vue d'atteindre un modèle social pré-établi que dans le sens d'une réalisation personnelle de l'enfant. D'une période où les activités servaient à conditionner un bon futur travailleur, nous passons progressivement à une autre où c'est le travail qui permet à l'homme de se former et de se responsabiliser. Le « Sauver la race » fait place à « éduquer l'enfant », même si l'image que l'on a de l'enfant correspond encore à un modèle social que l'on se donne *a priori*. Il ne s'agit plus « seulement de cultiver des intelligences mais de former des corps vigoureux, des volontés droites et actives, des cœurs chauds et purs » [357].

C'est dans cette mouvance du passage à une pédagogie de la formation des caractères que va se situer la création de tout un ensemble d'associations et d'organismes de formation tant dans le domaine de l'école (l'Office central de coopération à l'école en 1928, l'Institut coopératif de l'école moderne, vers 1930, le Groupe français d'éducation nouvelle, en 1921) que des loisirs et de la formation (Centre d'entraînement aux méthodes d'éducation active CEMEA en 1936 ou d'éducation populaire [375]). De ce vaste mouvement pédagogique de l'entre-deux-guerres, nous retiendrons donc très schématiquement la bipolarité de deux modèles opposés :

— pour tout ce qui concerne l'école, ce que l'on appellera le courant de l'école nouvelle qui gravite autour de quelques théoriciens, souvent médecins, s'oppose aux tenants de l'école traditionnelle qui se reconnaissent entre autres dans les propos d'Alain.

— En ce qui concerne les loisirs, à un modèle militaire et souvent aristocratique illustré par Baden Powel ou Pierre de Coubertin, envisageant une reprise en main de la jeunesse afin de former les citoyens, militaires et chefs de demain, vient s'adjoindre un modèle pédagogique n'utilisant les activités, de travail entre autres, qu'en ce qu'elles sont possibilités d'évolution au service de l'homme, individu social et psychologique. C'est vraisemblablement l'évolution de ces mouvements qui a permis l'évolution parallèle, mais retardée d'une vingtaine d'années, des conditions de travail dans les asiles car, si en 1930 règne encore la référence à un ordre moral et rédempteur, en 1950 apparaissent les influences de la pédagogie dite nouvelle.

De même que l'enseignement peut s'articuler prioritairement en fonction de la psychologie individuelle de l'enfant ou du programme à transmettre, de même l'éducation hors de l'école peut prendre en première considération le but social à accomplir ou le développement de la personnalité globale.

Simon et ses successeurs semblent bien avoir puisé leurs idées pédagogiques dans ces deux domaines. Et, si l'asile se veut, dans un premier temps, lieu de sauvetage moral grâce à une discipline saine et militaire, il sera prêt un peu plus tard à devenir davantage lieu d'évolution personnelle grâce à des techniques plus individualisées rompant avec celles plus collectives du siècle précédent.

L'ÉVOLUTION DES CONNAISSANCES ET DES SOINS EN SANTÉ MENTALE

Le travail thérapeutique tel qu'il apparaît à cette période est à replacer également dans le contexte de l'évolution de la psychiatrie. L'affinement des diagnostics a permis de classer et de séparer plus efficacement les malades, les aléas des thérapeutiques biologiques ont recherché la sédation et la prévention des « crises » qui agitaient les malades et les services. Enfin, l'introduction de thérapeutiques plus précisément psychothérapiques a montré qu'un accès au dialogue était possible avec les patients.

Si l'asile de la fin du XIXe siècle commençait à classer les malades selon des divisions pratiques (quartier des épileptiques, des travailleurs, des agités...) — car, comme le dit Evrat [137, p. 22] « Sans lui [le classement des aliénés] il n'y a pas de traitement possible de l'aliénation mentale » — il s'agissait, en fait, surtout de mettre de l'ordre dans l'asile, afin d'y voir plus clair. L'entassement de toutes les formes du délire ou de la folie dans le même lieu, poursuit le même auteur en se référant à Ferrus, a comme conséquence : « Point de police, point de bon ordre général et point d'administration intérieure possible ».

Au début du XXe siècle, la subdivision des malades pourrait aussi s'établir selon des critères diagnostiques. En effet, la nosographie psychiatrique se met en place à cette époque tant en ce qui concerne la psychose (le traité de Kraepelin est édité entre 1883 et 1927 en neuf éditions successives, Bleuler isole le concept de schizophrénie...) que la clinique des névroses (Charcot et l'hystérie, puis Dejerine, Janet, Freud). Cependant, les asiles gardent, quand même essentiellement, pour leurs quartiers, des critères de comportement. Ainsi le service de Colin à Villejuif prévoit pour les déséquilibrés qu'il reçoit, un « remède particulier » qui « consiste à maintenir ces malades dans un service spécialement aménagé pour eux et les occuper à un travail approprié minutieusement réglé... » [80, p. 218].

Mais là, on peut imaginer que ce modèle est surtout celui de la prison dans laquelle les ateliers existent depuis longtemps pour les condamnés. Car, si les détenus des maisons d'arrêt « n'étant pas condamnés, ont le droit de disposer de leur temps » [38, p. 119], il n'en est pas de même pour les condamnés qui ont l'obligation de travailler pour payer à l'Etat une partie de leur entretien (les trois cinquièmes de leurs gains). Ainsi, « la Santé, prison modèle, ne renferme que des condamnés qui travaillent le jour en commun dans de vastes ateliers et sont isolés le soir dans des cellules » [38].

Colin, dans son service de Villejuif, semble s'être largement inspiré de ce modèle. Les populations concernées étant sans doute tellement proches que la périphrase utilisée par Colin pour qualifier les habitués des asiles est la même que celle qu'emploie Besse pour décrire les récidivistes : de « vieux chevaux de retour ».

Quant à la thérapeutique, elle s'enrichit de nouvelles techniques telles que l'électroencéphalographie et la pénicilline en 1929, l'insulinothérapie en 1930, l'électrochoc en 1938, la leucotomie en 1936. Ces diverses techniques (en 1937 a lieu la première réunion internationale sur les « traitements modernes de la schizophrénie ») vont changer l'atmosphère des hôpitaux où, parfois, la division des malades s'opérera non selon la maladie, mais selon la technique qui leur est appliquée. Ainsi, le « quartier des Sakel » de certains hôpitaux psychiatriques a pu parfois proposer une ergothérapie en rapport avec l'état des patients rassemblés par une thérapeutique commune.

C'est donc dans ce contexte général que certains aliénistes de l'entre-deux-guerres mettent en place une véritable éducation par le travail des aliénés. Partant du principe que « si on a peu obtenu jusqu'à ce jour en fait d'éducation, c'est qu'on a trop souvent substitué l'action disciplinaire à l'action morale » (A. Demetz, fondateur de la colonie agricole de Mettray, cité par Gaillac [161, p. 82]), ils sont les héritiers du traitement moral pur et dur. Mais ils vont introduire dans leur pédagogie, outre les techniques habituelles, une dimension individuelle de restauration personnelle qui associera, bien que timidement, l'affection à la discipline et le sentiment à l'ordre. Ces idées de la pédagogie moderne ont été, bien sûr, d'abord utilisées dans des institutions pour enfants comme en atteste Ferrus en 1850, toujours à propos de la colonie pilote de Mettray [161, p. 83] : « Les fondateurs de cette colonie ont essayé, tout d'abord, de leur créer des affections. Assujettis d'ailleurs à une discipline presque militaire ; soumis aux exigences régulières d'une propreté rigide, aux lois d'un régime sain mais très sévère, à un travail soutenu, mais fortifiant ; conduits par une fatigue salutaire à un sommeil réparateur ; ayant la musique pour délassement et pour récompense l'inscription au tableau d'honneur, les jeunes colons de Mettray sont d'abord moralisés par l'ordre et le sentiment, en attendant que l'âge vienne consolider par la réflexion cette œuvre régénératrice ».

Quelle pédagogie ?

De quelle pédagogie s'agit-il quand on envisage de faire travailler des patients dans un asile en ce début du XXe siècle ? Certains ont parlé de « la véritable révolution asilaire que constitue la thérapeutique par le travail » [311, p. 232], d'autres ont aussi évoqué des modes, des pratiques stéréotypées et plaquées. « La thérapeutique psychiatrique demande, à mon avis, plus de variété », souligne Lautier [213, p. 192] en constatant l'élévation énorme du pourcentage annoncé de travailleurs dans les asiles. Révolution ou mode, le mouvement était quantitativement important, ce qui amena le congrès des aliénistes de langue française, tenu en 1926 en Suisse, à choisir la question de la thérapeutique par le travail comme ordre du jour. Le sujet fut introduit par un long rapport présenté par Ladame et Demay [208]. Ceux-ci exposent que si le travail n'est pas une panacée, son introduction a considérablement transformé le paysage asilaire. « L'asile devient ainsi une ruche bourdonnante dont l'effort, sans être forcé est considérable et les résultats magnifiques » [208, p. 30]. Ils mettent par ailleurs l'accent sur la distinction du travail-traitement et du travail-rendement, les deux pouvant se justifier pourvu que l'autorité médicale plane au-dessus des deux prescriptions. Ils y rajoutent le travail-distraction cité dans la circulaire de 1857 et le travail-moyen de bien-être, que Parchappe citait déjà en ce qui concerne les incurables [266].

Peu de choses concernent, dans le rapport, le comment de l'action thérapeutique du travail ; par contre, sont inscrits comme positifs dans le bilan pratiqué le maintien du dynamisme des capacités de travail individuelles, le développement d'une dynamique de l'asile, grâce au changement d'ambiance (la ruche bourdonnante), et l'évolution du personnel à qui on demande aujourd'hui plus d'initiatives.

Simon considère que les soins de l'asile, de son temps, souffrent de trois grands maux qu'il définit ainsi :

— l'inactivité,
— le lieu asilaire défavorable,
— la conception de l'irresponsabilité de l'aliéné.
Sa thérapeutique active se propose de donner aux aliénés une occupation, et si possible, une occupation individualisée et responsable. Ainsi obtient-il une transformation du milieu qui, à son tour, agit favorablement sur ses patients. Quelle est la conception pédagogique qui sous-tend sa pratique ?

LES ALIÉNÉS SONT DES ENFANTS

1. Ils sont asociaux

Comme tous les enfants, les aliénés sont avant tout des asociaux. « En comparant le milieu désagréable d'un ancien quartier d'agités à la salle de jeux d'enfants très mal élevés, nous ne trouvons pas une simple ressemblance extérieure, mais une grande concordance dans la nature et la structure des choses » [318, p. 83].

En effet, demande Simon, qu'est-ce qui caractérise l'enfant petit ? Il répond :
— L'agitation continuelle, l'instabilité psychomotrice.
— La tendance à l'imitation qui agit dans le sens de la moindre résistance, c'est-à-dire que l'enfant a une tendance naturelle à se diriger vers le facile, à se laisser aller plutôt que de se construire avec indépendance. C'est pourquoi le but de l'éducation du tout jeune enfant est-il de le diriger aussi bien physiquement que psychiquement, de l'orienter et de lui imposer les devoirs de la vie sociale. Il en va de même du malade : « Nous connaissons tous la force de l'habitude, la tendance des malades, comme celle des enfants, à imiter justement le pire » [319, p. 19].
— Le négativisme : l'énergie vitale de l'enfant cherche à se réaliser face au milieu ambiant, dût-elle lutter contre lui. Cette tendance héréditaire, legs de la lutte pour la vie et qui se manifeste par l'agressivité, l'attaque, doit être repoussée par l'adulte, pas de front, ce qui aurait pour but d'augmenter l'agressivité, mais de biais, par un « exercice prudent » qui l'oriente dans la direction désirée.
— Car l'enfant a tendance à faire toujours ce qu'il veut. L'attention, la concentration, la persévérance ne pourront se transmettre qu'en abolissant la résistance interne du sujet qui préférerait consommer son énergie sous forme de jeu et sans aucun plan. Cette conception de l'enfant rejoint celle d'Alain pour qui « les élèves ont coutume aussi de ne rien faire » [6, p. 129].

Ainsi, l'enfant et le malade mental sont définis par leurs manques et surtout leurs défauts, leurs mauvaises tendances. L'aliéné est un enfant et l'enfant est un être incomplet et attiré par le mal. Cette conception est globalement celle que l'on retrouve dans tous les manuels d'éducation du XIXe siècle et qui sert à justifier l'autorité. « Quoi qu'en disent certains philosophes, nous naissons mauvais. Notre âme, si on lui laisse la liberté de déployer tous ses penchants, ressemblera bientôt à certains terrains laissés en friche ; elle ne produira guère que des ronces et des chardons [...]. Elever un enfant, c'est avant tout le tailler, le cultiver et l'émonder, c'est-à-dire le corriger [...]. Il faut qu'il [l'enfant] sache au besoin plier sa volonté et implorer quand il a failli, un pardon qui l'humilie » [232, p. 151-152].

2. Ils ont de mauvaises habitudes

Le médecin qui se veut éducateur est avant tout confronté aux troubles du comportement et des conduites de ses malades : la saleté, l'agressivité, la grossièreté, tout comme l'inactivité, sont, bien avant le délire, les troubles auxquels tout soignant doit faire face. Et ce sont, non pas des symptômes de la maladie mais, la plupart du temps, des défauts d'éducation que l'on pourra corriger par une pédagogie appropriée et ainsi éliminer les à-côtés de la maladie mentale : « Chez chaque aliéné, à côté des symptômes, se trouvent d'autres manifestations psychiques, parmi lesquelles il faut spécialement citer celles qui ont un caractère anti-social, qui, étant plutôt conditionnées par l'ambiance, et en rapport avant tout avec la personnalité prémorbide de l'aliéné peuvent encore être favorablement influencées par l'ergothérapie » [44, p. 646]. Ou encore : « La thérapeutique par le travail correspond à une véritable rééducation. Elle aide efficacement à combattre toutes les mauvaises habitudes, les malpropretés de nos déments » [312, p. 378].

Les choses sont donc relativement claires : les symptômes les plus voyants ne résultent pas de la maladie (« Nous chargeons injustement la psychose si nous mettons toutes ces choses sur son compte » [318, p. 83]) mais des fautes d'éducation dont « la maladie n'est responsable que pour une part minime » [318, p. 85].

La psychose ne crée pas un caractère nouveau ; elle a un pouvoir décapant, c'est-à-dire qu'elle supprime chez l'homme malade, le vernis social (conventions, rang social, respect de son milieu) révélant ainsi sa personnalité. Mais ce « manteau si bienfaisant pour les relations entre hommes civilisés » dont parle Simon sera diversement attaqué, et, en fait, l'asocialité n'apparaîtra vraiment que chez ceux qui n'ont pas pu, grâce à leur éducation du premier âge, tisser ce voile autour d'eux. « Les malades qui appartiennent à des familles irréprochables et laborieuses et chez qui une maladie aiguë interrompt un état de pleine capacité, peuvent sans doute devenir désagréables par suite d'une agitation intense ou d'une confusion mais ils sont rarement "insociables" sous la forme désagréable que nous avons l'habitude d'observer chez nos malades plus anciens ; même en pleine excitation maniaque, dans l'agitation paralytique ou dans la désagrégation schizophrénique, on peut reconnaître encore la bonne jeune fille bourgeoise, le paysan bonhomme, l'artisan qui sait apprécier le travail bien fait, même l'officier chevaleresque dans la meilleure tradition ; chez d'autres malades aigus nous observons tout d'abord des manières grossières, l'être arrogant, menteur, mal intentionné, incliné à la brutalité, à l'égoïsme inconsidéré, une propension à maltraiter de toute manière le milieu sain et malade, à calomnier, à provoquer des bagarres, à proférer des paroles malsonnantes à toute heure » [318, p. 81-82].

L'asocialité n'est pas secondaire à la psychose, elle est primaire et se manifeste chez les personnalités mal éduquées que l'asile va alors prendre en charge dans leurs manifestations les plus voyantes. La maladie, surajoutée, attendra. En effet, « les malades de l'esprit doivent être tenus pour responsables de leurs faits et gestes dans l'hôpital comme s'ils n'étaient pas atteints de maladie mentale » [44, p. 646]. Voici sans doute l'une des raisons ou justifications, qui explique que le travail n'est que rarement proposé aux patients de condition sociale élevée. En effet, cette conception de base entraîne des conséquences particulières quant à l'application du traitement ergothérapique. Une bonne éducation ayant manqué à ces patients, le médecin se doit d'y suppléer. Il n'est donc pas étonnant qu'il fasse appel alors au savoir des pédagogues, ceux de la veine traditionnelle la plupart du temps. On retrouve alors un certain nombre de constantes pédagogiques :

— *« Une direction ferme et assurée »* [318, p. 76]

Elle est l'apanage du médecin. « Le médecin ne doit pas perdre de vue que la partie la plus importante de toute "thérapeutique activée" ne réside pas dans les muscles du malade "diligent et travailleur" ni dans les "poings" de l'infirmier qui doit mater le malade insociable mais dans le cerveau du médecin qui dirige le traitement » [318, p. 88]. Il n'est jamais question pour le patient de choisir son travail car, d'une part, ses possibilités de choix sont aliénées (seul l'éducateur peut savoir ce qui est bon pour lui, à l'image des parents pour le tout petit enfant), d'autre part, le désir lui-même est de toutes façons suspect (il faut « travailler et conquérir par là un genre de bonheur que le désir n'apercevrait point » [6, p. 141]). Simon adopte donc cette considération d'Alain que le travail amène au plaisir alors que le désir ne mène pas au travail. C'est, dit-il, un choix net, conséquence logique de l'expérience : « Par une conduite ordonnée, la persévérance, l'accomplissement des devoirs, la diligence et la ténacité au travail, on obtient de meilleurs résultats que par la conduite opposée » [318, p. 76].

— *« L'exercice et l'habitude »* [318, p. 67]

Ce sont des processus biologiques élémentaires inhérents à toute éducation. Simon les utilise comme l'un des moteurs de sa pédagogie ; il s'agit d'une « éducation par l'accoutumance » [318, p. 143]. Alain, de son côté, parlait pour les apprentissages scolaires de faire et refaire cent fois ses exercices afin d'arriver à cette « patience d'atelier » qu'il réclame de la part de l'élève.

— *« Non pas selon les désirs mais selon le bien du malade »* [318, p. 116]

Le bien du malade est l'affaire du médecin. Celui-ci s'oppose au désir du malade qui, lui, ne peut choisir qu'à court terme selon son humeur, sa paresse ou son caprice. La philosophie de Simon paraît ainsi souvent obéir à une dichotomie bien/mal, médecin/malade, gentil malade/malade insociable, dont on a du mal à sortir. La vérité est dans le bureau médical, de même qu'elle est sur l'estrade de l'enseignant. Ces deux professionnels évoquent un intérêt supérieur inaccessible à l'enfant pour justifier leur action. Comme le dit Alain, « il y a un ordre inflexible et étranger... Que l'enfant soit bien disposé ou non, on n'y pense point » [6, p. 29]. C'est au nom du bien commun également que se justifient « les moyens les plus sévères, jusqu'à la violence » [318, p. 75] « car l'exigence primordiale est de veiller au bien commun et non d'avoir des égards pour les intérêts de l'individu ».

— *Le psychiatre a une « supériorité personnelle »* [318, p. 119]

Il est donc logique qu'il impose son action sans avoir à se justifier, surtout auprès de ses patients qui, d'ailleurs, « ne sont presque jamais accessibles à une conversation » [318, p. 97]. « Le maître doit être sans cœur », dit Alain [6, p. 23] et sa pédagogie sera d'ordre essentiellement hiérarchique. « Ne comptez donc pas les heures, ne mesurez pas les aptitudes, mais dites seulement : il le faut » [6, p. 50]. C'est le langage de la nécessité qu'il faut employer et la fin (du médecin) justifie les moyens (du malade).

Durkheim ne parle pas autrement : « L'enfant prendra l'habitude de se contenir et de se gêner parce qu'il doit se gêner et se contenir. C'est une première initiation à l'austérité du devoir. C'est la vie sérieuse qui commence » [127, p. 171].

« Et si les malades n'ont pas besoin de savoir ce que nous pensons et ce que nous faisons pour eux » [318, p. 120] , c'est qu'une tentative de dialogue risquerait de réduire l'autorité médicale. La relation médecin-malade est une relation d'autorité, voire de lutte. La preuve en est, d'ailleurs, que le dialogue n'est qu'affrontement entre raison et déraison ; il se manifeste du côté du malade par le refus, la révolte, des imprécations ou des menaces grossières » [18, p. 97].

— *« Le combat doit être engagé avec les armes de l'esprit supérieur »* [318, p. 76]

L'homme a l'esprit supérieur, le médecin donc, conscient de la lutte que représente l'éducation, doit savoir utiliser les armes de guerre particulières que sont la ruse et le faire-semblant afin d'amener, si c'est possible, imperceptiblement, le malade à rentrer dans le moule prévu pour lui par son éducateur. L'exemple de l'école est encore cité car ici « il faut que l'enfant s'aperçoive le moins possible qu'on le guide » [318, p.73]. L'équivalent se retrouve une fois encore chez Alain : « Il ne faut pas vouloir intéresser et surtout, il ne faut pas montrer qu'on le veut » [6, p. 13].

Ainsi conçu, on imagine bien que le travail n'est pas considéré comme valorisant par lui-même ; il faut donc, au moins, utiliser, en attendant que l'exercice ait créé l'habitude, un jeu de renforcements positifs ou négatifs, autrement appelés carottes et bâtons.

— *« Privilèges comme récompense et stimulant aux malades les plus appliqués »* [318, p. 15]

Ils récompensent ceux qui se comportent avec application et discipline et sont constitués « par du tabac, des cigares, des fruits, des gâteaux, des douceurs pour les femmes, par plus d'indépendance et de liberté ; par le transfert dans d'autres sections plus tranquilles et moins surveillées, par la participation à des fêtes et des promenades, à des représentations théâtrales et des concerts en ville, etc. ».

3. Il faut donc les dresser

On assiste, à la lecture des ouvrages de cette époque, à un dressage plus qu'à une éducation, à moins que celui-là fasse partie de celle-ci (voir [239] *La part du dressage dans l'éducation*, ou [338] *Le dressage des jeunes dégénérés*). La vérité étant par définition du côté de l'éducateur, l'astreinte est du côté de l'éduqué, mais ceci n'est en fait qu'analogie avec la vie extérieure où il y a ceux qui décident et ceux qui travaillent. « La trop grande liberté qu'on a coutume de laisser aux aliénés internés constitue un abus. Tout comme les gens bien portants, ils doivent être astreints à une certaine discipline du travail » [182, p. 194]. Le lot des aliénés est donc de se « soumettre à la loi du travail » ou « se plier à l'esprit de la maison ».

Porot, commentant sa visite dans les asiles hollandais, parle même de « pacification par le régime du travail pour les malades » [277, p. 46] et il conclut ainsi sa chronique : « Voilà l'esprit essentiellement pédagogique avec lequel est "dressé", pourrait-on dire, l'agité ; méthode primitive si l'on veut qui rappelle l'enfant que l'on met "au coin" ou que l'on envoie se coucher, suivant la gravité de sa faute ou son degré de résistance » [277, p. 53]. Si Griessinger, en 1845, évoquait déjà la soumission nécessaire du malade à la puissance bienveillante et raisonnable du médecin (cité dans 288, p. 650), on en arrive vers 1925 à un vocabulaire qui tient davantage du dompteur ou du militaire que de l'éducateur. Quand Simon compare l'éducation de l'aliéné à celle de l'enfant, il y trouve un point commun : toute éducation est lutte et antagonisme ; éduquer un enfant, c'est lui faire comprendre qui est le plus fort, c'est lui imposer la loi de l'adulte. La description utilise alors le vocabulaire d'un affrontement de type militaire. « L'un des combattants est l'enfant — l'individu, qui fait valoriser ses forces élémentaires, en laissant de côté les limitations nécessaires imposées par la vie en commun — ; dans le camp opposé se trouve l'entourage éducateur qui défend à son tour ses intérêts parmi lesquels figure également l'adaptation ordonnée de l'individu à la société. Il résulte de cet antagonisme élémentaire que dans le fond, toute éducation doit consister en une lutte aboutissant à intégrer l'individu biologiquement "oppositionniste" dans les nécessités de la vie en commun. Dans toute lutte, la victoire se décide selon la puissance totale des forces qui combattent de chaque côté. L'expérience des guerres humaines nous enseigne que la victoire ne dépend pas de la prépondérance physique des forces mais bien de la supériorité du commandement. La victoire se porte toujours là où le commandement engage, avec logique et conséquence, les moyens de puissance existants en direction du but désiré. Donc qu'arrive-t-il dans l'éducation des enfants ? Les hostilités commencent déjà avec le nourrisson qui trouble le sommeil des parents. Dans cette lutte, la logique appliquée l'emporte déjà qui n'est pas toujours du côté des parents. Quelle est la répartition des forces dans ce cas ? », etc. [318, p. 74].

Comme l'éducation est une guerre, chacun est fort de son droit et le droit du médecin peut donc s'exercer par la force, au nom du bien commun et du bonheur futur que l'aliénation ou la jeunesse ne permet pas d'entrevoir. « Les éducateurs et les défenseurs du bien-être général doivent appliquer rapidement et logiquement les méthodes de combat qui jugulent l'attaque et la rendent infructueuse. Celui qui pense logiquement ne dépassera pas la mesure nécessaire pour obtenir ce but ; mais il n'hésitera pas non plus à employer là où c'est nécessaire, les moyens les plus sévères, jusqu'à la violence » [318, p. 75].

Le sentiment, assimilé à la faiblesse, à l'incontrôlable ou à l'aveu d'une infériorité possible est l'ennemi de l'éducation. C'est l'avis de Simon comme celui d'Alain : « Le maître doit être sans cœur » [6, p. 23]. « Ne montrez point d'amour et n'en attendez point » [6, p. 36], ou ailleurs : « Tant qu'un sujet vous touche vivement, pour une cause ou pour une autre, vous n'êtes pas en mesure de le dominer par la pensée. Il faut user d'abord le sentiment » [6, p. 27].

Simon était conscient de la rigidité de l'attitude proposée mais c'était pour lui la seule garantie de force et de fiabilité. Les critiques sont elles-mêmes balayées car inspirées par les sentiments, donc la faiblesse, ainsi : « Plus d'une fois nous avons eu de vives discussions avec des collègues expérimentés partisans de la tradition fondée la plupart du temps sur des sentiments ; ils nous reprochaient de soumettre les malades mentaux à un règlement domestique, à une discipline bien qu'elle fût graduée suivant les individus et élastique. On a même parlé, dans un sens défavorable, de “dressage et d'un esprit de caserne”. Ces dernières impressions sont filles de la passion et ne favorisent pas la discussion clinique objective » [318, p. 142].

L'INFLUENCE PAR LE MILIEU

Nous avons vu que la pédagogie de Simon et de ses disciples n'est pas une pédagogie d'avant-garde. Par contre, la novation réside dans la compréhension que le milieu agit sur le patient et qu'en améliorant l'environnement, on peut améliorer l'état du malade. Le deuxième des maux de l'asile dont parle Simon est son aspect débilitant. L'inactivité, le repli sur soi et sur la pathologie, d'un côté, la clinothérapie d'un autre, sont les deux faces d'un même phénomène : le malade est voué dans les deux cas à ne rien faire, ce qui augmente potentiellement son agressivité. En fait, « les malades agités, destructeurs, agressifs, ne sont que le produit de notre système de traitement » (avant l'introduction du travail) [353, p. 393]. De plus, dans ce cas, seul l'aspect pathologique de sa personnalité est considéré. L'hôpital actif, lui, s'adressera à la partie restée saine de la personnalité et les aliénés seront alors mis au travail comme s'ils étaient normaux. L'asile se présente sous un nouvel aspect, celui de la ruche bourdonnante, de l'atelier ou de l'école. « Pour le plus grand nombre possible de nos malades, l'asile ne doit être qu'une école » [318, p. 160] et c'est bien, en effet, ce qui semble frapper tous les visiteurs étrangers se rendant dans les asiles modèles de l'époque en Allemagne (à Warstein puis Gutersloh, service de Simon), aux Pays-Bas (service du Docteur Van der Scheer à Santpoort) ou encore en Suisse à Saint-Wit ou Cery (Docteur Preisig). « Tout est disposé de façon à donner l'apparence de l'habitation d'une collectivité de gens normaux, travailleurs et soucieux d'un cadre confortable et élégant... L'asile a perdu presque complètement son caractère hospitalier pour revêtir celui d'une agglomération d'ateliers » [89, p. 394-395].

Ce ne sont plus des aliénés, sans doute pas encore des hommes mais déjà des travailleurs, c'est-à-dire des personnages revêtus d'un statut social digne, donc susceptibles de sortir ; en effet, comme le dit Vie [365], sortent ceux « dont la tenue ne fait pas déshonneur à l'Asile ». A travers les changements de l'asile c'est déjà un peu le statut du malade qui change.

1. Les soignés

Simon souhaite toujours adapter le travail aux individus et propose donc différentes graduations dans les activités. Mais il semble que nombre de ses disciples aient perdu de vue cette individualisation et, dans leur souci de transformation de l'asile, aient surtout tenu à augmenter progressivement leur pourcentage de travailleurs : cela n'échappera d'ailleurs pas à la plupart des rédacteurs de l'époque. Ainsi annonce-t-on :

— 70 % de travailleurs à Santpoort [353], puis,

— 1273 travailleurs sur 1420 malades, soit 90 % [89],

— 75 % de travailleurs chez le Docteur Preisig à l'asile de Cery [279], 80 % à Saint-Wit [312].

— Demay [113] prend l'exemple des asiles suisses et donne les chiffres suivants : à Wil 83 % des hommes et 75 % des femmes sont au travail ; à Cery les proportions sont comparables (84 % et 75 %).

— Dans les années 30, les chiffres annoncés, donc les meilleurs, se situent aux alentours de 80 %. C'est l'estimation globale que donne Ichok [185] en insistant lui aussi sur la modification du paysage asilaire.

On peut imaginer que tous les asiles ne sont pas transformés en colonies agricoles ou artisanales mais il est certain qu'on en parle dans de nombreux pays et la presse spécialisée s'en fait l'écho en cette période où échanges internationaux et congrès commencent à être au goût du jour. Si on écrit sur le travail dans les asiles européens (Suisse, Pays-Bas et Allemagne déjà cités, mais aussi Espagne [149-150], Belgique [116-117], Roumanie [121], Italie [333] ou France, pays où sont annoncés par exemple 300 travailleurs à Ville-Evrard [302], 221 travailleurs — sur 260 — et 159 travailleuses — sur 440 — à Prémontré [130]), on évoque aussi des expériences plus lointaines tant en Russie (voir l'abondante bibliographie sur le travail asilaire dans les années 30, citée dans le livre de Wortis [372]) qu'en Argentine [173], au Pérou [265], aux Etats-Unis naturellement (voir la thèse de Tissot [339]), ou même au Japon [270], ou en Nouvelle-Zélande [87]. Les bienfaits attribués au travail sont partout les mêmes : ordre, tranquillité, discipline sont les leitmotivs des apôtres du travail thérapeutique. Il faut considérer également son aspect sédatif en ce qu'il représente une canalisation de l'énergie voire même une fatigue, bienfaisante est-il dit pour le malade, mais bienfaisante aussi, on peut l'imaginer, pour les soignants.

Le travail est source de calme : appliqué aux agités, il permet, au moins dans une certaine mesure, d'éviter la violence et la contention. Appliqué au travail, le corps devient un « serviteur docile » [239] qui a moins besoin de s'opposer. L'asile est moins synonyme de crises et rébellions depuis que l'atelier se charge de la discipline.

Cet aspect très pragmatique fera l'objet de plusieurs articles de l'époque : *Le travail remplaçant les moyens de contrainte dans le traitement des aliénés*, de Vernon Bruggs [361], ou les *Idées nouvelles sur le traitement des aliénés agités* de Van der Scheer [353] notamment.

Changement d'ambiance et d'aspect sont donc des améliorations apportées par le travail, mais il est à noter que celles-ci sont le fait du seul médecin qui impose autoritairement ces modifications fondamentales.

A la même époque, en Autriche, Aichhorn parle lui aussi de modification de l'individu par le milieu mais son expérience est tout autre puisque elle concerne des adolescents caractériels. La différence théorique se situe dans le fait que la normalisation vient des sujets eux-mêmes, dans un processus de réparation qui suit une période où ils ont pu expérimenter leurs tendances destructrices toutes puissantes. Chez Aichhorn, pour le sujet malade, un accès à une parole est possible. Cette parole, cette psychothérapie accompagne le passage à un environnement plus calme et réglé. Tel n'est pas encore le cas des asiles, grosses institutions où le souci de l'ordre collectif prime le devenir individuel. Dans un cas — à l'asile — le travail précède l'ordre puisqu'il en est un pilier mis en place par les soignants, pour engendrer le calme (« le calme du milieu doit être maintenu avec fermeté », dit Van der Scheer [353, p. 391]), dans l'autre — avec Aichhorn en particulier —, il le suit : le travail n'étant proposé que comme outil social de communication au moment où l'adolescent, grâce à sa dépression et à son transfert sur un éducateur-référent, est à même de l'accepter.

Avec les premières tentatives de mises en application des théories freudiennes dans certaines institutions d'enfants divergent les deux voies des soins aux enfants et aux adultes. En 1921, Neil ouvre l'école de Summerhill. En 1925 paraît *Jeunesse à l'abandon*, d'Aichhorn [5]. Anna Freud, enfin, publie *L'introduction à la psychanalyse pour éducateurs*, en 1930 [158]. Ainsi, les expériences novatrices (s'appuyant sur la théorie psychanalytique ou la pédagogie nouvelle) s'introduisent dans les institutions pour enfants alors qu'elles restent, pour quelques années, à la porte de l'asile. Ce qui prime est l'aspect extérieur de l'asile et le calme, obtenu plus par force que par l'intérêt que représentent les activités proposées. Mais il faut reconnaître à certains auteurs le mérite d'avoir pensé que l'asile pouvait être pathogène. Dans un premier temps, le travail a visé à combattre l'oisiveté, mère de tous les vices : des listes impressionnantes de défauts liés à l'inactivité en attestent dans les articles scientifiques de l'époque. Certains écrits mettent en avant non seulement l'utilité de l'activité afin d'éviter la détérioration des pratiques sociales, mais aussi un certain type de pathologie et de chronicité liées intrinsèquement au renfermement asilaire. Ainsi le travail vise-t-il à éviter que le malade n'adopte « l'image de la démence asilaire » [354], ou l'*asylum-dementia* [109] ou ne développe des « troubles mentaux surajoutés comparables aux psychoses de détention » [60]. Van der Scheer [353, p. 393] conclut même que « les malades agités, destructeurs, agressifs, ne sont que le produit de notre système actuel de traitement » (sans travail).

Mais cette transformation de l'aspect asilaire va demander des moyens humains. Qui va prescrire et diriger le travail ?

2. *Les soignants*

Tout d'abord, comme nous l'avons déjà souligné, une personne omnipotente s'occupe de prescrire : c'est le médecin-chef, à la fois prescripteur et chef d'entreprise. C'est d'ailleurs sous cette deuxième casquette qu'il est le plus utile. Ainsi Ladame, rendant compte de sa visite à la colonie agricole d'Uchtspringe raconte qu'« on y considère le soin de fournir aux malades une occupation régulière et appropriée comme la tâche essentielle du médecin d'asile » [207, p. 237]. Tout comme Simon faisait sa synthèse quotidienne sur le travail de chacun des malades de Gütersloh, signifiant par-là l'importance qu'il accordait aux activités proposées, chaque médecin-chef aura à cœur de prescrire individuellement les activités des patients de son service : « L'application de l'ergothérapie appartient totalement au psychiatre qui tiendra un compte exact des prescriptions mentionnées ci-dessus » [354, p. 118]. Ces prescriptions semblent d'ailleurs engager non seulement l'individu mais aussi la société et la nation : « Une organisation de travail irrationnelle fait rétrograder l'aliéné, augmente la légion des sans-travail et conduit à la décadence de la prospérité nationale » [354].

Nous avons déjà mentionné que le médecin se devait d'être le plus fort moralement, doté d'une autorité de caractère et de pouvoir. Cela lui permet d'adopter une attitude polymorphe. Les témoignages abondent. Pour Simon [319], « l'autorité reste à la base de toute psychothérapie ». En effet, si le malade n'adhère pas au programme actif de soins, « l'autorité du médecin doit y suppléer ». C'est la « direction spirituelle du malade » (p. 21). Plus loin, il ajoute : « Nous devons procéder comme procède une maman clairvoyante qui éduque son enfant et fait de lui un homme ordonné et "convenable" » (p. 24). Ailleurs, il est question d'apostolat [113] ou d'âme d'apôtre [277, p. 53], de direction de conscience laïque [236]. La transformation de l'asile en atelier apparaît donc comme le fruit de l'action personnelle du médecin. Et tous les auteurs insistent sur la nécessaire direction médicale de l'asile, sans doute pour justifier le paradoxe qu'ils ressentent entre le rôle qu'ils se donnent et leur statut de soignant.

En dehors de la surveillance des ateliers, toute la mise en place du travail revient au médecin : c'est lui en particulier qui s'occupe de la répartition du travail, de la désignation des malades, de la composition des équipes, de l'établissement des horaires, des consignes particulières, de la formation du personnel, des conditions d'hygiène ; il doit vérifier également « que les ouvriers ont les égards nécessaires vis-à-vis des malades » [113]. En effet, le travail de surveillance des malades est assuré la plupart du temps par des ouvriers qui servent de moniteurs et ne sont pas considérés comme soignants. Dans le meilleur des cas, il ne s'agit plus, comme presque systématiquement au siècle précédent, d'un ramassis de psychopathes qui ne pouvaient rien faire de mieux, mais d'ouvriers qui travaillent en même temps que les hospitalisés mais restent peu formés à l'encadrement de malades mentaux. L'ergothérapie existe déjà, ce qui n'est pas encore le cas des ergothérapeutes. Cependant, des postes sont créés pour encadrer le travail des aliénés. Ainsi, quand l'hôpital de Villejuif ouvre ses portes en 1885, cinq postes de chefs d'atelier sont prévus pour les malades difficiles (voir Colin [80-81]).

L'institutionnalisation des ateliers professionnels avec encadrement adapté progresse au coup par coup. Bien sûr, le recrutement des soignants est encore problématique, et certains auteurs mentionnent que les plus grosses difficultés qu'ils rencontrent pour la mise en place d'un travail efficace concernent davantage le « personnel dérisoirement appelé infirmier » [130, p. 57] que la pathologie des aliénés. Transmettre son désir d'« action bienfaisante et moralisatrice » à un corpus de collaborateurs formé de « garçons de ferme, ouvriers agricoles, garçons bouchers ou charretiers, tous plus ou moins incultes et alcooliques invétérés » [130], est une tâche ardue pour le médecin.

Les collaborateurs ne sont pas souvent à la hauteur de la visée morale que l'on attend d'eux. Par ailleurs, en France, ils ne sont pas formés (alors que les pays anglo-saxons vont créer des statuts d'*occupational* et de *recreational therapists*. Le titre de gradué de thérapeutique par l'occupation créé en 1918 aux Etats-Unis demande deux années d'études [339]). « Ils ne seront pas seulement les gardiens du malade mais ses moniteurs affectueux, indulgents et patients mais fermes qui, non contents de le surveiller, travailleront avec lui, se gardant de lui réserver les besognes les plus lourdes et les plus répugnantes, mais, au contraire, démontrant au psychopathe par l'exemple que la tâche entreprise est exécutable, intéressante et utile » [339, p. 64]. En bref, le soignant doit être humain et l'humanité est justement ce qui différencie le gardien de l'infirmier. « Traitons donc les malades comme nous aimons à être traités » [254, p. 219], tel est le souhait des médecins.

Au début du siècle, la qualité essentielle demandée à l'infirmier est la soumission au médecin dans ses visées thérapeutiques. L'infirmier n'est pas encore censé comprendre, au moins doit-il obéir, ce qui montre qu'on franchit déjà un pallier par rapport au XIXe siècle, où les gardiens étaient tenus d'assurer l'ordre. L'organisation de l'asile, ses règles internes, son fonctionnement n'étaient que très peu du ressort médical. A partir du moment où l'infirmier est soumis au médecin, une collaboration devient possible dans la mesure où médecins et infirmiers s'attaqueront aux mêmes effets avec une visée commune. Comme le dit Porot [277, p. 53], les conditions pour réussir une thérapeutique efficace par le travail sont « une conviction profonde et inébranlable, une âme d'apôtre, un personnel compétent, compréhensif et soumis ».

Cette transformation apparaîtra à partir des années 20. Si le médecin est le directeur de l'école, les infirmiers seront ses instituteurs : l'infirmier a vocation d'éducateur dit Van der Scheer [353]. Si, pour Simon, « seul le médecin est placé pour juger dans chaque cas ce qui sera favorable au malade », au moins le rôle de l'infirmier est-il de « prolonger et compléter l'influence du médecin » [208, p. 29], ajoutent Ladame et Demay qui constatent même que les infirmiers d'aujourd'hui (1926) ont davantage d'initiatives, de décisions et de tact qu'autrefois. Ils deviennent collaborateurs, c'est-à-dire participants techniques de la thérapeutique. « La méthode de Simon nécessite un personnel infirmier dévoué et prêt à seconder le médecin » [182, p. 195]. Médecins et infirmiers marchent dans le même sens, mais restent dans une relation très hiérarchisée.

Mais que font réellement les infirmiers ? Il leur est maintenant demandé d'être à la fois moniteurs et modèles : moniteurs en ce qu'ils peuvent la plupart du temps utiliser leur ancien métier (tradition qui se perpétue encore de nos jours, où les ergothérapeutes sont souvent d'anciens travailleurs manuels reclassés) et modèles donc de travailleurs. A cet effet, les moniteurs doivent travailler avec les patients, collaborer avec eux pour ainsi les accompagner dans la thérapeutique. Au cours de la cure de travail, le gardien devient un infirmier qui « travaille et incite le malade à devenir collaborateur » [254, p. 174]. « L'infirmier n'est plus simplement un garde regardé avec défiance, il devient un camarade de travail qui a simplement une position d'ouvrier plus expérimenté ou de contremaître » [29, p. 651]. Même constatation chez Porot [277] qui, décrivant sa visite à l'asile principal de Duinenbosch aux Pays-Bas, mentionne qu'un quart de l'effectif soignant est affecté à la direction du travail des malades. « Les activités, dit-il, sont sous le contrôle et surtout l'exemple de nombreux infirmiers ou infirmières jouant le rôle de chefs techniques » (p. 44). Nous pouvons voir là le début d'une certaine reconnaissance thérapeutique des infirmiers-moniteurs et, même s'ils n'ont pas en France les mêmes avantages qu'aux Pays-Bas (formation et salaire important), ils peuvent servir de modèle en particulier aux idiots, peut-être parce que ceux-ci sont les seuls qui puissent être considérés comme généralement inférieurs au personnel soignant. Si le niveau augmente, on ne se prononce pas encore ! Mais avec l'idiot, peu de danger, les soignants seront pour lui « des modèles sur lesquels il règlera sa conduite », il pourra ainsi acquérir : « la notion du moi, le sentiment de la propriété, des habitudes qui modifieront heureusement la kleptomanie, la clastomanie, la pyromanie, la cryptomanie, l'égoïsme et la colère en développant le sentiment de la volonté, en faisant naître la spontanéité des bons instincts et en donnant la notion du bien et du mal » [317, p. 136].

3. Le travail lui-même

Le travail était donc paré de toutes les qualités physiques et morales que nécessitent les hommes et en particulier les aliénés. Voici un exemple parmi mille, emprunté à Ramadier [284, p. 439] : « Il facilite le bon fonctionnement des organes, favorise le développement du corps, calme l'excitation, assure un sommeil réparateur, combat les habitudes d'onanisme que développe l'oisiveté. Au point de vue mental, il contribue à fixer l'attention, à discipliner l'esprit, entraîne à l'effort, utilise et met en valeur les rudiments des facultés ». En sériant ses bienfaits, on retrouve trois domaines différents : *un domaine thérapeutique* qui est mis en avant, un *domaine productif* dont on s'accorde à dire qu'il n'est pas prioritaire mais dont tous les auteurs mentionnent cependant l'utilité pour parer aux frais d'hospitalisation des malades indigents, et un *domaine récréatif*, qui est le pendant logique des activités de travail. Ces trois dimensions peuvent et doivent coexister car, selon les indications d'Hermann Simon, il s'agit déjà de mettre en place une thérapeutique par les activités (*Beschäftigung*) plus que par le travail seul (*Arbeit*).

Marie et Voisin [235] arriveront même à proposer une sorte de protocole idéal dans la mise en place des activités de l'aliéné depuis son état de psychotique chronique jusqu'à son éventuelle sortie. S'inspirant vraisemblablement de Bourneville, ils prévoient successivement :

— une période d'approche et d'entrée en relation par le mouvement et la gymnastique douce, afin de « les tirer de leur inertie comme des enfants attardés qu'il s'agit de développer » ;

— une période de « travail plus actif, rémunéré et encadré, en vue d'une production utile pour la collectivité asilaire » ;

— « une dernière étape ergothérapique qui sera la réadaptation sociale finale du malade sorti en pleine possession d'un métier auquel sa main et son cerveau seront réhabitués ».
— Ils y ajoutent même une étape de reclassement qui doit être le rôle des patronages.

En ce qui concerne les types d'activités proposées, c'est Simon qui s'est penché avec le plus de soin sur l'adaptation du travail aux aliénés. Il semble même avoir été bien seul à cette époque à considérer l'adaptation dans ce sens-là, en tenant compte de nombreux facteurs autres que ceux prévus habituellement et qui sont races [109], âge, sexe, tare, résistance [354] ou climat [222]. Simon donne un exemple de son tableau journalier du 6 août 1927 [318] : ce jour-là, sont mis en place 35 chantiers pour les hommes et 40 pour les femmes (sur un service d'environ 700 personnes). Pour chaque patient, Simon choisit le type de travail et d'encadrement qu'il juge le plus apte en fonction des deux critères suivants rappelés par Vie [365] :
— « Le travail assigné au malade doit être compris dans les limites de sa capacité fonctionnelle ».
— « Il doit toujours être maintenu à la limite supérieure de cette capacité ».

Les activités sont donc les plus variées possibles, elles ont lieu de préférence en plein air, même pour les femmes, et l'encadrement est choisi pour chaque groupe : par exemple, deux infirmiers habiles, un infirmier expérimenté, un infirmier flegmatique, surveillance relâchée, un malade digne de confiance, etc. Quant aux ateliers, Simon précise, ce jour-là, comment se répartissent les hommes :

maçons	3	charpentiers	6	serruriers	3
peintres	4	cordonniers	5	tailleurs	4
matelassiers	2	vanniers	5	relieurs	5
fabricants de brosses	3	arracheurs de crins de		travaux de brossage	41
boulangers	5	cheval	13	tisseurs	14
travaux de bureau	3	couleurs de papier (?)	32	travaux domestiques	15

Pour faciliter l'organisation de tout cela, Simon classe le travail en dix catégories en fonction de sa difficulté et du degré d'autonomie qu'il requiert. La devise de Simon, « Individualiser sans cesse », est ici rendue possible par la mise à jour quotidienne du tableau de travail ; on comprend ainsi la dynamique d'un service dans lequel il ne pouvait y avoir d'oubliés.

Où travailler ? Le grand air, la saine fatigue des travaux des champs ont toujours leurs adeptes :
— La majorité des patients sont orientés vers les travaux des champs, du jardin, de la ferme ou à des œuvres de terrassement, de maçonnerie et d'entretien, généralement à l'intérieur de l'enceinte. Les annexes agricoles situées plus ou moins loin de l'asile tendent maintenant à disparaître.
— Les services généraux emploient également des malades (lavoir, buanderie, couture, cuisine...).
— Les ateliers professionnels ou d'artisanat sont situés dans les quartiers. Ils

sont souvent variés et fonction des talents des infirmiers et des débouchés possibles : cordonniers, tailleurs, menuisiers, typographes, tailleuses, blanchisseuses [207], charpente, ferblanterie, plomberie, raccommodage de chaussures, confection de matelas, tapisserie, peinture, serrurerie, imprimerie [94]...

— Enfin, d'assez nombreux pensionnaires continuent à travailler dans les familles des médecins avec un statut un peu particulier auquel certains tiennent beaucoup comme Théodore Simon, médecin-chef de la colonie de Vaucluse [320].

Il faut enfin noter une particularité, rencontrée uniquement dans la littérature française, la mise en garde contre, d'une part les accidents du travail et la responsabilité civile de l'asile (la loi française sur les accidents du travail date de 1898), et, d'autre part, le risque de concurrence avec les entreprises extérieures civiles. L'idéal reste donc que l'asile travaille pour lui-même : entretien, réparations, production artisanale (chaussons, paillassons) et agricole destinée à l'asile (produits des champs et de la ferme).

UNE THÉRAPEUTIQUE ACTIFORME

C'est ainsi que Simon définit sa pratique. Pour Morgenthaler et Forel [254] la stratégie est la suivante : tout d'abord abandonner le point de vue passif qui consiste à observer et patienter, pour « agir pour le plus grand bien de nos malades » [p. 147 et suivantes], en partant de ce qui reste chez les malades, de leurs automatismes sociaux considérés comme la partie restée saine de leur personnalité. Dans un premier temps, il y a donc lieu d'exercer ces automatismes (« marcher, pousser, tirer, scier du bois, se laver, manger proprement ») qui serviront de cadre à la thérapeutique proprement dite. Celle-ci se déroulera ensuite selon deux modalités, une méthode indirecte, c'est-à-dire « distraire le malade de ses idées délirantes, de ses hallucinations ou de ses mauvaises habitudes en l'intéressant à un travail, en jouant avec lui... » puis une méthode directe qui consiste à s'attaquer de front aux idées délirantes, « le recours à l'autorité des supérieurs est juste car il donne aux malades l'impression d'une hiérarchie solide ».

Se met donc en place une théorisation cohérente qui définit un cadre — et un cadre agréable puisque le travail constitue la plus noble des activités —, une autorité qui sait et montre la bonne voie en la balisant de renforcements positifs « témoignages de satisfaction, permissions spéciales, boissons, tabacs,... » et enfin un accompagnement réalisé par les infirmiers, hommes de terrain, courroies de transmission et modèles identificatoires, grâce à qui l'évolution va pouvoir se faire.

Il en est différemment quand sont concernés des criminels ou des psychopathes. Dans ce cas, le rôle d'accompagnement infirmier tend à diminuer fortement, et il s'agit davantage d'une rééducation des conduites au moyen d'un conditionnement par le travail. C'est l'école américaine : Rush 1798, Dunton 1907.

1. Le conditionnement

La leçon de Pavlov (1904) a été entendue et là, plus qu'ailleurs est davantage recherchée une normalisation des conduites qu'une amélioration psychique. Le conditionnement se définit comme une « opération par laquelle on rend efficace pour la production d'un certain réflexe, un stimulus qui normalement ne l'est pas » [272]. Le travail prend le rôle de stimulus conditionnel, dans le schéma suivant :

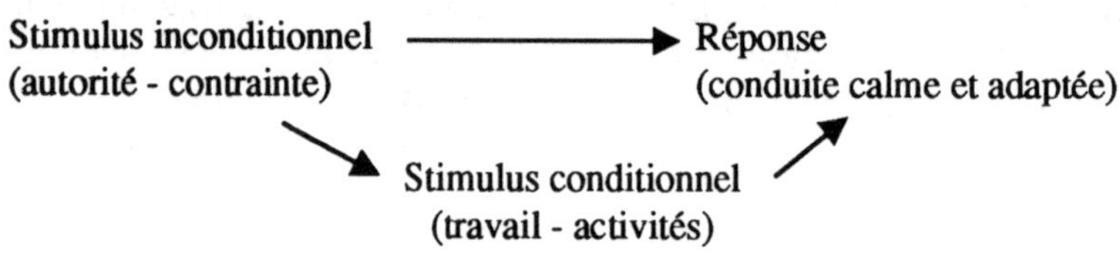

Van der Scheer pense que l'aliéné agité doit être « rééduqué avec succès dans une direction déterminée ». « En langage biologique il s'agit de créer chez lui un certain nombre de réflexes conditionnels nouveaux » [353, p. 390]. La méthode concourt donc à un « véritable dressage », à « créer de nouveaux automatismes ». Pour ce faire, Van der Scheer précise : « Un système de récompenses nous aide à faire naître chez nos malades le sentiment du travail engendrant le bien-être » [353, p. 392]. Tout ceci, insiste-t-il, découle directement « des données de l'expérience établie par l'éducation de l'enfant normal » et de la pédagogie en général. On retrouve là cet antagonisme, cette lutte naturelle qui existe entre le maître et l'élève : l'infirmier n'a plus qu'un rôle d'entremetteur qui doit « gagner par d'habiles manœuvres d'approche son amitié confiante » [339].

C'est sans doute dans les asiles hollandais que la méthode a été poussée le plus loin. La méthode ergothérapeutique nous dit Courbon [89, p. 396] « consiste à rééduquer les automatismes du malade, à créer chez lui des réflexes conditionnels producteurs de gestes utiles ». Mais utiles pour qui ? Ou pour quoi ? Telles sont les questions soulevées par cet univers asilaire ouvert certes, mais robotisé, résultat de la « transformation de l'asile garderie en un chantier où la division du travail n'est qu'un ajustement d'automatismes vivants à des tâches appropriées » [89].

Aux Etats-Unis, Ichok [185] explique que « le travail est érigé en véritable système de rééducation » qui passe par la création d'habitudes jugées comme étant les plus saines. Au Hudson River State Hospital, le programme d'entraînement aux habitudes se fonde sur l'organisation entièrement minutée de la journée. Les patients sont donc soumis à un régime qui les dépasse complètement et les soumet. « A tous, il sera bon d'imposer le plus tôt possible un programme de vie journalier se rapprochant de la normale avec obligation de se conformer à des heures régulières. Quand le pli de la routine aura été fortement imprimé avec un programme précis de distractions et de travail correctement exécuté, le malade pourra être rendu à la vie sociale » [339, p. 65-66]. On ne peut qu'être frappé par cette rigidité et l'omniprésence d'un vocabulaire de contrainte : imposer, obligation, imprimer le pli de la routine. La mise en place de ce type de travail s'appuie sur deux leviers qui sont l'obligation du travail et la fragmentation de la tâche. « Bien que l'asile ne soit pas une maison où le travail est obligatoire, cependant, pour obtenir une discipline et une régularisation des occupations, on est conduit à la nécessité d'user de la persuasion même intensive et de l'encadrement formel des malades, du moins pour le temps nécessaire à leur rééducation », nous dit le rapport Ladame et Demay [208, p. 17].

Très rares sont, en effet, les contre-indications de travail. Un bon asile est un asile qui fait travailler la plus grande proportion possible de malades. Est ainsi décrit le travail pour grabataires (tri de graines par exemple), pour déments (casser des pierres) et même pour les maniaques en phase aiguë. Le choix, ou la libre volonté du malade, n'est jamais envisagé puisque le travail est une prescription médiale. Quant à la fragmentation des tâches, elle est surtout valorisée chez les psychopathes et les délinquants selon les directives d'Henri Colin dont le service créé en 1910 à Villejuif, a eu un rôle de précurseur. Ici le rendement est prôné dans un sens de réparation sociale : le psychopathe, en faute vis-à-vis de la société, doit payer. « Il doit être productif et son rendement doit compenser dans la plus large mesure possible les frais occasionnés par son assistance » [60, p. 278].

« Pour obtenir un bon rendement, l'ouvrier doit être exclusivement occupé à une occupation simple, toujours la même, ne demandant que des mouvements presque automatiques » [60, p. 279]. Dans les conditions qui sont celles du service de Colin, « il est facile de faire produire à ce genre spécial de déséquilibrés une somme de travail qui compense largement les frais occasionnés par leur entretien » [80, p. 218-219].

Le travail taylorisé vient des Etats-Unis où, nous dit-on, il conviendrait parfaitement, par son aspect sédatif, à certains types de patients : « Aux maniaques, on prescrira des activités sédatives ; elles seront donc stéréotypées, faisant appel à l'automatisme mécanique comme dans le travail dit “taylorisé” » [339, p. 90]. Arrivé aussitôt en Europe, le travail à la chaîne est plutôt appliqué aux malades difficiles. Grâce à l'application d'un « taylorisme très prononcé… les aliénés criminels deviennent des ouvriers inoffensifs » [312, p. 378].

Le résultat est efficace. Dans tous les cas de figure, le travail est facteur d'ordre. La description de l'asile provincial Meerenberg de Santpoort par Porot est à cet égard étonnante, voire inquiétante : « Dans les ateliers règne un silence impressionnant ; l'application et la discipline y sont telles que les malades ne lèvent même pas les yeux sur les visiteurs... on sent là une autorité, un ordre, une discipline d'inspiration médicale qui sont la condition même du succès de ce régime » [277, p. 48].

2. *Les renforcements*

Il est bien évident que pour obtenir un tel résultat, il a fallu utiliser toute une gamme de renforcements positifs et négatifs, faits de récompenses et de punitions ayant la même signification que le sucre et la décharge électrique pour le chien de Pavlov.

Le principe pédagogique qui est emprunté à Alain, à savoir que le travail n'est pas naturel à l'enfant et que tout enfant travailleur est un enfant forcé à travailler, est appliqué aux aliénés en de nombreux points comparables aux enfants. Qu'en résulte-t-il ?

— Que le travail ne peut être en effet employé que comme stimulus conditionnel car, en tant que stimulus inconditionnel, il aurait plutôt tendance à engendrer une fuite ou un refus.

— Qu'il va falloir utiliser la ruse pour parvenir à positiver l'idée du travail aux yeux du patient.

En effet, il est conseillé de « l'appâter par l'offre d'avantages collectifs et individuels » [339, p. 28]. Cette mise en condition est appelée psychothérapie : « La condition *sine qua non* d'une thérapeutique par l'occupation vraiment heureuse, ce sera l'emploi préalable d'une psychothérapie intense » [339, p. 27]. Les renforcements proposés sont alors attribués comme à l'école, selon des critères de conduite (discipline, obéissance) ou de travail (rapidité, production).

Les renforcements positifs prennent surtout la forme de récompenses collectives (meilleure nourriture, amélioration de l'ordinaire, café, vin) ou individuelles (pécule, éventuellement directement disponible pour le malade, jetons utilisables à l'intérieur de l'asile, comme à Santpoort, permissions spéciales et aussi amélioration du confort). Une hiérarchie des pavillons existe depuis celui des arriérés jusqu'à celui des travailleurs, du plus sale au plus propre, du plus surveillé au plus libre : « Il n'y a donc rien d'étonnant que tous ou presque tous les malades aient le désir d'entrer dans ces quartiers “meilleurs” et y aspirent ; cette aspiration des malades constitue une de nos armes les plus efficaces, sinon la plus efficace de toutes dans nos efforts dirigés vers la lutte contre les tendances antisociales et les inclinations anormales des malades » [318, p. 136]. Cette idée de rééducation en plusieurs lieux, présente aussi chez Aichhorn, se justifie d'autant plus, selon H. Simon, que cette aspiration vers le meilleur est un penchant naturel de l'homme. En proposant une hiérarchie des cadres, nous faisons appel à la partie restée saine de la personnalité de nos malades et allons dans le sens de la normalisation de l'individu.

En ce qui concerne les renforcements négatifs, « aucun moyen ne doit être *a priori* rejeté ; certaines influences matérielles, qu'en pédagogie on range dans la catégorie des punitions, sont parfois bien plus efficaces que les objurgations les mieux tournées : l'important est d'obtenir que l'irrégulier s'accoutume à subir et à réaliser les suggestions dont il sera l'objet » [108]. Dans les faits, on a recours à l'isolement essentiellement et de toutes façons à des sanctions graduées, modelées sur la conduite à tenir en face du nourrisson qui empêche sa mère de dormir, comme le précise Simon. Sa panoplie comprend : simple admonestation, même travail à une autre place (salle voisine), travail dans un milieu plus écarté, transfert du malade au lit pour quelques heures, court isolement, sédatif chimique. Le protocole est encore plus détaillé à Santpoort : Porot, décrivant les « moyens pédagogiques » de la rééducation, et après la référence obligée à l'enfant que l'on « met au coin ou que l'on envoie se coucher suivant la gravité de sa faute ou son degré de résistance » [277, p. 53], parle de : une demi-heure d'isolement, une demi-heure de lit, puis somnifère en désespoir de cause.

3. Et la responsabilisation ?

En définitive, il est bien difficile de voir en quoi les modèles définis peuvent aider à responsabiliser les malades. Quand Simon dit que la notion d'irresponsabilité des patients est un des maux qui s'oppose à la mise en place d'une réelle thérapeutique que signifie-t-il par là ? Bien sûr il souhaite individualiser et adapter le travail au patient, ajoutant même que « tout ce qu'on fait doit avoir un sens et un but » [318, p. 19] mais, en fait, ce sens et ce but sont toujours définis par le médecin dans sa « sainte logique » en fonction de la « vie réelle ». Le patient n'ayant aucune possibilité de choisir ou de refuser, sa responsabilité n'est mise en avant qu'en ce qu'elle justifie sa compréhension des récompenses, des punitions et éventuellement de l'utilité de son travail en tant que travail. « Seuls les caractères d'utilité peuvent prouver au malade qu'il ne se livre pas à une activité stérile » [339, p. 28] mais le lien entre le travail et la thérapeutique ne peut être appréhendé que par le médecin. Si le malade en était capable, les renforcements dont il a été question seraient-ils nécessaires ? Encore une fois l'aliéné est considéré comme l'enfant, c'est-à-dire incapable d'effectuer les bons choix qui doivent donc lui être imposés ; mais le bon choix est-il simplement synonyme d'ordre et de discipline, la maladie peut-elle se limiter aux simples troubles de la conduite, la thérapeutique n'est-elle qu'une éducation ?

Ce début de siècle a tenté d'éduquer les aliénés, et, il s'agit sans doute d'un pas important dans la clinique de la maladie mentale. Nous laisserons la conclusion de ce chapitre à Levy, car il résume bien la pensée de son époque, relativement à la cure de travail : la thérapeutique, dit-il, « doit former le malade nerveux à se discipliner dans toute sa manière d'être à la fois morale et physique, dans tout son mode de vivre, d'agir et de réagir. Tel est l'objet du traitement éducateur qui constitue bien, par là-même, le traitement spécifique et causal des états nerveux » [226]. Si l'on veut choisir une formule, celle de Van Deventer [354] *In labore quies* est plus caractéristique que celle de Tissot [339], *Joy is in doing*, de la réalité de cette période.

LE TRAVAIL PEUT-IL ÊTRE UNE THÉRAPEUTIQUE ?

1. Soin

Les bienfaits du travail manuel ont certainement des répercussions physiques ou physiologiques. C'est la conviction du XIXe siècle qui estimait que le travail modifiait la circulation des humeurs ; Cabanis constatait que sans travail en plein air, « le corps s'étiole, le système nerveux peut tomber dans la stupeur » [59, p. 116]. Tout comme Pinel, avant lui, déclarait que « le travail prévient les congestions vers la tête et rend la circulation plus uniforme ».

Les tentatives de justifications se perpétuent en ce début de siècle, mais elles restent des images ou des suppositions sans grand pouvoir démonstratif ou convaincant, qu'elles soient physiques — « Toute psychose a son corrélatif anatomique et organique : modification cellulaire, altération ou destruction des fibres, toxines, maladies des glandes à sécrétion interne. Le travail manuel active la lutte contre les toxines que la circulation élimine. Il fait contracter les muscles et par là fixe l'azote, améliore la nutrition » [143] — ou physiologiques — « La thérapeutique d'occupation obtient son effet par suite du changement de substance dont est accompagnée toute occupation corporelle » [29]. Elles ne tarderont pas à être battues en brèche.

Bonfiglio [44] affirme rapidement que « l'ergothérapie n'est pas une cure causale mais tout au plus symptomatique : elle est sans effet sur la maladie elle-même », mais agit à un niveau psychique, elle distrait des phénomènes morbides et s'oppose à la désagrégation psychique. C'est ce que développera plus tard Fernandes : « On ne prétend pas que le travail “guérit” la maladie elle-même, supposée organique, de la schizophrénie ; l'action de l'ergothérapie tend cependant à compenser l'influence des fonctions pathologiques en neutralisant et en excluant même leur répercussion sur la conduite des malades » [147]. Ainsi se met en place l'idée que ce n'est pas le travail par lui-même qui peut soigner mais que l'ambiance de travail, surtout par l'ordre qu'elle procure, a des effets non négligeables sur la symptomatologie psychiatrique.

2. Réadaptation

Plus qu'une thérapeutique, le travail est une (ré)adaptation. Mais encore faut-il se demander à quoi doit adapter ou réadapter le travail ?

En tout premier lieu, référence est faite à l'Ordre en tant qu'élément positif de bien-être en dehors de toute considération asilaire. L'ordre est un bienfait prôné dans les livres d'hygiène de l'époque. « C'est à nous parents qu'il appartient de donner à nos enfants, dès qu'ils peuvent le comprendre, l'amour du rythme, de l'équilibre, de l'harmonie, de l'ordre. Car lorsqu'on aime l'ordre, on le recherche à son insu en toutes choses, on veut l'établir en soi-même d'abord, dans ses pensées, dans ses sensations, dans ses sentiments ; on veut le voir régner dans sa Famille, dans la Société, on lui voue sa vie ! » [357, p. 240].

En second lieu, le travail « ramène l'ordre dans les idées » [211]. L'entendement ayant perdu ses droits, il faut y substituer des habitudes. Ainsi « chacun doit avoir sa tâche et s'y enfermer sans se préoccuper de celle de son voisin » [211, p. 551]. De l'ordre dans les idées à l'ordre dans le caractère c'est-à-dire à la discipline le pas est vite franchi. C'est sur cet ordre-là qu'insistent les auteurs de l'époque : « C'est là, un des plus grands bienfaits qu'apporte l'organisation du travail : ordre, propreté, discipline, tranquillité, tenue morale » [208, p. 33]. « L'organisation du travail combiné avec le traitement au lit est un puissant élément d'ordre et de tranquillité » [29]. « Autorité, ordre, discipline », remarque Porot [277, p. 46]. « Ordre, discipline, activité », note Demay [113, p. 40].

Ceci est effectivement sans ambiguïté et, si réadaptation il y a, il s'agit bien d'une (ré)adaptation à un asile, lieu de vie qui s'oppose à un hôpital qui serait, lui, lieu de soin, distinction qui reprend celle qui perdure entre malades curables et incurables, appelés maintenant aigus et chroniques et que l'on doit séparer dans des locaux différents. « La meilleure formule, tant au point de vue médical qu'au point de vue économique paraît bien être l'asile complet, l'asile total, comprenant une partie hôpital pour les malades aigus, une partie asile pour les chroniques et les travailleurs » [208].

Le travail n'existe donc à l'asile que pour les malades chroniques. En région parisienne d'ailleurs, la psychiatrie est organisée sur ce modèle bipolaire depuis 1925. Les patients aigus sont dirigés sur l'hôpital Sainte-Anne et, si on ne dénote pas d'amélioration rapide, « le malade est évacué sur Vaucluse, Ville-Evrard ou Villejuif et considéré comme aliéné chronique » [302, p. 346]. Le malade n'a pas à travailler à Sainte-Anne alors que pour les aliénés de l'asile « la seule thérapeutique efficace est de les obliger, dans la mesure de leurs moyens à travailler à l'intérieur de l'asile » [302, p. 345].

Dans le meilleur des cas, on retrouve parfois chez certains auteurs l'idée dynamique d'un travail, lieu d'observation possible au cours de la période de convalescence : le quartier des travailleurs peut alors être un « lieu de passage intermédiaire entre la séquestration absolue de l'asile et la liberté demandée par la famille. C'est l'étape que le malade doit franchir avant de passer la porte de l'asile pour retourner à son foyer » [302].

3. Observation

Ainsi, le travail est parfois considéré comme moyen d'observation. L'atelier devient alors un endroit privilégié pour l'observation du malade en situation. Cette observation peut être réalisée, comme nous l'avons vu, dans une perspective positive de sortie de l'asile mais elle peut donner lieu à une recherche de critères de diagnostic défavorables ou d'éléments pronostiques de chronicité. « Comme test de la gravité de l'affaiblissement, je prends la capacité de s'occuper dans l'asile, c'est un test de conduite. Ceux qui sont capables de s'occuper sont “légèrement déments”. Ceux qui n'ont aucune utilité sociale sont “gravement déments”. Entre les deux, je les considère comme “moyennement affaiblis” », note Bleuler en 1911 [43, p. 56]. Ce qui est noté ici est donc la possibilité ou l'impossibilité pour un malade de s'adapter à une tâche proposée. Il ne s'agit plus alors d'adapter un travail à une catégorie définie de patients mais d'utiliser l'adaptabilité au travail de l'asile comme élément de diagnostic.

De la même manière, Ducosté, dans un numéro de 1920 du *Bulletin de la Société clinique de médecine mentale*, décrit des objets exécutés par les aliénés, de leur propre initiative (outils, armes, pièces d'étoffe tissées) et en conclut qu'ils permettent non seulement un diagnostic mais encore un pronostic. « Ces outils, d'ailleurs grossiers, donnent cette indication assez précise : un dément complet ne saurait en être l'artisan, ni un persécuté, ni un paranoïaque, ni, je pense, aucune autre espèce d'aliéné. La vue seule de ces modestes matériels permet donc un diagnostic et un diagnostic de finesse : dément, moyennement atteint et adapté définitivement à son milieu » [123, p. 148].

Hors des ateliers, la confection d'objets ayant pourtant but et sens (couture, brochage, rattrapage de chaussures...) signerait donc l'adaptation au milieu asilaire ; mais c'est peut-être une autre façon de dire que l'objectif du travail est d'adapter l'aliéné à l'asile ?

Le matériel dont la finalité est directement orientée vers l'extérieur n'est bien sûr jamais réalisé en ateliers mais il permet cependant un diagnostic : les armes sont « l'œuvre des persécutés systématisés et à un moindre degré des maniaques et quelques épileptiques » [123]. Quant aux auteurs de matériel d'évasion (tournevis ou clefs) « ce sont encore des persécutés, des maniaques, parfois des épileptiques ou des alcooliques » [123].

L'aspect diagnostique et pronostique du travail témoigne d'une autre façon de considérer les tâches proposées.

On ne peut pas terminer ce chapitre sans parler des excès qui ont naturellement vu le jour au cours de cette période de travail à tout prix pour obtenir l'ordre à tout prix, la visée éducative annoncée ne produisant alors que robotisation ou négation de l'individu. Que tous les patients hospitalisés travaillent, voilà qui peut sembler étrange aujourd'hui mais il y a 60 ou 70 ans, la transformation de l'aspect asilaire semblait prévaloir sur tout le reste. Rares sont en effet, les voix qui, à l'époque, critiquaient non pas le travail en lui-même, mais les excès perpétrés, en particulier aux Pays-Bas. Courbon, au cours de son voyage d'études dans les asiles hollandais [89] décrit, sans porter de jugement, le niveau auquel on était arrivé pour augmenter le nombre des travailleurs : « Notre confrère utilise les stéréotypies motrices des déments les plus déchus pour broyer des pierres ou cirer le parquet » (p. 397). A chaque mouvement même stéréotypé doit s'associer un acte utile et c'est à un spectacle digne de Chaplin qu'est donc convié Courbon en 1928.

La seule réflexion distancée que nous ayons trouvée chez un contemporain, revient à Lautier qui explique l'engouement pour le travail à l'hôpital par un phénomène de mode ayant pris des proportions inconsidérées : « J'ai 55 % de travailleurs et c'est un maximum, explique-t-il. Pour arriver à 90 %, comme en Hollande, il faudrait que j'envoie au travail tout ce qui peut se tenir debout, que j'emploie les aliénés auxquels je crois l'alitement continu nécessaire, que je contraigne les réfractaires, que je compte comme travailleurs, ceux qui ne font que quelques mouvements mécaniques ou qui ne travaillent que quelques minutes ou quelques quarts d'heure » [213, p. 192]. Il plaide donc pour davantage de variété dans la thérapeutique psychiatrique, mais il est bien le seul : plus qu'adapter le travail au malade, dit-il, il convient de lui adapter le soin et le travail n'en est qu'un des éléments parmi d'autres.

L'ordre et la discipline placés au-dessus de toutes les valeurs thérapeutiques a certainement eu comme conséquence une déshumanisation complète des unités de soins. C'est ce qui ressort de certaines descriptions de l'époque dont voici un exemple : l'harmonie n'est « jamais plus complète que lorsque les aliénés travaillent côte à côte, passivement, sans se préoccuper ni d'eux-mêmes ni de ce qu'ils font… » [211, p. 551].

Ces excès motiveront aussi la réhumanisation des hôpitaux psychiatriques.

II

HUMANISER PAR LE TRAVAIL (1945-1968)

Repères

1946 *Loi sur le droit à la médecine du travail.*

1949 *Parution de* L'enracinement *(S. Weil).*

1950 *Institution du SMIG.*

1952 *Création de la Fédération des Croix-Marines.*

1952 *Parution de l'article « Psychothérapie institutionnelle française contemporaine » (G. Daumezon et P. Koechlin).*

1955 *Création du diplôme national d'infirmier psychiatrique.*

1957 *Loi sur le reclassement des handicapés.*

1958 *Circulaire portant sur l'organisation du travail des malades à l'hôpital psychiatrique.*

1960 *Circulaire sur le secteur.*

1967 *Parution de l'ouvrage* Le travail thérapeutique à l'hôpital psychiatrique *(F. Tosquelles).*

1968 *« Etude sur le problème général de l'inadaptation des personnes handicapées » (F. Bloch-Lainé).*

La psychothérapie institutionnelle (P.T.I.)

Avec la deuxième guerre mondiale, l'asile lui-même et les activités de travail des malades mentaux prennent un nouveau tournant. On sait que dans la deuxième moitié du XIXe siècle, les sociétés de patronage avaient fonctionné avec un certain succès (Falret, 1841) ainsi que certaines œuvres d'assistance par le travail (Société d'assistance par le travail, Lalance, 1891). Mais ces dispositions sont ensuite tombées en léthargie avec le début de notre siècle. On note bien quelques expériences de travail pour malades mentaux — en particulier, le premier CAT, Centre d'aide par le travail, est créé en 1926 aux Pays-Bas (Professeur Van der Kolk) — mais c'est bien peu de choses. En 1945, et la guerre y est naturellement pour beaucoup, le bilan est maigre, ce qui autorise J.-F. Montes [250] à s'interroger : « Les expériences de travail pour les aliénés adultes ont pratiquement sombré dans l'oubli ; peut-être continuent-elles derrière les murs des établissements devenus "hôpitaux psychiatriques" mais nous en avons perdu la trace. Nous ne savons pas ce que sont devenues les sociétés de patronage. L'aliéné, le malade mental ne sont donc plus des sujets aptes à être professionnellement réinsérés ? » (p. 259).

En effet, il semble que l'on assiste à ce moment à un retour dans les murs de l'hôpital où vont naître une réflexion théorique et des applications pratiques relatives, en particulier, à l'organisation de la vie sociale et du travail.

LES CONSTATATIONS

1. L'asile

La période de l'immédiate après-guerre se prête à un bilan : bilan quantitatif — à un surpeuplement maximum des asiles en 1939 s'oppose l'hécatombe liée aux conditions de la guerre — mais aussi bilan qualitatif. Bonnafé dit que ce qui domine à l'hôpital est le couple surpeuplement-indifférenciation [46] et cette critique rompt totalement tant avec la conception esquirolienne du grand asile qu'avec le modèle hollandais fondé sur l'ordre, le collectif et l'universalité de la thérapeutique.

De nombreux infirmiers ont connu pendant la guerre le statut de prisonnier et ont pu expérimenter personnellement les répercussions objectives d'une telle situation sur des sujets réputés normaux. Cela va créer, outre une sensibilité particulière aux conditions d'enfermement, une sorte de rapprochement, un sentiment de solidarité avec les pensionnaires de leurs asiles. Relatant la transformation de la vie sociale à l'hôpital de Châlons-sur-Marne, Madame Masson parle de l'évolution d'une prison en « home accueillant » où de nombreuses activités sont mixtes (salle de lecture, groupe théâtral...). Et ce, à partir du constat que la situation d'interné est comparable à celle de prisonnier et donc en elle-même pathogène : « Les circonstances nées de la guerre ont montré ce que peuvent détruire — ou étouffer momentanément — dans la personnalité humaine, la terreur, la brutalité, l'asservissement, la misère physique, le dépaysement et l'éloignement du milieu habituel, la promiscuité aussi d'êtres de milieux sociaux trop différents. Certains prisonniers ou déportés sincères ont pu parler du sentiment d'avilissement qu'ils éprouvaient devant les défaillances morales inévitables dans une vaste collectivité [...]. On s'est aperçu que des éléments de démoralisation et de destruction de la personnalité humaine pouvaient se retrouver dans une certaine conception traditionnelle de la vie d'asile » [238, p. 344-345]. Le discours de l'époque met l'accent sur le fait que l'hôpital est une structure lourde et aliénante et que, d'autre part, toute relation thérapeutique suppose une rencontre entre sujets, rencontre qui devient aujourd'hui possible.

Déjà Van der Scheer signalait que certains symptômes étaient liés au traitement et induits par le milieu asilaire. Cette constatation est reprise et dénoncée avec force. Woodbury établit que la structure de l'établissement agit directement sur la symptomatologie des patients internés [371]. Des parallèles sont faits entre asile et prison, asile et zoo. Racamier [281] décrit des phénomènes de « résonance socio-pathologique » entre symptômes et établissements. L'hôpital agirait sur l'interné de la même façon que la cage sur l'oiseau, d'où par exemple les stéréotypies observées souvent chez l'un comme chez l'autre. A ce titre, Racamier parle d'« hospitalisme psychiatrique » ou de syndrome de culture hospitalière si les réponses institutionnelles vont dans le même sens que les mécanismes pathologiques des malades. Dans ce cas, « tout se passe comme si les hôpitaux psychiatriques n'avaient point été créés par des médecins ou des administrateurs, mais bien par des schizophrènes » [360, p. 117]. Le rôle pathogène de l'asile est ainsi dénoncé avec force. Comme le dira plus tard J. Chazaud [72, p. 48] : « La psychose dépersonnalise et dépersonnifie, “l'asile” si l'on ose dire, “en rajoute” », en amplifiant les mécanismes pathologiques du malade.

Enfin, Goffman [170], en 1961, reprendra tout cela dans son ouvrage sur la condition sociale des malades mentaux, mettant en évidence le double statut de l'hospitalisé : malade et reclus ; la réclusion étant pour lui à l'origine d'une tentative d'adaptation au milieu qui irait à l'encontre de toute démarche de resocialisation. Le malade, une fois adapté à l'asile, se retrouverait doublement aliéné par la maladie et la réclusion. Le terme de réclusion correspond, en effet, réellement, à la situation que d'autres qualifient de carcérale. Dans tous les cas, il y a lieu de pratiquer une psychothérapie de la situation carcérale [65] comme préalable à tout soin.

2. *Le travail*

Ce changement d'optique va modifier totalement les conditions du travail dans les asiles. Si en théorie le travail est promu depuis longtemps à une fonction curative (règlement modèle de 1839), quelles sont donc les pratiques de l'après guerre ?

Quand il existe, et dans le meilleur des cas, c'est le modèle hollandais qui sert encore de référence, d'autant que celui-ci a évolué. Ainsi Koechlin au cours d'un voyage d'études en Hollande [202] note qu'à Santpoort, les conditions du travail ont beaucoup changé depuis son introduction en 1928. L'organisation en niveaux introduite par Simon a été maintenue — Koechlin parle maintenant de soixante-cinq types d'activités différents — mais s'est considérablement assouplie : ainsi les malades peuvent parler pendant le travail et surtout ont toutes possibilités pour se rencontrer dans de nombreux clubs. Le travail est « distrayant » et organisé de façon très professionnelle en ateliers réalisant des objets manufacturés directement utiles à la communauté. Les moniteurs, qui sont des infirmiers spécialement formés et logés sur place, ou des malades, sont attentifs à la progression du niveau de travail demandé qui doit s'approcher à terme d'un travail normal. La réglementation du travail à l'extérieur de l'asile sert aussi de modèle quant à l'organisation : il y a des heures supplémentaires, un jour et demi de repos hebdomadaire, des congés payés et, naturellement, un pécule qui récompense à la fois l'effort et la bonne conduite. Parallèlement sont organisées des activités sociales multiples : clubs sportifs, journal, loisirs et surtout une organisation extra-hospitalière importante avec recherche de travail, de logement et orientation professionnelle dont s'occupent des psychotechniciens.

En France, cependant, le travail n'a jamais été organisé aussi systématiquement, il ressemble, quand il existe, davantage à un bricolage ponctuel dans lequel chacun, infirmier et aliéné, tente d'y retrouver son intérêt ou ses avantages, mais où l'aspect curatif est bien souvent totalement exclu. Le bilan des situations de travail dans les asiles français retient les points suivants : A ce jour, le travail pour les malades n'existe que comme tradition asilaire et dans le seul but de procurer une force de travail gratuite à la bonne marche des hôpitaux. Raynier et Baudoin parlent encore de « l'intérêt de faire concourir autant que faire se peut, la valeur du travail au fonctionnement des asiles » (p. 445) et si la caution médicale est toujours présente dans les textes, il est constaté dans la réalité qu'« en fait, l'utilisation de l'ergothérapie et de la ludothérapie en tant qu'elles ont une portée “curative” procède de constatations empiriques qui ont échappé le plus souvent à la réflexion médicale » [347, p. 79]. L'avis médical ne serait donc qu'un « alibi que se donnent mutuellement médecins et administration centrale conjointement engagés dans le même combat » [347]. En 1954, un long article de Tosquelles, Millon et Fargeot dresse le constat suivant : « Pratiquement, on peut affirmer sans crainte d'être démenti que, pour une grande partie des psychiatres, ces questions restent très vagues et par là sans intérêt. Ils acceptent le plus souvent cette tradition comme un fait “peut-être utile” en tout cas secondaire, voire “provisoirement utile” aussi longtemps qu'on n'aura pas découvert une thérapeutique biologique “plus efficace”. On comprend ainsi que dans la mesure où le personnel infirmier et économique n'abuse pas des malades, un grand nombre de psychiatres s'avèrent n'exercer leur fonction réglementaire que d'une façon passive laissant toute initiative aux surveillants, chefs d'équipes, etc. » [347, p. 80].

Ainsi, il semble que deux seules possibilités de travaux dans l'asile existent : travailler pour l'asile ou pour les soignants, comme le précise le règlement-modèle des asiles en 1857, à l'article 175 : « Le produit du travail appartient à l'établissement » qui, sous couvert de bénédiction médicale, exploite ces « malades-travailleurs ». Il faut alors comprendre ainsi la juxtaposition de ces deux termes : ces hommes de peine exécutent un emploi de travailleur mais sont payés comme malades.

Le travail, totalement dévoyé, était donc « progressivement devenu surtout un prétexte à exploiter une main-d'œuvre à bon marché et par là, l'instrument d'un asservissement, c'est-à-dire finalement d'une aliénation » [201, p. 623] qui touchait essentiellement les indigents, travail et pécule n'étant prévus que pour eux ; les malades dont les frais d'hospitalisation étaient pris en charge, par eux-mêmes, leur famille ou plus tard la sécurité sociale, étant dispensés de travailler. Le travail n'était curatif que pour les indigents. Cette hypocrisie était bien dénoncée périodiquement depuis le XIXe siècle, puis par Simon entre autres, mais il faut croire que le poids des intérêts de l'administration ou même du personnel infirmier primait, d'où la perduration de cet état de fait. Daumezon, en 1951, constate que « le médecin, les éléments les plus conscients du personnel, impuissants à organiser de façon satisfaisante le travail, tolèrent, tout en le déplorant, ce seul palliatif à l'immobilisme du quartier » [103, p. 165]. Quant à la rémunération des patients, il s'agit soit d'un pécule minime — le bénéfice du travail étant pour l'établissement — soit d'une rémunération versée « de façon clandestine mais universellement tolérée » [103, p. 167] par le personnel, en échange de travaux d'intérêt personnel qui vont du tricot aux travaux de gros œuvre. Les infirmiers et médecins disposent souvent sans vergogne d'une main d'œuvre, parfois même qualifiée, pour entretenir leurs jardins, refaire leurs logements, etc. La justification thérapeutique (il sort de l'asile, il va se dépenser...) ou humanitaire (il se retrouve en famille, il mange avec nous souvent), étant alors mise en avant et, dans ce cas, naturellement, nul besoin de salaire.

Un certain nombre de praticiens s'accordent pour dire dans les années d'après guerre que « nos hôpitaux psychiatriques, dans leur ensemble, se sont installés dans une vaste médiocrité en s'avérant par ailleurs incapables de résoudre les problèmes pressants que notre époque leur pose » [347, p. 74]. A cela viennent s'ajouter la crise conjoncturelle de l'assistance marquée par la diminution du nombre des malades (les hôpitaux vivant du prix de journée) et la nécessaire reconstruction des hôpitaux endommagés du fait de la guerre.

La situation socio-économique révèle donc toutes les insuffisances de l'assistance psychiatrique de l'époque et l'élan de reconstruction né avec la libération va impulser un vaste mouvement de rénovation intérieur dans les lieux de soin. Parallèlement, les foyers de réflexion et de rencontre entre soignants vont se développer, brisant l'isolement des praticiens soucieux d'échanges et de formations.

L'ACTION

Le creuset de ce renouveau qui prendra à partir de 1952 le nom de Mouvement de Psychothérapie Institutionnelle (P.T.I.) [106] est le petit hôpital de Saint-Alban en Lozère, qui fut un lieu d'activité et de réflexion important déjà pendant les années de guerre. En effet, sous l'influence du Docteur F. Tosquelles, prit racine ce mouvement que l'on pourrait qualifier d'humanisation. Les efforts de ses partisans porteront tout d'abord sur la communication de la situation désastreuse des hôpitaux et des hospitalisés, pour ensuite concourir à y remédier. En effet, si les réalisations de la PTI sont connues, le rôle pourtant important qu'elle a eu dans la diffusion de l'information sur le statut des malades mentaux, tant au niveau des organismes de tutelle que de l'opinion publique est souvent passé sous silence. Il y a tout d'abord un article de J.-P. Logre dans le quotidien *Le Monde* du 10 février 1948 intitulé « La grande misère des hôpitaux psychiatriques » [230] et, quand paraît en décembre 1952 le numéro de la revue *Esprit* consacré à la « Misère de la psychiatrie », c'est la première fois, à notre connaissance, que la presse non spécialisée diffuse de façon objective et sous forme de dossier, des informations sur la situation à l'intérieur des hôpitaux psychiatriques. Des psychiatres en place dénoncent l'inertie, l'absurdité et l'échec d'un système psychiatrique français inhumain.

La PTI s'est progressivement constituée à partir de réactions contre un état de fait socio-politique inacceptable et grâce à un certain nombre de médecins de Saint-Alban, autour d'un élan généreux visant à mêler intimement le soin et l'humanité, la thérapeutique et le communautaire, le curatif et ce qui relève de l'assistance. « La PTI vise à structurer l'articulation des techniques d'ambiance et des techniques psychothérapiques en un système global de soins psychiatriques » [58].

Tosquelles situe l'origine de ce mouvement à 1942 avec l'intervention de P. Balvet au congrès de Montpellier intitulé « Asile et hôpital psychiatrique. L'expérience d'un établissement rural » [21]. Ce texte qui est passé pratiquement inaperçu réclamait un renouveau de la politique du maniement de l'institution comme instrument de soins et stigmatisait les conditions dans lesquelles travaillaient les équipes soignantes. « Nous sentons le poids du rôle de gardien auquel nous sommes réduits ».

L'équipe de Saint-Alban, qui avait intégré Tosquelles, catalan républicain qui traduisit et fit connaître les travaux d'H. Simon, fut amenée à considérer les symptômes présentés par les malades, non pas seulement comme relevant de la maladie en soi mais surtout comme conséquence de l'évolution de la maladie « dans et par la suraliénation asilaire ». Ceci conduisait à envisager le traitement du groupe de malades dans son ensemble et l'équipe médicale dirigeait l'hôpital de façon à ce que toute activité prenne une valeur thérapeutique et réadaptative. Il faut dire que les conditions de travail de l'époque (Tosquelles parle d'un médecin pour 400 malades) n'autorisaient pas les traitements individualisés. De plus, cette expérience est née pendant la guerre à un moment où l'hôpital a dû jouer effectivement son rôle d'asile en perdant sa fonction de ségrégation et d'isolement. Dans un monde bouleversé, il devenait par opposition au monde extérieur perturbé, le lieu de haute sociabilité. Du point de vue de la thérapeutique psychiatrique, l'hôpital se désaliénait avec sa fonction dans la guerre des maquis.

Les soins donnés aux malades dans ces circonstances dramatiques approfondissaient la conscience de l'humanité de l'aliéné et favorisaient le sens thérapeutique des rapports humains dans l'hôpital. Il est important de rappeler que les hôpitaux psychiatriques connurent des conditions de survie très précaires, 40.000 malades mentaux sont morts pendant la guerre. Cette expérience historique ne pouvait que modifier les vieux modèles de relations interhumaines et bâtir la charpente d'une idéologie nouvelle où il était question de changer la vie, changer les hommes, voire de changer la société. Or, comme le dit Tosquelles, « on sait que la relation thérapeutique efficace comporte essentiellement l'aménagement progressif de la rencontre entre deux ou plusieurs sujets : la reconnaissance du sujet (malade) afin qu'il puisse se constituer lui-même sujet dans la relation thérapeutique vécue “ici et maintenant” » [344, p. 29].

Voilà sans doute les deux idées forces de la PTI : la rencontre intersubjective et l'utilisation de l'institution hospitalière en terme de « plein-temps thérapeutique ». Celle-ci étant le préalable à celle-là. L'objectif est, selon Tosquelles [344, p. 34] de « structurer et d'aménager les hôpitaux psychiatriques de façon qu'ils soient aptes à pouvoir y pratiquer des psychothérapies véritables ». La rencontre, qui est le préalable à toute psychothérapie, se doit d'exister et pour cela, il faut lui donner les possibilités de se réaliser dans un cadre adapté, différent de la salle d'examen ou du bureau médical. Une idée de la PTI tient en l'aménagement de lieux susceptibles d'engendrer des rencontres, surfaces de projection comme dit Oury, espaces potentiels dirait Winnicott. « Le lieu hospitalier est donc tout d'abord un lieu de rencontre. Et la tâche essentielle de ceux qui ont à jouer le rôle thérapeutique, médecins et personnel soignant, est bien celle de tendre pour ainsi dire les filets ou les occasions de rencontre » [343, p. 29].

Dans cette logique, la rencontre se fera « en situation » et moyennant une démarche personnelle du thérapeute ; il est bien évident qu'alors, les situations quotidiennes de la vie de l'établissement pourront prendre sens. Parmi celles-là, les situations de travail autour desquelles un certain nombre de thèses vont être écrites [19 - 61 - 199] se trouveront au premier rang, ce qui renouvelle totalement la finalité du travail dans les hôpitaux : il peut avoir du sens et même un sens thérapeutique.

Dans la période précédente, c'était le travail par lui-même qui, dans ses dimensions morales et éducatives, était salvateur. Avec la PTI, ce n'est plus le travail mais la situation du travail en tant que rencontre possible, qui sera thérapeutique : l'environnement plus que le travail lui-même, le qualitatif plus que le quantitatif, le sens plus que le résultat sont mis en avant par la PTI. « Ce n'est donc pas l'activité à elle seule qui est thérapeutique, c'est le contexte qui l'entoure, c'est la façon dont le travail est fait dans les hôpitaux, en un mot c'est la situation ergothérapique qui est curative. Cette situation originale fait que l'ergothérapie n'est pas entièrement réductible aux autres traitements utilisés », disent Racine et Certhoux [283, p. 586] qui, dans le même article définissent l'ergothérapie, c'est-à-dire la thérapie par le travail, comme un « échange réciproque matérialisé ». La matérialisation, c'est-à-dire le type de travail où l'objet produit n'est que prétexte à la rencontre, d'où l'idée de G. Daumezon de promouvoir le maximum de situations au cours desquelles le professionnel « fera avec » le patient : « Quant à la part plus spécialement psychothérapeutique ou simplement psychologique de notre métier, il convient d'annexer à la vieille recherche clinique et si j'étais parfaitement sincère je dirais sans doute de substituer à elle, une *clinique d'activités*. Il ne s'agit plus de rechercher des signes d'aliénation, il s'agit essentiellement d'étudier de façon dynamique au cours de conduites ayant elles-mêmes un dynamisme curateur, le comportement des sujets confiés à nos soins... La psychiatrie infantile nous a démontré que telle activité nous apprenait davantage sur sa personnalité que tous les examens que le psychiatre pouvait faire assis derrière sa table. Notre clinique psychiatrique en matière d'adultes doit s'inspirer de ces résultats » [101, p. 241].

LES INFLUENCES

Ce changement de perspective pour le soignant est sans doute le signe majeur de cette nouvelle révolution psychiatrique. Celui-ci doit passer du statut de grand ordonnateur (modèle H. Simon) à celui de co-auteur (Tosquelles). Quelles pratiques peuvent alors lui servir de références ?

1. Daumezon vient à l'instant de nous rappeler tout ce que *la psychiatrie de l'enfant* peut apporter, c'est-à-dire l'observation et le soin du patient en situation naturelle. N'oublions pas que la situation de travail est considérée, à l'époque, comme la plus naturelle à l'homme.

2. A cela s'ajoute l'habitude déjà ancienne de *la thérapeutique occupationnelle* (*occupational therapy*), pratique anglo-saxonne mise en place aux Etats-Unis dès le début du siècle. Son but était essentiellement de permettre à l'individu de garder une fonction sociale et productive afin de réintégrer rapidement son environnement professionnel habituel : il s'agit d'une réhabilitation sociale, d'une resocialisation. L'idée pragmatique très américaine soutient que la restauration de la valeur sociale du malade lui permettra de récupérer au plus vite une fonction et évitera ainsi les frais médicaux liés à une trop longue hospitalisation. Face à cela, dériver l'agressivité, pourvoir à des moyens de rédemption, sublimer les symptômes, offrir des possibilités de création, ne sont que des objectifs subsidiaires [294].

Réhabiliter l'image sociale du malade, viser l'adaptation à la situation ambiante pour retourner au plus vite dans l'environnement, telles sont également les fonctions de la thérapeutique par l'occupation en Angleterre. Pour Rees et Whiteley, cette thérapeutique consiste, en effet, à « favoriser la guérison, créer de nouvelles habitudes et empêcher la dévalorisation » [291].

Quand les Français, à la même époque, parlent de thérapeutique occupationnelle, ils y ajoutent un but humanitaire d'aide morale : le patient, grâce à l'hôpital devenu « école d'éducation humaine » [69], peut maintenant s'amender et retrouver toute sa valeur humaine. « L'hôpital sera ainsi devenu, non seulement le hâvre où l'on restaure le corps meurtri ou blessé, où l'on répare les troubles d'une pensée dévoyée, d'une affectivité déréglée, d'une activité inhibée, mais aussi où l'on fera lever et s'épanouir les sentiments altruistes, essence et caractéristique même de l'âme humaine. L'hôpital ne sera plus exclusivement un sombre royaume de souffrance où l'homme ne peut trouver qu'un triste refuge à ses lésions corporelles mais un centre rayonnant de revigoration de l'esprit, de l'âme humaine ; il sera devenu une école du devoir de l'homme vis-à-vis de l'homme » [69, p. 366]. L'ergothérapie, en France, est donc issue de la thérapeutique occupationnelle anglo-saxonne dans laquelle l'aspect social pragmatique est tempéré par une visée morale individuelle et réparatrice liée sans doute à l'ambiance de l'immédiate après-guerre. Ceci nous autorise, d'ailleurs, à pointer que les deux termes de thérapeutique occupationnelle et d'ergothérapie ne se recouvrent pas totalement malgré certaines définitions qui assimilent ces deux vocables [272, par exemple].

3. La pédagogie dite nouvelle. C'est surtout Tosquelles qui parle, au cours de son expérience avec les enfants du Clos du Nid [344], du tribut qu'il doit à la pédagogie nouvelle et il cite en particulier C. Freinet, promoteur d'une nouvelle approche de l'enfant en situation scolaire. Il insiste en particulier sur le fait que la pédagogie, c'est-à-dire pour un instituteur le travail scolaire, doit être naturelle, motivante et chargée de sens. Naturelle en ce qu'elle est en prise directe sur la vie. « La mécanique scolaire, dit-il, tourne rond mais à vide... elle n'est pas embrayée sur la complexe mécanique humaine » d'où l'importance d'une pédagogie ouverte sur l'extérieur et sur les relations sociales normales d'un enfant citoyen. La pédagogie doit également être motivante, elle doit respecter à la fois les besoins de création des enfants et les exigences du milieu dans lequel vit l'enfant ; correspondance et expositions sont les signes procurant une reconnaissance sociale de l'enfant. Enfin, elle est chargée de sens si elle représente un « vrai travail » c'est-à-dire un travail dans lequel les réalisations sont proches et les réussites palpables : seules ces conditions sont génératrices d'efforts.

Dans les années 50, depuis les expériences communes des frères Oury (Jean, psychiatre et Fernand, instituteur) dans les IMP de la Ferté-Imbault et d'Herbault et la création du GET (Groupe d'éducation thérapeutique), une démarche parallèle continue de se développer entre les deux mouvements de PTI et de pédagogie institutionnelle, tant peuvent sembler positifs les apports réciproques des praticiens issus de l'asile ou de l'école-caserne, dont le but est la mise en place d'une socio-thérapie ou d'une pédagogie nouvelle au travers d'institutions à créer et à renouveler.

A titre d'illustration, voici deux définitions qui pourraient tout aussi bien définir la PTI que la pédagogie institutionnelle : « Un ensemble de techniques, d'organisations, de méthodes de travail, d'institutions internes nées de la praxis des classes actives. Elle place enfants et adultes dans des situations nouvelles et variées qui requièrent de chacun engagement personnel, initiative, action, continuité » [260, p. 245]. Et, « ce qui est privilégié dans l'optique des praticiens en cause, c'est l'essai de prise en charge et de maîtrise du milieu de soins afin d'en diminuer le vecteur d'aliénation sociale en favorisant les échanges de toute nature par la mise en place de médiations entre les individus et les groupes en présence : réunions, clubs, grilles de travail ayant pour résultat l'organisation du milieu de vie, le déblocage des circuits imaginaires, la circulation des informations et pour objet la prise en charge économique de secteurs donnés du collectif » [242, p. 6].

4. Paul Sivadon propose l'organisation d'un travail, réellement thérapeutique, de réapprentissage et d'assistance pour remplacer les anciennes motivations qui étaient de deux ordres « distraction pour le malade ou source de revenus pour l'établissement » [322]. La notion de distraction trouvait son application dans ce que l'on a appelé la thérapeutique occupationnelle qui se proposait donc d'occuper les malades à seule fin souvent de leur éviter l'oisiveté et l'ennui. Quant à la source de revenus pour l'établissement, c'est la circulaire du 4 février 1958, inspirée par le mouvement de PTI, qui va y remédier radicalement. En effet, une des principales critiques faites à l'organisation du travail dans les hôpitaux était d'augmenter l'aliénation du malade dans la mesure où le produit du travail ne lui appartenait pas. Selon *une analyse marxiste*, cette dépossession des moyens de production a un certain nombre de conséquences négatives et, en particulier :

— La prise en compte chez le malade, non plus de son travail mais de sa force de travail qui peut alors être quantifiable et vendue ou donnée à l'établissement.

— Une perte de contrôle totale sur l'objet fabriqué : le patient ne sait pas d'où vient le travail et en ignore la destination et l'utilité. Il n'est qu'un élément, une pièce de l'établissement qui permet simplement à celui-ci de tourner sur lui-même.

— La disparition de toute initiative dans un processus de production tourné davantage vers le rendement que vers la qualité et l'épanouissement humain.

Le travail du malade devient alors, puisqu'il ne lui appartient pas, une puissance hostile au lieu de représenter l'objectivation de sa propre humanité. Car l'homme doit, par son travail, se construire lui-même en agissant sur la nature. La notion de praxis désigne ce processus de transformation réciproque de l'homme et du monde. Celle-ci sert de base aux ateliers que veulent mettre en place et vivre ces soignants : il s'agit d'un travail formateur et dynamique. « Le travail est de prime abord un acte qui se passe entre l'homme et la nature. L'homme y joue lui-même vis-à-vis de la nature le rôle d'une puissance naturelle. Les forces, dont son corps est doué, bras et jambes, tête et mains, il les met en mouvement afin de s'assimiler des matières en leur donnant une forme utile à sa vie. En même temps qu'il agit par ce mouvement sur la nature extérieure et la modifie, il modifie sa propre nature et développe les facultés qui y sommeillent » [237]. Ce travail peut, par ailleurs, être qualifié de communautaire dans la mesure où, pour accéder à sa propre reconnaissance, l'homme a besoin du rapport avec les autres. Le désir de l'homme est d'être reconnu homme par d'autres hommes. Le travail prend donc sa double dimension de praxis et d'activité sociale. « Le travail est une activité sociale que les hommes effectuent les uns avec les autres et les uns pour les autres, en vue de la satisfaction réciproque de leurs besoins. Le travail se présente ainsi comme le véritable ciment des relations sociales » [114, p. 20].

On doit donc à l'influence de la pensée marxiste, un certain nombre d'éléments fondateurs de cette vague de travail institutionnel et surtout l'instauration d'une praxis mettant en avant le double aspect formateur et communautaire du travail. Bonnafé surtout a insisté sur l'apport de l'analyse marxiste à la compréhension du fait psychiatrique [45].

5. Cet aspect communautaire est également présent chez *les auteurs anglo-saxons* qui l'érigent en moteur de toute thérapeutique en institution. Tosquelles s'y réfère d'ailleurs et remarque que « tous les protagonistes de la révolution psychiatrique dans les années 1945 et 1947 font référence à Moreno » [344, p. 38]. Cet auteur, émigré aux USA en 1926, a développé le psychodrame et fondé la sociométrie qui se propose d'étudier et de mesurer les interventions entre les membres d'un groupe. Le développement de ces techniques s'est trouvé favorisé par la dernière guerre mondiale : la psychothérapie de groupe avait en effet été rendue obligatoire dans les formations militaires américaines et le psychodrame fut utilisé dans la réadaptation sociale.

Tosquelles se réclame de cette psychothérapie de groupe quand il intervient et interprète ce qui se passe dans les assemblées de malades de Saint-Alban. Teulie, dans sa thèse, en donne quelques exemples pris sur le vif [335] mais Tosquelles privilégie alors l'aspect thérapeutique alors que le but des auteurs anglo-saxons demeure la réadaptation sociale. Rétablir une *social adequacy*, tel est l'objectif de M. Jones [197], précurseur de la psychiatrie sociale. Pour l'atteindre, il suggère la mise en place de communautés thérapeutiques dans lesquelles les relations sociales établies entre soignés seront considérées en complément des autres thérapeutiques, car à chaque patient est reconnue une fonction thérapeutique vis-à-vis des autres (*Community as doctor* est le titre de l'ouvrage de Rapoport [286]).

La communauté thérapeutique est organisée en groupes permanents à l'échelon d'un pavillon par exemple. Les réunions constituent le fondement de la communauté et les ateliers encadrés par des sociothérapeutes ou thérapeutes par le travail, sont des lieux d'observation et d'échanges sociaux : « Le but de l'atelier n'est pas d'apprendre un métier au malade mais de créer des conditions qui lui sont familières à l'extérieur et où ses difficultés de relation dans une situation de travail peuvent être examinées et éclaircies. Le personnel discute ensuite des problèmes apparus dans la situation de travail » [42, p. 90].

En France toutes ces influences anglo-saxonnes ont porté leurs fruits : ce sont tout d'abord les articles de Bernard [33] et de Daumezon [100] dans *L'Evolution psychiatrique*, de 1948 et plus tard, le symposium de Bonneval en 1951, consacré à la psychothérapie collective. Au cours de celui-ci, un certain nombre d'interventions (Tosquelles, Le Guillant, Ey, Sivadon, Daumezon) serviront de point de départ théorique à de nombreuses équipes psychiatriques.

En 1953, le rapport du comité d'experts de la santé mentale de l'OMS (Office mondial de la santé) sur l'hôpital psychiatrique public (auquel participe Paul Sivadon) mentionne expressément la communauté thérapeutique : « Dans une communauté thérapeutique que devrait être l'hôpital psychiatrique moderne, l'organisation de bien des activités devrait échoir aux malades eux-mêmes » [257, p. 245]. Et, plus loin : « L'établissement du climat psychologique de la communauté thérapeutique et l'encouragement des rapports humains et des activités, constituent la tâche thérapeutique du médecin directeur » (p. 246).

On a pu parler de la PTI comme du point de rencontre de plusieurs écoles. Jonction entre psychanalyse et sociologie, rencontre de Marx et de Freud, Herman Simon revisité par la psychothérapie collective ou même boy-scoutisme paré d'une phraséologie pseudo-savante. Il faut y ajouter une conjoncture politique particulière, des hommes remarquables, un élan de générosité et de reconstruction, etc.

Force est de constater que le travail à l'hôpital représente sans doute un des fils rouges de la psychiatrie contemporaine. Issue du traitement moral, la PTI en a renouvelé l'approche en tentant de le désaliéner c'est-à-dire de lui donner une place dans le réseau d'activités et d'échanges qui caractérise le nouveau lieu de soin.

LA SOCIOTHÉRAPIE

Le cadre même de la PTI est la sociothérapie dans laquelle on distingue artificiellement deux composantes : l'instauration d'une « ambiance » sociothérapique et la mise en place ou l'utilisation « d'institutions », le travail étant l'une d'elles. Nous expliquerons en temps voulu les guillemets qui encadrent le mot « institution ».

Si le XIXe siècle s'est intéressé à la maladie mentale et H. Simon s'est attaché à la vie des pavillons de l'hôpital, la PTI s'est intéressée au malade lui-même. « La découverte des malades mentaux constitue le fait principal de la psychiatrie institutionnelle depuis trente ans », dit Racamier [281, p. 129]. Si la PTI est selon Chazaud [72] « l'intention de transformer un lieu jusqu'alors d'exclusion de la cité (l'hôpital psychiatrique) en un espace de resocialisation », la sociothérapie représentera cet aménagement lui-même et le cadre ainsi créé.

1. L'ambiance

On commence à être sensible, par-delà l'ordre, à une ambiance qualitative, élément ou base de la thérapeutique. Des thèses sont écrites sur ce sujet [315 en particulier]. Sa transformation s'opère essentiellement par l'aménagement tant de conditions humaines de vie que de relations différentes entre soignants et soignés. La sociothérapie est, en effet, comme le dit P.-J. Longerius, cité par Burner et Coli [58], « cette forme de psychothérapie qui s'occupe de produire le climat le plus favorable au développement de la personnalité en manipulant le monde qui entoure le patient ».

La sociothérapie se fonde dans l'organisation de la vie quotidienne, dans l'aménagement de l'environnement auquel a droit et aspire tout être humain. Ueberschlag à Lannemezan s'est battu pour la reconnaissance de ses idées dans ce domaine, en réclamant une réelle dignité pour le malade hospitalisé :

— Instaurer la classe unique.

— Instituer le respect du malade et sanctionner impitoyablement les violences physiques ou morales à son égard.

— Faire respecter le calme.

— Et surtout lui donner tout ce dont un homme normal a besoin : nourriture, fourchettes, couteaux, assiettes mais aussi sommeil, miroir, papier hygiénique, coiffeur, argent, etc.

En effet, dit-il, « le malade ne sait que faire des appels à sa dignité et des discussions à ses dépens, sa réadaptation ne lui est tangible que si on l'installe dans le confort ; le respect qu'on lui doit ne lui apparaît que si le personnel s'habille, mange, travaille et se distrait comme lui et si, autour de lui, règne le calme d'une activité ordonnée et intelligente où il peut effectivement se réintégrer » [349, p. 604].

Ainsi la sociothérapie est à l'origine de « l'aménagement de l'hôpital en ambiance vivable » [347, p. 88] ou tout simplement de « l'hygiène mentale intra-hospitalière » selon la formule de Repond citée par Tosquelles, Millon, Fargeot [347]. Ueberschlag organise son service de la façon qui lui semble la plus cohérente sans rien laisser au hasard. En particulier l'aménagement du cadre soignant doit être global et le temps à l'hôpital est partagé en séquences (activités - loisirs - sommeil, soit les 3 x 8 [348] qui ont chacune leur importance). Il n'y a pas de travail ou d'activité plus particulièrement thérapeutique, chaque moment, chaque événement de la journée contribue à l'instauration d'une « sociothérapie pratique ».

L'environnement humain a naturellement son importance et on parle aussi d'hygiène mentale du personnel soignant [261] dont le premier devoir est de se trouver en phase avec l'organisation générale du service, d'être dans la cohérence du système de soin car « l'existence des phénomènes sociopathologiques rend vaine au départ une psychothérapie menée dans un milieu hospitalier qui ne soit pas psychologiquement et sociologiquement assaini », dit Racamier en 1957 [281]. La deuxième condition que doit remplir le personnel consiste à se situer comme individu en face d'autres individus — seule condition d'émergence d'un dialogue vrai — et non en tant que gardien ou infirmier face au malade. La rencontre inter-individus doit remplacer le face à face inter-personnages [200]. Ceci implique en fait « l'acceptation par tous (du médecin-chef au malade) d'être mis en cause, d'être mis à nu par la parole de l'autre. Un certain style de contestation réciproque, d'humour, d'élimination des prérogatives de la hiérarchie, etc. » [128, p. 58].

L'équipe de Saint-Alban fait d'ailleurs de cette transformation des rapports soignants-soignés au sein de l'hôpital une des priorités du soin et la condition de réalisations communes. « Le Docteur Balvet va s'efforcer de transformer les rapports infirmiers-malades en rapports de personnes à personnes » écrivent Millon, Fargeot et Teulie, à l'occasion de la mise en place d'un club qui porte son nom en 1947. « Une bonne sociothérapie est en fin de compte un état d'esprit chez tout le personnel hospitalier plutôt qu'une mise en place de réalisations techniques » [350, p. 21].

Par personnel hospitalier, il faut entendre tout le personnel hospitalier, administratif et des services généraux, ce qui naturellement ne peut se concevoir que dans un établissement de relative petite taille, comme Saint-Alban. Koechlin [200] évalue à 250-300 lits la taille maximum des établissements pour qu'une réelle sociothérapie puisse se mettre en place.

2. L'institution

C'est sur cette base, dans ce climat favorable que vont pouvoir se mettre en place un certain nombre d'« institutions », terme que nous allons tenter de définir afin d'en supprimer les guillemets. Par institution il ne faut entendre ni l'établissement hospitalier, ni la chose instituée une fois pour toutes, encore moins la structure établie par la loi ou la coutume, mais l'aménagement de moments, d'activités « qui n'auront d'autre sens que d'instituer des médiations dans un projet psychothérapique global » [72, p. 81]. Il s'agit d'« un projet de communication rénové, de mobilisation, de reviviscence assistée, d'élaboration facilitée » (p. 15). Ces lieux de rencontre, qui sont aussi surfaces projectives [276], doivent avant tout avoir un caractère instable et ce, pour deux raisons :
— Tout d'abord, pour offrir une possibilité de transfert — tout comme un thérapeute — l'institution doit être suffisamment floue ou du moins non porteuse d'une rigidité structurelle.
— Ensuite, pour ne pas tomber dans le piège de la chose instituée et donc susceptible d'être un élément de chronicisation, dès lors qu'elle n'est plus dynamique.

Tout rassemblement de patients à visée de communication sociale peut être considéré comme institution, et le travail, qui est selon l'expression de Daumezon, « saturé en relations sociales » constitue la première de ces institutions possibles.

Il faut « développer et instituer des échanges dont les modalités sont appelées institutions » dit Woodbury [cité dans 281]. « Les institutions thérapeutiques doivent demeurer des états instables, une sorte de gélification des spontanéités sociales élémentaires », ajoute Teulie [335] mais c'est sans doute Tosquelles qui définit le mieux ce qu'il entend par institution dans son intervention au congrès international de psychothérapie de Barcelone en 1958 [346]. Nous ne pouvons que le citer : « L'essentiel de la sociothérapie et de l'ergothérapie ne doit pas viser à la reconstruction d'automatismes d'adaptation. L'essentiel est de redonner à l'événement journalier hospitalier, la possibilité d'expression, de la reconnaissance et du contact avec autrui, l'institution étant le moyen terme » (p. 87). « Les groupes de malades créés autour des activités ludiques ou productives, devenues objets de transfert et souvent refuges de résistances, doivent conserver leur labilité institutionnelle sans laquelle les progrès thérapeutiques seraient impossibles. Cette labilité est obtenue par le jeu démocratique et coopérateur du club et de ses organes. L'institution devenant alors le pôle de la liberté » (p. 88). « Les groupes dans l'hôpital sont comme des tramways ; il faut bien y monter mais il est indispensable d'en descendre et même d'apprendre à en descendre en marche » (p. 89).

Les fastes de l'ergosociothérapie

En 1950, la plupart des services français sont encore structurés, selon les conseils de Parchappe, en quartiers, où la mixité est proscrite : les calmes, les travailleurs, l'infirmerie et les admissions, les gâteux, les demi-agités, les agités. Certes, le travail des aliénés est souvent intégré dans leur vie quotidienne. Mais les conditions de vie et de travail sont rigides, hiérarchisées, et ce, aussi bien pour le personnel que pour les hospitalisés. Jusque dans les années 50, le personnel n'a pratiquement aucune formation, aucune initiative personnelle ne lui est autorisée. La seule possibilité pour les malades de quitter le quartier est en général de travailler dans les ateliers, à la ferme ou dans les services généraux de l'établissement. Tout ceci concourt à créer une ambiance très particulière dans les services psychiatriques. Il nous suffit de reprendre ici les propos de Daumezon [103, p. 164] : « Dans les locaux, en général vétustes et pour la plupart inadaptés et en tout cas insuffisamment entretenus, sont entassés les malades mentaux sous la garde d'un personnel de petits fonctionnaires, le plus souvent improprement baptisés infirmiers ». L'organisation du travail thérapeutique s'accompagnera souvent dans ces conditions d'une hiérarchie sociale, hautement pathogène dans l'hôpital. C'est ce qu'Amourous rapporte [7 p. 99] quand il évoque, par exemple, la place prise par « les travailleuses qui vont effectuer et contrôler tout ce qui concerne l'entretien, le ménage, la vaisselle, les courses et corvées dans l'hôpital. Dans un univers clos, elles vont contrôler toute la vie économique et sociale. Certains avantages leur seront exclusivement réservés, le casse-croûte des travailleurs par exemple. Ceci permet aux travailleuses de contrôler l'espace, le temps, les malades et les infirmiers… ».

Dans ce climat est née la psychothérapie institutionnelle, avec la recherche permanente de situations d'échanges entre infirmiers et malades : dans la vie quotidienne, dans les temps de travail ou de loisirs. Cette stratégie bien souvent, s'est développée à partir des interventions des infirmiers. C'est ainsi que Daumezon [103, p. 166] a pu écrire « une nouvelle structure sociale du pavillon et bientôt de l'asile est née du jour où est entré un brin de raphia, apporté presque en cachette par un infirmier tremblant de se voir arracher ce moyen de suicide qu'il introduisait dans l'asile ». Cette évocation du raphia nous permet de dire ici combien ont pu être importants les stages organisés par les CEMEA dès 1949 et destinés au personnel des hôpitaux psychiatriques. Ceux-ci ont permis à de nombreux infirmiers de s'initier à diverses techniques d'activité manuelle, mais aussi de repérer leurs attitudes et contre-attitudes dans la vie d'un groupe, dans ce que Racine allait développer autour de son concept d'« isolat culturel ».

CLASSIFICATION DES DIFFÉRENTS TYPES DE TRAVAIL

1. Selon une conceptualisation médicale

Avant 1958, au travail étaient reconnues une valeur moralisante, une action physiologique avec stimulation des fonctions organiques, une dérivation des orientations délirantes et même une certaine socialisation. Mais les classifications proposées restent toujours extrêmement descriptives, successions de tiroirs dans lesquels sont rangés les malades. Rappelons celles d'avant guerre.

Ladame et Demay [208] distinguent le travail au rendement — il s'agit, dans ce cas, « de tirer parti de l'énorme capital-travail latent dans les asiles, de récupérer des forces vives en potentiel dans ces murs » — et le travail traitement pour lequel il n'y aurait aucun souci de production. H. Simon, considéré par certains comme le père de l'ergothérapie, énumère cinq niveaux qualitatifs :

— le travail simple : travaux ménagers, chargement d'une brouette ;
— le travail mécanique : plier des enveloppes, faire les lits ;
— le travail exigeant une attention régulière, de l'intelligence et de l'initiative : jardinage, couture ;
— le travail nécessitant une bonne attention et un raisonnement presque normal : travaux de culture, confections variées ;
— le travail équivalent à celui d'un ouvrier normal.

Les psychiatres des années 50 établissent eux aussi leur typologie qui est relativement peu différente.

Sivadon va considérer, quant à lui, dans ce qui est maintenant l'ergothérapie :

— le groupe, sa densité, son homogénéité ;
— le type d'occupation ;

— le système de travail ;
— le matériau ;
— l'aire de travail ;
— le degré de spécialisation ;
— le degré de collaboration ;
— le degré de responsabilité.
A partir de tous ces éléments, il distingue :
— « le travail thérapeutique où les matériaux utilisés doivent être considérés comme des médicaments…
— le travail de réapprentissage : le malade est confié à un atelier des services généraux, le produit du travail appartient à l'établissement en échange de l'enseignement qui est donné au malade…
— le travail mode d'assistance : c'est un mode d'adaptation à des conditions de vie artificielle… l'assistance par le travail s'adresse uniquement aux déficiences chroniques qui n'ont pas de chances de guérison suffisantes pour permettre leur adaptation normale » [322, p. 161].

Il rappelle dans cette évocation les modes d'assistance para-hospitalière par le travail que sont les placements agricoles surveillés. Il résume bien son analyse dans cette phrase un peu emblématique « le travail est une thérapeutique pour les malades, un moyen de réadaptation pour les convalescents, un mode d'assistance pour les invalides ».

Daumezon et Koechlin [106] s'attachent plus particulièrement à différencier l'activité selon les lieux :
— dans l'unité de soins et parfois même au lit du malade, elle permet un accrochage premier avec lui par la reprise d'un contact manuel avec le monde ;
— dans des ateliers thérapeutiques, elle met en jeu un aspect social, invitant le malade à un relatif apprentissage ;
— dans des ateliers, elle autorise des activités rentables proches de celles du dehors.

C. Veil [356, p. 178] étend le rôle du travail à l'ensemble des personnes handicapées et décrit six stades :
— un travail essentiellement thérapeutique dans lequel il distingue deux variantes : la conquête de la maîtrise du corps et des gestes en s'appuyant sur l'éducation physique ou la kinésithérapie et le travail-occupation, répétitif, de bas niveau (faire des tresses, des collages), ébauche des échanges ;
— un travail peu thérapeutique et peu éducatif : il évoque le travail ménager qui n'a de valeur que dans la mesure où il est inséré dans une organisation sociothérapique ;
— une activité organisée qui vise à la création d'objets artistiques ou artisanaux si possible commercialisables. Il s'agit d'enseigner une technique et non un métier, d'apprendre à s'exprimer ;
— l'entraînement au travail avec un maniement d'outils, de machines, et où il est question d'acquérir une cadence et un horaire de travail normaux ;

— un travail, lieu d'observation et d'orientation : des apprentissages sont proposés ; la production n'est pas négligeable ;
— le travail essentiellement productif : soit en milieu protégé, soit en milieu de travail normal.

2. Selon des axes médico-administratifs

Dans la dernière édition du traité d'assistance bien connu de Raynier et Baudoin [290], nous retrouvons au chapitre du travail thérapeutique les éléments essentiels qui nous permettent de suivre la place qu'il a progressivement occupée. Les auteurs relèvent que « dans quelques établissements, l'apport des malades dans le travail est souvent trop négligé ou même mal adapté ». Après avoir donné quelques pistes d'analyse des insuffisances constatées dans l'application de ce moyen de traitement, ils conviennent que le nombre des travailleurs dans un hôpital psychiatrique permet de réaliser « une appréciable diminution du prix de journée et des améliorations du régime alimentaire ». Ils soulignent combien le malade peut « gagner en dignité sociale ». Le travail est également repéré comme « moyen de chasser l'ennui fatal et mauvais conseiller », mais, pour eux, il « doit être réel et il est nécessaire de grouper les malades sous la direction d'un employé qui donnera l'exemple en travaillant lui-même ». Enfin, ils souhaitent qu'aux notions « de surveillance et de rendement soient substituées celles de rééducation et de réinsertion sociale ». A l'interrogation : le travail étant reconnu comme thérapeutique, est-il légitime de l'imposer et de le rendre obligatoire ?, ils répondent : « On ne peut imposer un travail si ce n'est par le moyen détourné de contraintes morales prolongées auxquelles il semble bien qu'il faille se refuser, spécialement en ce qui concerne le régime alimentaire ».

Dans les différentes dispositions réglementaires, le travail est considéré selon les classifications qui gardent la dénomination d'aliéné travailleur, terme abandonné avec l'arrêté du 4 février 1958.

Dans le règlement modèle de 1857, le travail est institué comme moyen de traitement et de distraction pour les malades. Il comprend :
— la participation aux soins du ménage et aux travaux des services généraux ;
— les travaux de culture, de jardinage et de terrassement ;
— les travaux de couture et de blanchissage ;
— les travaux relatifs à l'entretien des bâtiments et du mobilier ;
— les travaux divers.

Dans le règlement modèle de 1892, le médecin en chef limite, quand il le juge nécessaire, la durée de la journée de travail. Celui-ci comprend :
— Les travaux internes à l'hôpital :
  . participation aux soins du ménage, aux travaux des services généraux ;
  . travaux de cultures maraîchères et de jardinage ;
  . travaux de couture et de blanchissage ;

. travaux relatifs à l'entretien des bâtiments et du mobilier.
— Les travaux extérieurs :
. travaux de terrassement et de construction ;
. travaux agricoles ;
. travaux industriels.

Il y a toujours une véritable appropriation du travail des malades. En effet, le produit du travail appartient à l'établissement. Il est alloué à chaque travailleur une rémunération en nature (ration supplémentaire de vin, d'aliments), ainsi qu'une rétribution fixe. Le produit du travail est accumulé jusqu'à une somme réservée à titre de pécule de sortie éventuelle.

Dans le règlement modèle de 1938, le travail comprend :
— la participation aux soins du ménage et aux travaux des services généraux ;
— les travaux de cultures maraîchères et de jardinage ;
— les travaux de couture ;
— Les travaux de buanderie et de repassage ;
— les travaux relatifs à l'entretien des bâtiments et du mobilier ;
— les travaux de terrassement et de construction ;
— les travaux agricoles ;
— les travaux industriels ;
— le travail dans les ménages de fonctionnaires et d'employés logés dans l'établissement.

Ce sont l'Arrêté du 4 février 1958 et la Circulaire du même jour qui vont apporter des modifications de fond dans l'organisation du travail thérapeutique dans les hôpitaux psychiatriques. Selon l'article 171, le travail peut être organisé sous trois formes :
— les travaux de type agricole (jardinage, horticulture, etc.) ;
— les travaux effectués dans les services généraux de l'établissement : buanderie, ateliers et chantiers, etc., et travaux ménagers divers ;
— les travaux dans les ateliers médicaux.

Les différents articles prévoient également que le malade doit bénéficier du produit de son travail, le terme d'aliéné est remplacé par le terme de malade. Dans cette circulaire, il est précisé que l'organisation des ateliers médicaux peut s'effectuer selon deux hypothèses : soit des travaux en régie (les matières premières et le matériel sont fournis exclusivement par l'établissement), soit sous forme de travaux à façon (les matières premières et le matériel sont fournis par des tiers, en particulier par une association Loi 1901).

Ce texte, qui réglemente encore aujourd'hui l'organisation du travail thérapeutique, est par bien des côtés tout à fait remarquable. En effet, un chapitre entier est consacré à des directives générales qui situent l'originalité des ateliers médicaux. Ces ateliers de type artisanal peuvent fonctionner soit dans les pavillons, soit dans des locaux distincts. Il est recommandé de prévoir des activités variées et en particulier des tâches élémentaires sans rendement économique. Ce document précise aussi les conditions d'attribution du pécule qui se voit différencié en pécule de base (qui sanctionne la durée du travail) et en pécule complémentaire (fonction de la rentabilité et de l'importance de l'effort fourni). Enfin, sont définies les conditions d'intervention d'une association dans l'organisation du travail thérapeutique ; comme nous le verrons, c'est là, l'ouverture aux possibilités dynamiques envisagées par la P.T.I.. Les malades sont autorisés avec l'aide du personnel soignant à organiser leur vie sociale dans le cadre de l'association, le malade « est incité à se concevoir comme sujet actif, ce qui n'est possible que dans le cadre d'un club » [287, p. 56].

LA SITUATION DANS LES ANNÉES SOIXANTE

Grâce à deux enquêtes particulièrement éclairantes, il nous est assez facile de retracer le panorama et de retrouver le climat qui régnait dans les hôpitaux psychiatriques, dans ces années-là, qui correspondent sans doute à l'apogée du travail thérapeutique lié à la P.T.I.

1. Enquête sur le travail des malades dans les hôpitaux psychiatriques français

Cette enquête a été dirigée par Georges Daumezon [105] qui a obtenu les réponses de 31 % des services des hôpitaux psychiatriques français. Il ressort que 51 % des malades ont une activité. La répartition entre les différentes grandes classes de travaux est ainsi évaluée :
— *les travaux ménagers :* « Dans les services les moins évolués, ceux où les activités de travaux réadaptatifs sont peu développées, le travail ménager est tenu par les chefs de service comme la forme d'activité la plus favorable en raison de la chaleur des relations qu'il entraîne » ;
— *les services généraux et techniques* : l'épluchage y précède les travaux de buanderie et de lingerie. « Chez les hommes, une place de choix revient à la voirie et au cantonnage, à peu près tous les corps de métiers sont représentés sous forme d'aide aux divers ouvriers de l'hôpital » ;
— *les travaux extérieurs divers* : le nombre de places offertes dans les fermes est très faible, les équipes de jardinage sont plus nombreuses. Certains malades sont envoyés chez des cultivateurs à l'époque des grands travaux et se pose la question de la mécanisation « souhaitée par les organismes techniques de l'hôpital et redoutée par les médecins auxquels elle enlève la possibilité d'occuper des malades » ;
— *les travaux réadaptatifs* sans utilisation immédiate pour la vie économique et quotidienne de l'hôpital, comprennent 78 activités différentes, dont 14 exclusivement féminines et 29 exclusivement masculines.

Daumezon procède alors à un catalogue qui permet de définir les différents travaux proposés et il relève surtout que « chez les femmes, l'ancien ouvroir a été transformé en atelier réadaptatif ». En voici une illustration issue de l'enquête de Daumezon :

Chez les femmes :

— des tâches traditionnelles : couture, raccommodage, tricot, repassage, broderie, école ménagère ;

— des travaux revêtant un caractère d'originalité : raphia, rotin, feutrine, poupées, fleurs de papier, cartonnage, jouets, tapis, reliure ;

— des travaux de confection simple : étiquettes, enveloppes, confettis, sandales, paillassons, capsules ;

— des formes plus artistiques : dessins, peintures, modelages, poteries, céramiques, pyrogravures ;

— des activités sociales : journal, imprimerie, secrétariat du club.

Chez les hommes :

— des travaux réadaptatifs : raphia, rotin, vannerie, tissage, bois découpé, cannage, rempaillages, fer et fil de fer, découpage, cartonnage, marquetterie, reliure, jouets ;

— des travaux de confection simple : étiquettes, enveloppes, confettis, collage, filet, chaussettes, brosserie, balais, paillassons, cannage, rempaillage, matelas, sandales, espadrilles, cordonnerie, ballons de foot-ball, matière plastique, bouchons, capsules, tricotage, boutons de manchettes ;

— des formes artistiques : dessins, peintures, modelages, glaises et sculptures, céramiques, poterie, pyrogravures, photos ;

— des activités sociales : imprimerie, secrétariat du club.

Dans son enquête, Daumezon consacre un chapitre particulier à l'encadrement, en relevant que les ateliers sont confiés à des infirmiers reconnus comme « infirmiers spécialisés » qui, le plus souvent, reprennent leur « premier métier antérieur à l'entrée à l'hôpital ». Il précise également que huit malades sont responsables d'atelier, dont six seuls et deux avec un infirmier. L'auteur note que la durée de travail maximum est de 8 heures 30, six jours par semaine ; la moyenne pouvant être évaluée à 6 heures, six jours par semaine.

Les services fonctionnent de façon diversifiée quant aux modalités de rétribution des malades. Certains considèrent que les travaux réadaptatifs ne doivent donner lieu à aucune rémunération, en s'appuyant sur la formule qui consiste à dire que « personne n'est payé à l'hôpital pour prendre du gardénal et dans les ateliers médicaux, il n'y a aucun pécule ». D'autres services par contre versent un pécule pour les malades qui ne produisent rien mais qui participent à des activités, d'autres encore inscrivent tous les malades au pécule… c'est là l'ébauche d'un débat qui se poursuit aujourd'hui.

Il faut enfin mentionner que, dans cette enquête, sont répertoriées des créations d'associations sous la forme le plus généralement de comités hospitaliers Croix-Marine (15 % des réponses signalent la création d'une telle association).

Daumezon précise enfin que la mise en application du plan comptable a été la raison déterminante qui a contraint l'administration à une révision de la réglementation. Tosquelles, Millon et Fargeot avaient également étudié les incidences du plan comptable de 54 sur l'organisation de l'ergosociothérapie [347]. Il reconnaît donc une « phase d'acmé » de la P.T.I., mais le bilan ne l'incite pas à un optimisme débordant. Il se demande même s'il faut conclure « que l'organisation du travail en a fait disparaître le besoin ou qu'il en a tari les possibilités ». La mise en place d'ateliers correspond le plus souvent à des « opportunités totalement contingentes » et le médecin ne peut exprimer son sentiment que par son véto. Quant au suivi institutionnel, l'intégration des ateliers dans le dispositif de soins, la coordination entre soignants, tout ceci fonctionne relativement mal, excepté dans quelques rares services comme ceux de Saint-Alban.

Le pessimisme de Daumezon est lié à un constat d'incompréhension, ou dc chronicisation, de certaines pratiques de travail et du suivisme des psychiatres. En 1960, autre signe caractéristique, le terme de travail thérapeutique disparaît des tables de la revue *L'information psychiatrique* : récits d'expérience et tentatives de théorisation intéressent moins les soignants. Cette même année, la circulaire sur le secteur va impulser un nouvel essor à la psychiatrie ; dans la brèche ouverte vont s'engager les médecins les plus dynamiques qui prendront ainsi du recul par rapport à la P.T.I. qu'ils avaient contribué à mettre en place dans leur service.

2. *Enquête sur les loisirs et les activités socio-culturelles dans les hôpitaux psychiatriques :* travail de M. Pariente et F. & D. Kipman [268], paru en 1964

Ces auteurs étudient « le mouvement sociologique général du loisir et de la culture à l'hôpital psychiatrique à un moment où ce phénomène se développe également dans le milieu de vie ». Cette enquête nous semble particulièrement intéressante dans la mesure où 115 services ont répondu au questionnaire présenté sur les 358 services psychiatriques français (un médecin sur trois). les auteurs notent que « presque toujours le travail a précédé les loisirs dans l'organisation dite socio-thérapique des services... aucune action thérapeutique précise ne leur est en général assignée, elle constitue un besoin au même titre que le boire et le manger, la privation de ce besoin peut se répercuter sur le climat thérapeutique d'un service... ».

Dans ce travail, sont présentés le catalogue et la fréquence des activités propres à chaque service. Les promenades en car et les excursions ont le plus grand succès. Sont également répertoriées des activités à intention thérapeutique plus spécifiques qui sont classées en activités culturelles de groupe, activités créatrices de groupe, activités créatrices et culturelles individuelles. Les auteurs s'intéressent plus particulièrement à deux réalisations qui viennent en tête de toutes les autres par leur nombre : les kermesses et les bals costumés. C'est ainsi que près de 50% des établissements organisent des bals costumés et que les kermesses sont encore plus fréquentes même si

« elles sont en général considérées comme une activité périmée qui convenait surtout à la forme archaïque des hôpitaux psychiatriques ». Et même, « certains services ont signalé la participation de malades aux bals masqués, carnavals et bals costumés de la ville. Un établissement équipe un char qui participe au défilé des chars de la localité ». Ceci n'est pas sans évoquer aujourd'hui l'immense cheval bleu en carton bouilli Marco Cavallo construit à l'hôpital de Trieste, sorti de l'hôpital, suivi en procession par tous les malades qui se réappropriaient ainsi la ville... Ainsi, nous sont exposés les arguments des divers psychiatres qui se rangent du côté de ceux qui sont pour ou contre les bals costumés, le constat étant qu'« une fois de plus, la pratique psychiatrique se révèle indissociable des actes de vie quotidienne ».

3. Des réalisations originales

Alors que les hôpitaux psychiatriques sont transformés en fourmilières, certains n'hésitent pas à s'engager dans des entreprises extra-hospitalières. Nous citerons en particulier l'expérience d'atelier thérapeutique décrite par B. Dalle et l'équipe du Docteur Le Guillant [96] : Cet atelier thérapeutique s'est ouvert en mai 1963 dans un appartement HLM de la banlieue parisienne. Des structures comme celle-ci se différencient des hôpitaux de jour et selon ces auteurs « deviennent un instrument de travail capable de réduire des temps d'hospitalisation, d'éviter des rechutes, de promouvoir des réentraînements professionnels intéressants ». La plus grande importance est accordée à l'argent comme « motivation et réalité fondamentale du travail, organisateur de l'activité elle-même, instrument et levain des relations humaines ». Ces ateliers fonctionnent avec une perspective de productivité et de rentabilité qui « guide, mesure, encourage et valorise des efforts, autrement presque sans objet ».

Une autre illustration de ce phénomène nous est fournie par C. Balier [20], qui décrit les ateliers thérapeutiques de réadaptation au travail du 13ème arrondissement de Paris.

Balier avait rapporté cinq ans plus tôt l'expérience tout à fait intéressante d'« une sorte d'atelier thérapeutique agricole ». En effet, la colonie agricole d'Augy, annexe de la Charité sur Loire installée dans un ancien manoir sur cinquante hectares de terrain permettait à des malades d'être employés directement dans les fermes alentour. Il est difficile d'apprécier s'il s'agit d'un centre de soins ou de rééducation, mais l'auteur tient à préciser que cette institution joue « un rôle d'hygiène mentale dans la région en réinsérant les malades parmi elle » ; et il différencie nettement les activités au sein de l'hôpital psychiatrique qui ont valeur de soin, « restant une occupation, voire un jeu », et le travail rattaché « à la nécessité telle que le veut la réalité de la vie ». Il est d'ailleurs intéressant de noter qu'aujourd'hui ce centre agricole continue à fonctionner : 60 patients y sont hébergés, considérés comme hospitalisés à plein temps, et participent aux travaux agricoles ; la production est entièrement destinée à l'hôpital psychiatrique et il serait question que cette structure devienne un CAT agricole.

Le fonctionnement de l'atelier thérapeutique du 13ème distingue deux sections : un atelier très médicalisé et un autre de réentraînement au travail pour des séjours de six mois et qui représente l'ultime étape avant la reprise du travail. Le travail est rémunéré et l'accent est mis sur les contraintes, le respect des horaires, la régularité, le rendement.

L'ortho-pédagogie de l'étudiant décrite par Danon-Boileau et Coll [97] qui rapportent le travail de la Clinique de Sceaux pour des étudiants de l'enseignement supérieur où le travail scolaire représente « une ergothérapie intégrée à l'activité fondamentale du malade » constitue également une réalisation originale. Les auteurs insistent sur l'intérêt de la relation pédagogique, « à la différence d'autres types d'institution où la relation socio ou ergothérapique souffre de l'aspect plus ou moins artificiel du véhicule employé, nous bénéficions à Dupré du caractère naturel et réel de la relation pédagogique ».

DES MÉCANISMES D'ACTION AUX INTERPRÉTATIONS THÉORIQUES

De nombreux auteurs vont se pencher sur le pourquoi et le comment de la thérapeutique par le travail. Il convient en effet d'en préciser, comme pour toutes prescriptions, les indications, les contre-indications, les résultats, les échecs, les effets iatrogènes. Nous rappellerons que Parchappe avait distingué les malades curables pour lesquels le travail devait être envisagé comme un moyen de traitement venant s'ajouter à l'hydrothérapie, la psychothérapie, la chimiothérapie, et les incurables pour qui il constituait un moyen de bien-être et d'hygiène physique et morale.

Il faut bien faire le constat que la grande majorité des services psychiatriques français ont adhéré au modèle de la P.T.I. en développant l'activité des ateliers d'ergothérapie dans l'idée que ceux-ci peuvent devenir le tissu de l'institution. Au départ, tout est empirique, l'urgence créée par la nécessité d'humaniser les hôpitaux explique ce mouvement d'échafaudage institutionnel sans référence théorique précise. A la libération, le travail était au premier plan des préoccupations sociales, politiques et économiques du pays et ceci ne pouvait que trouver un écho dans les hôpitaux psychiatriques où déjà, comme le rappelle Sivadon [326, p. 23], au travers « de toute l'histoire de la psychiatrie, un seul mode de traitement a subsisté : l'ergothérapie. Quand on occupe des malades mentaux, on leur fait du bien de toute façon ». Ainsi, les praticiens qui se sont engagés dans ce mouvement ont pu repérer au travers des divers échanges affectifs des malades, des conséquences psychologiques favorables. En effet, dans la diversité des ateliers, des clubs, dans la richesse de la vie sociale de l'institution, dans la grande solidarité entre les malades et le personnel, les hospitalisés développaient leurs capacités techniques, gestionnaires, culturelles, civiques… Comment comprendre ces résultats ?

1. Fonctions du travail

Les ateliers viennent prendre leur place dans l'espace de soins comme participant à la création d'une surface de vie, d'un tissu social vivant, créant des échanges permettant au malade de s'engager. La référence n'est pas le travail en tant que force de production mais le travail en tant que source d'activité, de créativité, occasion de relations sociales. Dans l'atelier, une dynamique toute particulière naîtra car comme le dit Tosquelles « à travers le travail les malades peuvent investir à l'intérieur du groupe des travailleurs et dans la matière travaillée quelque chose d'eux-mêmes » [346, p. 47]. L'atelier devient donc le lieu des projections, des identifications possibles et l'objet fabriqué sera au centre des enjeux relationnels en tant qu'élément de la médiation soignante. Tout ceci sera repris quelques années plus tard et développé par de nombreux auteurs qui, le plus souvent, se sont appuyés sur les formulations winnicottiennes.

Se dégagent ainsi des arguments qui situent le travail, l'atelier, la fabrication de l'objet comme outil d'un projet soignant et psychothérapique. Daumezon considère que la tâche psychothérapique doit se développer « dans l'activité réelle et concrète du malade et non dans le monde du phantasme », ce qui peut paraître dans son excès une conception un peu réductrice.

Tosquelles (médecin-directeur de Saint-Alban de 1954 à 1970) est celui qui a apporté le plus de réflexions théoriques sur la fonction du travail, même si selon Dutrenit [128], il laisse planer une grande ambiguïté en présentant « un mélange de conceptions matérialistes et idéalistes » avec des tentatives de synthèse entre la vision marxiste du travail et la conception freudienne de la sexualité. Pour l'initiateur de la P.T.I., le travail — ou l'activité — est personnel, communautaire et thérapeutique, tout en soulignant qu'il n'est pas une activité individuelle : « On travaille pour les autres et avec les autres ». Pour lui, les activités fondent le quotidien de la communauté en développant les interactions entre soignés, soignants et institution. Le travail thérapeutique n'est « ni une occupation, ni un gagne-pain, mais une prescription médicale » qui doit viser à « la facilitation du processus d'humanisation occasionnellement en échec ». Il est convaincu que l'efficience soignante d'une activité ou d'un travail thérapeutique est en relation directe « avec la quantité d'initiatives et d'activités propres que le malade peut y faire jouer ». Il se dégage cependant de cette conception un certain pessimisme tenant au constat du champ ridicule laissé à l'ergothérapie devenue une pratique qui dépérit. Il n'en reste pas moins que Tosquelles est celui qui a milité pour « un plein-temps thérapeutique ordonné par une pensée médicale » en soulignant que dans la thérapeutique institutionnelle, le milieu concret de vie est l'objet des investissements du malade.

Si le travail peut ainsi devenir un agent thérapeutique efficace dans ce modèle de la P.T.I., il participe aussi à une stratégie de rééducation professionnelle. En effet, quand est cultivé l'espoir de réintégrer le malade dans la société, l'hôpital psychiatrique devient un espace de réadaptation, de resocialisation, et le travail est alors tout autant une technique de traitement que de réinsertion. Cette conceptualisation a surtout été développée par Sivadon, qui après avoir assuré la responsabilité de la colonie familiale d'Ainay le Château, a créé et dirigé le centre de traitement et de réhabilitation sociale (CTRS) à Ville-Evrard entre 1947 et 1952. Au travers de cette dénomination de CTRS, il a voulu marquer que son objectif était de traiter et surtout de réadapter. Pour l'atteindre, il explique [326, p. 25] : « j'ai transformé très rapidement certains infirmiers en ouvriers pour utiliser non plus leurs conceptions psychiatriques douteuses, mais leurs connaissances de bricoleurs et c'est ainsi que j'ai pu créer un certain nombre d'ateliers et développer une ergothérapie de façon importante ». Il décrit dans un article [323] les différentes équipes de travail qu'il constitue : l'équipe des brouettes, de la ferme, de la terrasse... et il rapporte l'importance et le volume des travaux effectués à Ville-Evrard (810 m^3 d'extraction de sable, destruction d'un bâtiment...).

Pour expliquer en quoi il est utile de créer, dans les hôpitaux psychiatriques, une telle organisation d'ateliers pour le traitement et la réadaptation, il utilise un nouveau concept, celui de *modèle analogique* [325] : « L'hôpital doit être considéré comme un modèle analogique de la cité, par le caractère sécurisant du cadre, le patient s'adaptera aux structures de cette cité artificielle et l'on peut espérer qu'il pourra transférer, par la suite, son apprentissage sur les structures de la société normale ». Cette façon de penser le conduit à concevoir que les situations thérapeutiques agissent à la manière d'un vaccin et il peut écrire [128] : « Le psychiatre intervient soit en proposant un monde réduit à la mesure du sujet, soit mieux encore, des modèles analogiques des divers aspects du monde réel, de telle sorte que le sujet s'adapte à eux, s'accoutume à leurs structures et transfère par la suite son accoutumance au monde réel... ». En quelque sorte, Paul Sivadon fonde l'essentiel de sa démarche sur l'adéquation de la régression du patient avec l'activité proposée, dans le but de l'aider à progresser jusqu'à un stade plus avancé.

2. Fonctions de l'argent

Nous avons vu qu'avec la circulaire de 58, le malade qui participe au travail organisé dans les hôpitaux psychiatriques doit bénéficier du produit de son travail. Il est considéré dans ce texte que « la manipulation de l'argent a en soi dans la plupart des cas une valeur thérapeutique et, au surplus, constitue un test de sociabilité de premier ordre, complémentaire de celui que représente l'exécution même de la tâche confiée au malade » [74]. C'était là l'aboutissement d'une attente prolongée dans les hôpitaux. Pour tous, il était urgent que le maniement de l'argent se fasse en espèces et plus seulement en comptes.

L'argent circulant favorise les échanges d'objets et de prestations, dans le cadre des clubs de l'association. Le produit du travail des malades devient propriété collective des hospitalisés. De plus, comme prend soin de le relever Rappard [287, p. 65], « les sommes d'argent gagnées par les malades dans le cadre du pécule échappaient au tuteur ou au curateur lorsqu'une mesure de protection des biens était décidée ». La question de la rétribution dite thérapeutique — ou pécule — laisse penser que la force de travail des malades est entretenue, maintenue en bon état par l'établissement qui se charge de son logement, de sa nourriture… alors qu'elle est vendue en quelque sorte par eux-mêmes, à l'association. Le pécule, semblant de rémunération qui est fixé selon des critères médicaux, peut ainsi être un moyen d'éviter le travail forcé et sauvegarder le principe du travail libre.

Des opinions très diverses ont essayé de rendre compte de l'intérêt du pécule et surtout de la fonction thérapeutique de l'argent, en quelque sorte prescrit, puisque depuis la circulaire de 1958, dans les ateliers médicaux, le médecin devient une sorte de PDG qui doit établir des prévisions budgétaires, gérer les crédits, passer des contrats avec des entreprises ou l'association et aussi juger de l'attribution du pécule. Il semble possible de repérer ici deux types d'arguments :

— Soit l'argent est là en tant que besoin social concret dans un modèle culturel normal. Ceci est particulièrement développé par Le Guillant qui, dans ces considérations sur le « travail-traitement », se réfère à Taylor qui indique que dans la vie courante les « stimulants » essentiels du travailleur sont : l'appât du gain et la crainte des sanctions. Pour lui, les réalités du travail, la rémunération sont centrales : « L'exigence du rendement mesuré par la rétribution suscite un intérêt pour les activités de travail sans commune mesure avec les autres attraits liés à la nature de ce travail ».

— Soit l'argent joue une fonction thérapeutique dans la mesure où il favorise les échanges dans les perspectives de la P.T.I. Les travaux d'Ayme, Colmin et Racine illustrent ces positions.

Jean Ayme a présenté un rapport remarquable aux Sociétés de Croix-Marine en 1957 [17] qui précédait la publication de la circulaire du 4 février 1958. L'auteur y rappelait que le travail dans l'hôpital psychiatrique pouvait être « producteur de santé » et « producteur de richesse ». Il constatait que dans les établissements à but lucratif, le travail consistait en des activités ludiques, esthétiques ou culturelles non productives de valeur marchande ; le travail était sans rendement économique et ne posait pas le problème de la rémunération. A l'opposé, dans les établissements sans but lucratif, le produit du travail des malades servait au fonctionnement de l'établissement. Ainsi, l'hôpital-patron était une entreprise commerciale disposant d'une main-d'œuvre privée de la possibilité d'établir un contrat, de ce fait qu'il payait mal... Dans ce cadre, le travail des malades était habituellement aliénant, mais devenait un instrument de désaliénation quand ceux-ci disposaient du produit de leur travail. Ayme souhaitait qu'à côté du secteur de travail pour l'hôpital (pour lequel un contrat de travail devait être établi) se développe un secteur autonome où le médecin utilise le produit du travail en individualisant la prescription, en faisant en quelque sorte des ordonnances du médicament argent. Il imaginait également un troisième secteur de travail où des malades vivant à l'hôpital mais travaillant en dehors conserveraient la libre disposition du produit de leur travail.

Ce document reste tout à fait d'actualité à l'heure où certains vont jusqu'à considérer que le pécule devrait être déclaré à l'URSSAF, et que la TVA devrait s'étendre aux activités ergosociothérapiques. Mais il n'en reste pas moins compliqué de dire qu'il est thérapeutique de prescrire de l'argent, que le médicament argent figure sur le codex psychiatrique ! Cette question continue à alimenter bien des débats entre ceux qui restent effectivement attachés à cette formule et ceux qui n'ont plus recours aux pécules, estimant qu'il y a plus d'inconvénients que d'avantages à l'utiliser dans un atelier d'une institution de soins. Nous reverrons à propos des ateliers thérapeutiques rebondir ce type d'interrogation sur la place de l'argent comme élément du soin. Nous n'oublierons pas bien sûr que ce pécule pour certains malades peut avoir fonction de revalorisation, de renarcissisation, de restauration d'une identité...

Racine quant à lui, dix ans plus tard [282], tente d'aller plus loin dans la théorisation en s'appuyant sur les travaux de Lévy-Strauss. Il décrit les échanges marchands, les échanges dualistes (commerces à deux partenaires) qui se développent dans l'hôpital psychiatrique, élément du système économique et monétaire. Pour lui, « le législateur a défini la folie comme l'impossibilité de se plier aux échanges marchands et familiaux ». Il considère que dans l'hôpital, les objets sont distribués et non échangés, l'appareil administratif de distribution de consommation de survie « convient en général très bien aux psychotiques qui s'abstraient volontiers des échanges ». Dans le cadre de l'organisation promue par l'appareil administratif, le travail correspond le plus souvent à une occupation, « l'ergothérapie dépossède toujours le malade de sa production dont il ne peut étalonner la valeur dans l'échange marchand ». Racine plaide pour l'introduction d'une association Loi de 1901 qui permette l'instauration d'échanges marchands intra-hospitaliers par le biais du club hospitalier. Le club « devient médiateur entre le marché global et les malades, il va permettre une maîtrise de la manipulation monétaire... Les objets produits doivent acquérir une valeur d'échange et l'argent va marquer cette valeur... ». L'auteur attache une grande importance au fait que le malade puisse avoir un statut de producteur et non de travailleur pour lequel le salaire doit être en rapport direct avec ce qui est produit. Les productions qui ne se matérialisent pas en objets ayant valeur d'échange doivent également être reconnues, tel peut être le cas de réunions culturelles, de décors... Il insiste sur la nécessité de prendre en compte des valeurs « qui ne sont que rarement cotées monétairement hors de l'hôpital et qui prennent pourtant ici une valeur d'échange », il veut parler de la gentillesse, de l'entrain, de la mauvaise humeur... même s'il a conscience, cependant, que « tout ceci revient, en fait, à coter monétairement des relations affectives ; les échanges transférentiels sont soldés monétairement ». Les propositions de Racine reposent sur son analyse socio-économique de l'aliénation en considérant que, dans l'hôpital psychiatrique, il faut recréer des échanges économiques favorables pour permettre aux malades un retour à des échanges normaux ; pour lui, l'hôpital « est le lieu où sont envoyés ceux qui ne peuvent jouer le jeu économique normal ».

Il est intéressant de relever combien Racine insiste sur les nécessités de différencier un statut de producteur et un statut de travailleur. Il élargit ainsi le champ du travail thérapeutique et laisse clairement comprendre que toute activité peut être repérée dans ce même réseau de production et d'échanges. Quelques années plus tard, après avoir quitté Saint-Alban et pris la charge d'un intersecteur de psychiatrie infanto-juvénile à Paris, dans un séminaire qu'il animait au CHS d'Yzeure en 1981, il confiait que « le pécule était bidon ».

Pendant l'époque faste de la P.T.I., toutes ces questions d'argent étaient au centre de diverses réunions de clubs, et il n'était pas rare de voir instituées des réunions-pécule spécifiques où étaient débattues en groupe les évaluations du travail de chacun et sa façon d'être dans l'atelier [280].

3. Fonctions de l'institution

Nous voulons reprendre ici l'idée que le travail et l'argent ne peuvent pas être les outils thérapeutiques escomptés s'ils ne viennent s'insérer dans le réseau d'échanges, dans la dynamique institutionnelle. Les leviers thérapeutiques utilisables sont alors ceux qui peuvent se retrouver dans les divers types de psychothérapies de groupe.

Daumezon, développant à l'hôpital psychiatrique de Fleury-Les-Aubrais (de 1938 à 1951) une expérience de psychothérapie institutionnelle observe que le malade revit ses conflits à l'hôpital et il souhaite que soit repérée une véritable « psychopathologie de la vie quotidienne » permettant de décrire une « clinique d'activités ». Pour lui, la voie royale de la psychothérapie institutionnelle est la quotidienneté (tout comme le rêve est la voie royale de l'inconscient...) ; bien sûr, dans cette fonction psychothérapique, une place essentielle revient aux infirmiers. Tosquelles, quant à lui, s'était intéressé à l'œuvre de H. Simon, à la démarche de Moreno et aux psychothérapies de groupe. Mais comme il le dit lui-même, « à Saint-Alban, on a glané un peu partout sans souci d'école » [346, p. 35]. Il faut quand même ajouter à cela l'importance de sa pratique analytique et de son recours aux concepts de la théorie lacanienne, ainsi que les apports de la philosophie marxiste.

Les éclairages analytiques sont utilisés pour préciser les processus mis en œuvre dans l'institution. Les auteurs se partagent selon deux courants :

— Pour les uns, dont Racamier est le plus reconnu, il est impossible d'appliquer la technique analytique dans l'institution et le terme même de psychothérapie institutionnelle est un non-sens. Cet auteur s'attachera à différencier le soin institutionnel et le traitement psychothérapique. L'institution permet de développer des médiations relationnelles de toutes sortes qui favorisent l'établissement d'une relation thérapeutique entre le soignant et le malade.

— Le deuxième courant est celui qui regroupe les tenants du mouvement de la P.T.I. Ici, ce n'est pas le travail, l'argent, l'activité qui est thérapeutique en soi, mais le contexte qui entoure chaque individu. La visée psychothérapique est de favoriser une relation désaliénante de sujet à sujet en jouant sur les interactions psychosociales entre malade et personnel. Dans le travail psychothérapique de groupe, ces auteurs font appel au désir et il est notable de constater que la notion de besoin n'apparaît jamais dans les textes de la P.T.I. L'assise théorique et la lecture de Lacan n'y sont bien sûr pas pour rien. Il est parfois difficile de suivre les démonstrations de ces praticiens et Dutrenit [128] n'hésite pas à dire que la démarche théorique de la P.T.I. passe « par glissements successifs de l'analyse économique à la psychanalyse accommodée de linguistique ».

En pratique, peu de lieux fonctionnent selon les principes théoriques évoqués ci-dessus. Seul Jean Oury, au Château de la Borde, est aujourd'hui à même de poursuivre un travail institutionnel avec les psychotiques selon ce modèle. Il multiplie dans sa clinique les situations d'échanges en autorisant une circulation des malades dans toute l'institution. Le club thérapeutique y constitue « l'essence de la P.T.I. » en permettant la responsabilisation des malades, amorce de la désaliénation sociale. Dans cette organisation, la fonction soignante « est partagée entre les médecins, les moniteurs, les infirmiers et les autres malades », le tout s'articulant dans un processus de déhiérarchisation.

Le travail analytique proprement dit s'appuyera sur l'analyse et l'interprétation des transferts institutionnels, mais nous entrons là dans un domaine qui nécessiterait des éclaircissements. Il conviendrait en effet de définir de façon compréhensible ce que représente ce transfert institutionnel... Nous retiendrons cependant cette perspective d'analyse permanente du fonctionnement de l'institution pour effectuer une critique active et éviter la dégénérescence et l'immobilisme.

Au terme de ces lignes trop condensées sur la P.T.I., il faut conclure en disant que ce modèle de travail a mobilisé une énorme énergie dans les services psychiatriques et nous sommes convaincus, comme Garrabe [163,

p. 38] que « la généralisation des thérapies institutionnelles a relevé le niveau thérapeutique moyen de l'ensemble des hôpitaux psychiatriques ».

LES APPORTS DE LA P.T.I.

De la théorie à la pratique, quels ont été les effets de la P.T.I. sur le service psychiatrique de base ? Tout d'abord naturellement, la mise en place de la circulaire de 1958 [74], qui donne un cadre juridique et administratif au travail thérapeutique intra-hospitalier. Les activités de travail peuvent alors être organisées dans un cadre légal. En contrepartie, toutes les inventions, les pratiques originales, la créativité déployée jusqu'alors passent au deuxième plan. L'introduction d'un brin de raphia à l'asile n'est plus une pratique subversive ou révolutionnaire, c'est la mise en place d'un atelier selon les recommandations légales.

1. Au niveau du travail lui-même

La circulaire de 1958 a permis en particulier de préciser la notion de rentabilité, indissociable de celle de travail. Il est bien évident que dans le cas d'un établissement employeur (avant 1958), celui-ci, en bonne logique financière et administrative, poussait les malades au travail et au rendement. Le règlement modèle prévoyait même dans son article 175 une prime de rendement qui s'ajoutait au pécule normal : « Une rémunération plus importante atteignant... fixée par le directeur, après avis du médecin-chef de service intéressé, pourra être allouée aux malades travailleurs qui rendent des services particuliers à l'établissement, suivant la nature des travaux effectués » (pour fixer les idées, le montant du pécule journalier maximum a été fixé en 1958 à l'équivalent de cinq timbres-poste).

Le travail du malade est encore rentable, c'est-à-dire qu'il alimente l'asile de trois façons différentes :

— Il produit un travail souvent directement utile à l'asile (entretien des bâtiments, culture, élevage, fabrication d'objets utiles : paillassons, vestes, chapeaux, etc.).

— Il évite l'embauche de personnel supplémentaire dans les services généraux (nettoyage, cuisine, buanderie, homme de courses...) et on crée une difficulté économique pour l'hôpital si on envisage un travail non productif pour les malades. « Si le travail thérapeutique doit remplacer peu à peu le travail productif ou économique et si le Ministère de la Santé et de la Population recommande une telle évolution, il est évident que ses instructions devraient alors obligatoirement inviter les Préfets à prévoir les créations de postes nécessaires au remplacement des malades par des agents accomplissant les travaux correspondants » [219, p. 629].

— L'hôpital fonctionnant avec un prix de journée, se doit de maintenir en son sein un nombre suffisant de pensionnaires. Leur installation dans un travail de routine, agrémenté de quelques avantages matériels, permet donc de compter sur des pensionnaires fidèles et stables, c'est-à-dire dont la gestion est simplifiée.

La réflexion, qui va aboutir au texte législatif, critique, avant tout, cet aspect de rentabilité auquel le patient n'est intéressé qu'indirectement. Des médecins, dont la caution était demandée, se montrent hostiles à la recherche d'un rendement : « L'utilisation des malades dans les services économiques (ou médicaux) si elle a pu, et peut encore à l'occasion, se montrer bienfaisante, est le plus souvent inadéquate du point de vue médical et social » [220, p. 133]. De plus, le souci de rendement prime encore souvent sur le soin du malade, ce qui explique que, comme dit Tooth : « Dans les ateliers d'ergothérapie des hôpitaux on rencontre malheureusement trop souvent une quantité de malades en assez bon état, qui n'ont pas absolument besoin de cette forme de traitement mais qu'il est évidemment beaucoup plus facile d'instruire et qui fournissent un travail spectaculaire » [341, p. 381].

Il s'agit donc, grâce au texte de 58, de désaliéner le travail dit thérapeutique en le séparant au maximum de ses deux uniques destinataires : l'administration de façon réglementaire et le personnel de façon occulte. Car si le travail, selon la formule d'Ueberschlag, doit être « utile et reconnu », il faut que le travailleur puisse avoir droit de regard sur l'usage des marchandises fabriquées par lui, ainsi que sur les bénéfices réalisés. De cette réflexion, ainsi que de l'impossibilité de gérer thérapeutiquement des ateliers dont le rendement appartenait à l'administration, naquirent pour gérer les ateliers les associations (officieuses avant 58, officielles après) à but non lucratif, indépendantes de l'administration. Faure [146, p. 417] raconte ainsi l'épisode qui contribua à la création d'une association autonome au sein du service du Docteur Ey : « Ayant obtenu de l'administration de l'hôpital psychiatrique, il y a quelques années, une première attribution de 10 kg de raphia qui permit aux malades de faire leurs premiers paniers, il [le Docteur Ey] en demanda, lorsque le raphia fut épuisé, le renouvellement. Il lui fut répondu : “Avant d'obtenir à nouveau du raphia, veuillez présenter les objets qui ont été réalisés par les malades avec les 10 kg de raphia précédemment attribués afin que nous le pesions” ». « Par là s'imposait la nécessité de rechercher une autre solution », ajoute-t-il.

2. Au niveau du personnel soignant

Jaeger [189], très critique vis-à-vis de ce qu'il nomme « le mythe de la révolution psychiatrique d'après 1945 », accorde toutefois un point positif à l'évolution de la situation des infirmiers grâce aux décrets concernant la durée du travail et les salaires. C'est pour lui, le résultat le plus tangible de cette révolution mythique. Et il est vrai que la quantité de décrets relatifs à la profession d'infirmiers psychiatriques, entre 1946 et 1951, tant au niveau de la reconnaissance de la profession que de sa protection sociale, est impressionnante [voir 241].

Qu'en est-il du personnel qui encadre les activités de travail ? En l'absence d'un cadre professionnel (apparu en 1970), il s'agit soit de moniteurs, c'est-à-dire de professionnels, soit d'infirmiers qui ont choisi cette forme de soin par intérêt personnel, par compétences particulières dans une technique précise, ou par convenance pratique (horaires plus réguliers, repos les samedis et dimanches...). Quelle est la meilleure solution ? Les avis sont partagés. Pour certains, seul un vrai professionnel est capable de transmettre l'amour d'un travail et la perfection de ses réalisations, donc d'intéresser des malades à une tâche commune. Pour d'autres, la technique est moins importante que l'accompagnement psychologique dans une perspective de resocialisation, auquel cas c'est aux seuls infirmiers d'encadrer l'ergothérapie après une rapide formation technique complémentaire. Pour Oules [258, p. 65], « le recrutement de moniteurs n'est qu'un expédient. Si le but est la rééducation professionnelle, alors elle n'a pas sa place à l'hôpital psychiatrique ».

La question statutaire sera partiellement résolue par la création du diplôme d'ergothérapeute (6 novembre 1970). Cette création, finalement très récente, a simplement permis, dans de nombreux cas, aux infirmiers qui étaient déjà en poste de pouvoir changer leur carte de visite à la suite d'un examen leur donnant l'équivalence du titre d'ergothérapeute.

Historiquement, la première école de thérapeutique par l'occupation fut fondée à Chicago en 1915. En 1925, Toronto a un enseignement universitaire en thérapeutique par l'occupation, bientôt suivi par d'autres villes du Canada, des Etats-Unis et d'Angleterre. Dans les pays anglo-saxons, à partir de 1930, on peut dire que la thérapeutique par le travail et la distraction n'est plus considérée comme une tâche d'infirmière mais revient à des techniciens spécialement formés. Tosquelles estime que la reconnaissance d'une fonction d'ergothérapeute fait partie des causes de « l'échec partiel de l'ergothérapie » qu'il déplore en 1967 [345]. L'ergothérapie, dit-il, est devenue un service de plus dans l'hôpital alors qu'elle aurait dû en constituer le tissu même. Par ailleurs, la séparation des rôles et souvent des lieux (pavillon d'ergothérapie et pavillon de soin sont souvent distincts) a entraîné un morcellement des tâches, préjudiciable à la cohérence de la thérapeutique.

Ceci dit, le mouvement de P.T.I. a sans doute été à l'origine d'une évolution importante (à vitesse variable selon les établissements) du rôle de l'infirmier qui passe d'une fonction de surveillance à une fonction soignante, même si la participation des infirmiers à la psychothérapie (thème des journées du Groupe de Sèvres en 1958 [8]) reste encore aujourd'hui une question d'actualité.

Possibilités de rencontres et mises au point de formations sont à mettre à l'actif de cette période. La fédération des sociétés Croix-Marine d'aide à la santé mentale naît en 1952 et son rôle de lieu d'échange d'expériences, de diffusion d'informations, et de force de propositions (le premier numéro de la revue *Pratique de psychologie de la vie sociale et d'hygiène mentale* est de 1954) n'est plus à démontrer. Quant aux Centres d'entraînement aux méthodes d'éducation active créés en 1936, ils participent à la formation des infirmiers psychiatriques dès 1949 (notamment au niveau de certaines techniques créatives et occupationnelles : peinture, tissage, modelage...). *Vie sociale et traitement*, leur revue, paraît dès 1954.

Ainsi, l'idée d'une formation pour les infirmiers psychiatriques est relativement récente et si les premières tentatives timides et isolées ont lieu dans les années 30, il faudra attendre les arrêtés du 28 juillet 1955 et du 4 octobre 1958 pour que soit mis en place un diplôme commun à tous les hôpitaux psychiatriques de France, c'est-à-dire une trentaine d'années après la création du diplôme d'état d'infirmier (D.E.) [voir 41].

Enfin, les premiers écrits qui spécifient le travail de l'infirmier datent de cette époque. Bernard, prônant une « organisation thérapeutique de la vie sociale à l'hôpital » [31] est le premier à publier un manuel de l'infirmier en psychiatrie en 1947 [32]. Les infirmiers sont alors reconnus comme ayant une fonction soignante.

3. Au niveau des malades

La valeur sociale du malade, son niveau de sociabilité sont maintenant des critères de diagnostic et de pronostic. « L'établissement de cure doit sélectionner ses malades par niveaux de sociabilité » [34, p. 277]. Le risque devient alors d'abandonner les malades les plus déficitaires à leur chronicité... les polémiques engagées au moment de la création des CTRS (Centres de traitement et de réadaptation sociale) en témoigneront, comme nous le verrons plus tard. Cependant, des voix se lèvent pour réclamer, pour tous les malades, le respect auquel ils ont droit : « Dans la quasi-totalité des cas, le malade mental, même s'il n'est pas rendu à son milieu social d'origine, reste une valeur humaine et sociale digne et utile, objet d'ailleurs d'une thérapeutique active continue » [34].

Dans cette hiérarchie de sociabilité entre soignés, après le respect, c'est la communication qui est recherchée à travers les rapports au travail. La loi qui opère dans les ateliers « n'est plus celle — latente ou patente — des dominants et des dominés, des exclus et de leurs gardiens ; ni même univoquement celle des soignants et des soignés. Elle est celle d'un projet de communication renouée, de mobilisation, de reviviscence assistée, d'élaboration facilitée » [72, p. 15]. Les échanges étant valorisés, les relations de travail peuvent se présenter comme des relations égalitaires entre tous ceux qui participent à l'atelier. Un médecin français parti observer les thérapeutiques sociales en Angleterre, est ainsi frappé par l'atmosphère générale, le pied d'égalité entre les différentes fonctions et la mixité à tous les niveaux [271]. On pourrait ajouter l'uniformité de la tenue, l'atelier étant le seul endroit où soignants et soignés sont parfois habillés de la même façon c'est-à-dire en vêtements de travail. Le malade, ressemblant à un travailleur, est poussé à participer, à prendre des initiatives : « Qu'on ne vienne pas nous dire ici — comme cela a été dit par mégarde je pense — que l'ergothérapie est et doit être l'objet d'une prescription médicale, tout comme un médicament... Rien n'est plus faux car la psychothérapie dont le travail n'est qu'une expression (seulement dérisoire quand il est justement réglementé et standardisé) suppose non pas que le malade ouvre la bouche pour prendre son comprimé mais qu'il collabore activement avec le médecin au dynamisme du groupe », dit Ey, [cité dans 3, p. 439]. Pour illustrer cette collaboration, les malades sont censés pouvoir organiser eux-mêmes certaines activités : « L'organisation de bien des activités devrait échoir aux malades eux-mêmes » est-il précisé dans le rapport de l'OMS sur l'hôpital psychiatrique public dès 1954 [257, p. 245]. En fait, même si cela est possible, il est peu fréquent, comme en témoigne l'enquête de Daumezon en 1960, que des malades prennent eux-mêmes ce genre d'initiatives.

Droit au respect, communication, égalité devant certaines situations, participation, organisation : voilà en tout cas l'échelle de sociabilité offerte, en théorie, au malade par la P.T.I. et le travail thérapeutique à cette époque.

Les remises en cause

CRITIQUES INTERNES

Le travail au sein de l'asile a un passé mais aussi un passif. Il représentait, au XIXe siècle, une contribution financière de l'aliéné à qui était offert en contrepartie l'asile, c'est-à-dire l'accueil. Avec Simon, ce travail est considéré comme un levier en vue de procurer au malade les moyens de s'élever moralement au sein d'un groupe. La P.T.I., dans sa double visée de soin et d'assistance, va, elle aussi, promouvoir le travail, et le groupe, mais toujours au sein de l'hôpital, qui reste la seule structure soignante dans les années 50. Là sera bientôt la difficulté : offrir aux internés un ersatz de vie normale au sein d'une unité où il est possible de vivre décemment. En 1970, à l'époque des bilans de la P.T.I. intra-hospitalière, un document des CEMEA dénonce quatre dérapages possibles [133] liés à la confusion faite entre les moyens et les buts. Le travail, ainsi que ses implications, comme le pécule, ont, rapidement parfois, outrepassé leur fonction transitoire pour devenir les buts mêmes de la vie hospitalière.

1. Ersatz de salaire

La réduction du travail thérapeutique à la seule injonction : « Travaille, tu auras du pécule » est vivement critiquée. Le pécule devient alors l'élément de conditionnement au travail, élément important si l'on sait que jusqu'à 1975, il représentait l'unique revenu de nombreux malades, souvent internés depuis longtemps. La suppression de celui-ci signifiait alors l'impossibilité de toute vie sociale et marchande dans le lieu clos de l'asile. Ce chantage « si tu ne travailles pas, tu n'auras pas de pécule », s'est bien souvent transmis malgré les transformations des hôpitaux. Fréquent quand les hospitalisés travaillaient dans les services généraux (on peut le comprendre dans la mesure où il y avait nécessité à accomplir certaines tâches de l'asile : buanderie, jardin, travaux quotidiens à la ferme...) il s'est perpétué dans nombre d'ateliers médicaux d'ergothérapie, sous prétexte de rendement bien souvent. Et, on le retrouve même encore aujourd'hui dans des ateliers de sous-traitance intra-hospitaliers, sous la forme « si je participe à cette sortie (ou à l'atelier d'écriture, au groupe de gymnastique, etc.) toucherais-je quand même mon pécule ? ». Ceci illustre bien ce que disait H. Chaigneau en 1968 : « Seul un contrôle permanent et une inlassable remise en question des activités ergo-sociothérapiques, peuvent remédier à la distorsion de sens, toujours menaçante, de ces activités » [64, p. 162].

Le pécule n'est pas un salaire, les textes sont formels : « Ce n'est pas un encouragement, une gratification, une récompense pour le dévouement », écrit Tosquelles [345, p. 83]. Rares sont finalement les définitions positives de ce que doit être le pécule. Dans la réalité, il était bien souvent, il faut le reconnaître, un élément de persuasion ou de chantage pour contraindre les malades à participer au travail organisé en dehors d'eux, au sein de l'hôpital.

2. *Ersatz de rendement*

Tosquelles reconnaît en 1967 [345] que l'ergothérapie, c'est-à-dire les ateliers organisés médicalement, ont connu un échec global. Conscient dès le départ des difficultés et en particulier de l'étroite marge de manœuvre dont disposeraient ces ateliers pour être réellement thérapeutiques, il constate vingt ans plus tard, avec Daumezon, que la révolution psychiatrique a été trahie.

Pourquoi ? Sans doute à cause de l'organisation même de ces ateliers. En effet, de nombreux services, voulant suivre les exemples des précurseurs Tosquelles, Oury, Racine, Millon à Saint-Alban, Daumezon aux Aubrais, Ey à Bonneval, Beley à Aix-en-Provence, Sivadon à Ville-Evrard, Le Guillant à Villejuif, ont adopté un modèle tout-fait auquel manquait toute la dynamique institutionnelle et l'invention qui avaient été à l'origine de telles créations. Quand Beley raconte la « naissance de l'ergothérapie » à l'hôpital Montperrin d'Aix-en-Provence [26], il dit : « L'ergothérapie psychiatrique se crée en marchant et ce sont les malades eux-mêmes qui doivent faire les pas, et la construire » (p. 205).

Nous nous trouvons ici en présence du deuxième dérapage annoncé par le document précité [133] sous la forme « Moins on parle, plus on travaille, plus on gagne ». La perversion est, non plus l'ersatz de salaire mais l'ersatz de rendement dans des ateliers transformés en ateliers de production quantitative. Deux types de travaux en ateliers vont être enclins à adopter ce facile penchant vers le rendement qui sert aussi de justification au rôle de bon moniteur d'atelier :

— *Les ateliers de sous-traitance*, consistant souvent en des petits conditionnements ou des tâches simples et stéréotypées (vissage, écriture d'enveloppes...) payées à la pièce. Ici l'intérêt objectif du travail étant des plus réduits, la mobilisation des travailleurs va se faire sur un critère quantitatif et donc de rentabilité auquel se prêtent souvent les moniteurs qu'on voit mettre toute leur énergie à conditionner, comme les malades, dix vis dans un sachet le plus rapidement possible.

— *Les ateliers professionnels* : de nombreuses ergothérapies se sont dotées dans les années 60 à 70 d'un matériel professionnel de toute première qualité pour le travail du bois ou du fer, notamment. Ces machines onéreuses devant être amorties, elles sont souvent confiées à des malades susceptibles de s'en servir au mieux, c'est-à-dire à de vrais professionnels, menuisiers, tourneurs, ajusteurs, quand les services ont la « chance » d'en avoir parmi leurs malades. Les pièces sont alors souvent faites en série et l'apprentissage, la souplesse de fonctionnement, l'échange et la créativité disparaissent progressivement, alors que comme le définissait Tosquelles [345], « le travail doit être individualisé, modifiable, rempli de sens ».

Le but n'est pas de produire mais de progresser, dit Claude Veil [355], qui recommande d'éviter les travaux trop utiles. La marge est étroite pour les ateliers : les travaux doivent être chargés de sens, mais pas trop utiles. Tosquelles exprime bien que tout travail doit être chargé de sens : « D'accord pour que les malades fassent des confettis, dit-il, mais à condition que ceux-ci servent à une fête où ils soient présents ». Quand Veil parle de travail pas trop utile, il parle de travaux dont l'aspect commercial n'est pas premier. En aucun cas, naturellement, il n'envisage que le malade accomplisse des travaux sans utilité car sans qualité, ou dont on ne peut faire usage.

Les ateliers mis en place ont donc laissé perdurer l'image du « bon travailleur » forgée sur celle du « bon malade », c'est-à-dire celui qui ne pose pas de problèmes, qui adopte l'avis du soignant, qui est autonome, et à la limite qui n'est pas malade. Le bon travailleur est celui qui est travailleur davantage que malade, donc susceptible d'organiser le travail, de jouer au contremaître, d'être responsable et autonome donc, de ne rien demander aux soignants. Ce sont ces patients qui vont émarger au pécule complémentaire, supplément ajouté au pécule versé par l'administration hospitalière, en cas de travail efficace et rentable. La question qui se pose est alors de savoir si le pécule complémentaire est une reconnaissance de compétence ayant valeur de transition entre le travail d'atelier et le travail à l'extérieur ou une prime versée en reconnaissance de coopération à une meilleure adaptation à la vie intra-hospitalière.

L'organisation systématique des ergothérapies dans les services est donc souvent réalisée de façon perverse, c'est-à-dire en créant des ateliers auxquels doivent s'adapter des malades choisis alors selon des critères de rendement ou de comportement.

3. Ersatz de vie sociale...

ou de travail normal : tel est le troisième travers dans lequel peut tomber l'organisation des ateliers d'ergothérapie. La transformation du malade en bon travailleur implique de faire taire en lui tout conflit et toute expression personnelle. En aucun cas, un atelier d'ergothérapie ne doit être considéré comme un travail car, si tel était le cas, il nécessiterait un salaire : le pécule calculé sur la base de cinq timbres-poste par jour est bien loin d'y ressembler !

Cet écueil avait déjà bien été perçu par les précurseurs de la P.T.I. qui annonçaient bien haut les conditions qui devaient présider aux créations d'ateliers : ils doivent toujours garder sens ici et maintenant, c'est-à-dire évoluer, se transformer ou se saborder en fonction d'une adéquation permanente à la situation. Pour juger de cela, une remise en cause permanente se doit d'accompagner le projet. « Seul un contrôle permanent et une inlassable remise en question des activités ergo-sociothérapiques peuvent remédier à la distorsion de sens, toujours menaçante de ces activités... Qu'une "organisation ergothérapeutique" à l'hôpital se transforme en caricature du travail-pour-vivre, elle devient aussitôt *inutilisable* et même *nocive* » [64, p. 162].

Dans un article de 1956, H. Torrubia envisage les limites à la vie sociale intra-hospitalière. Le dynamisme que l'on peut susciter au sein d'un service ou d'un atelier sera toujours limité, écrit-il, « en quelque sorte dicté par la structure sociale "fermée" de l'hôpital psychiatrique » [342, p. 137]. C'est la prise en compte de cette limitation géographique, cette absence de lien avec la vie extérieure et donc le repli sur une vie sociale limitée, qui contribuera au souhait d'ouverture et d'éclatement manifesté par la circulaire de 1960 sur le secteur. On cherchera alors à transformer le lieu de soin, non plus seulement en lui-même, mais en modifiant sa fonction même dans le dispositif. Nous y reviendrons plus loin.

Si la P.T.I. a pu représenter une énorme dynamique au sein des hôpitaux, elle était consciente aussi que celle-ci risquait fort de se figer au fil du temps et de redevenir un élément de la chronicité hospitalière. Torrubia écrit encore : « L'organisation de la vie sociale dans un service peut ainsi devenir une arme à double tranchant. A côté de ses bienfaits indiscutables, dans la mesure où elle tend à désaliéner les malades et nous permet en outre de les observer et de les connaître sous des aspects multiples, cette même "organisation" risque de rendre l'aliénation plus subtile et comme travestie derrière les travaux et les activités que les malades sont "capables" de produire » [342]. « L'organisation » que tous ces auteurs mettent entre guillemets pour tenter de l'isoler ou de l'exorciser est en effet le talon d'Achille de la P.T.I. A vouloir mettre en place une réelle sociothérapie, demeure le risque d'oublier l'individu au profit au groupe. La P.T.I. représente l'aménagement d'un environnement tel que la psychothérapie puisse y prendre place, mais cet aménagement a parfois pu représenter non plus un moyen mais le seul but poursuivi pour lui-même. Un psychiatre, pourtant convaincu des méthodes sociothérapiques, s'interroge ainsi en 1956 : « Le danger me paraît se situer actuellement dans une sorte de démission à rechercher ce colloque singulier avec le malade devant l'ampleur que prennent les thérapeutiques dites collectives ou plus exactement institutionnelles » [37, p. 633]. H. Chaigneau, douze ans plus tard, note ce que sont devenus certains ateliers qui tournent tranquillement : l'ordre y a remplacé l'expression et le rendement la créativité. Les vieilles ornières que les créateurs voulaient à tout prix éviter s'étaient à nouveau montrées trop profondes. « Figé dans une mécanisation à travers laquelle la parole n'a plus cours, l'atelier n'est plus que le triste repaire d'une complicité relationnelle morose, au prix de laquelle l'angoisse est réduite au silence, toute émergence de perturbation comportementale étant immédiatement sanctionnée par la punition ou l'exclusion » [64, p. 164].

4. Aliénation - chronicisation

Le quatrième travers qui guette la P.T.I. est de participer à l'adaptation du malade à son lieu de soin qui est en l'occurrence fermé. Encore une fois, ce risque avait été soulevé dès 1951 au symposium de Bonneval [329].

Rendre acceptable la vie à l'intérieur d'un univers carcéral revient en quelque sorte à justifier son existence. Le Guillant, s'il conçoit l'utilisation de la vie collective comme levier dynamique au décours d'une hospitalisation en milieu fermé, parle de la « grave erreur » qu'il y aurait à élever les activités proposées à la « dignité d'une thérapeutique proprement dite, concentrant sur elle tous les efforts et même justifiant dans une certaine mesure l'internement qui le permet » (p. 556). Bonnafé ne dit pas autre chose : « On ne peut se résigner à des thérapeutiques collectives parce qu'on ne peut s'occuper individuellement des malades et faute de mieux. Le sens de telles thérapeutiques d'où serait exclue la pratique psychothérapique individuelle serait tout simplement celui de la gestion de la renfermerie ».

Le travail à l'atelier, comme facteur de chronicisation, voilà bien le retour de l'image de l'asile hollandais première manière. Et pourtant,il participe souvent à l'hospitalisme psychiatrique [281, p. 81] et aux bénéfices secondaires que peut tirer le reclus de l'asile [voir 170]. L'atelier peut devenir symbole de l'asile dans ses pires composantes. Travailler à l'asile, travailler pour l'asile c'est le début de la fin, la main mise dans un engrenage de chronicité dont on ne se relève pas. Il faut dire que d'emblée, certains médecins installent des ateliers d'ergothérapie dans leurs services pour être au goût du jour mais leur visée est souvent loin de s'inscrire dans le cadre dynamique de la P.T.I. et les ateliers ne sont destinés qu'à ceux qui « basculent à l'asile ». Ainsi les propos que Daumezon attribue à Adnes : « Quels malades vont à ces activités ? Ceux qui dès leur arrivée à l'Asile se jugent incapables d'en sortir et s'installent dans la vie qu'on leur offre et il est bon qu'elle ne soit pas inhumaine. Mais ceux qui veulent guérir refusent d'entrer dans le jeu, ceux que je veux guérir, je fais tous les efforts pour les en écarter, je les traite par les moyens médicamenteux, les procédés biologiques et c'est seulement quand j'échoue que certains d'entre eux basculent à l'asile, à eux alors ce que vous appelez la sociothérapie est une consolation, une manière de supprimer leur vie d'aliéné » [104, p. 28].

Sivadon souligne que « le travail thérapeutique vise à favoriser l'élargissement des rapports signifiants entre le malade et la société et non entre le malade et l'administration hospitalière » [324, p. 34].

Racine, Certhoux et Coll. parlent de l'ergothérapie comme pouvant être « une efficace fabrique de chroniques » ou bien « un remarquable moyen de chronicisation ». A force de mettre de l'huile pour que l'atelier tourne au mieux, les malades sont heureux d'y travailler, les soignants satisfaits et c'est le meilleur des mondes car le sens de la réalité extérieure s'en va à grands pas. La solution réside alors dans la discontinuité et le déséquilibre, qui, seuls, peuvent être dynamisants et créer un dialogue toujours renouvelé. Mais, quelle est la viabilité d'un modèle flou, ininstitué, fugace et sans cesse remis en cause qui doit regrouper, dans un cadre rigide et durable, des malades souffrant de maladies souvent chroniques et un personnel dont la carrière va se dérouler sur une quarantaine d'années ?

Il est vrai que les premiers ateliers installés en France à partir de 1945 ont fonctionné au mieux des souhaits de la P.T.I. : il était nécessaire de créer, d'inventer, de mettre en place ensemble un processus de désaliénation, l'époque elle-même était à la reconstruction. Pour la P.T.I., « l'œuvre de désaliénation ne pourra passer que par la participation à une œuvre commune, ce qui implique un partage du pouvoir en fait comme en droit » [128, p. 75].

La création d'ateliers n'est qu'une application pratique au service d'une idée qui la dépasse infiniment et la deuxième vague d'ateliers, fonctionnant par imitation d'autres structures, s'est révélée moins porteuse. Après une quinzaine d'années de dynamisme créatif (1945-1960), l'ergothérapie intra-hospitalière s'est progressivement installée dans la routine, perdant bien souvent la fougue de sa jeunesse, aussi bien que sa fonction de désaliénation. « Toute structure ergothérapeutique doit avant tout, à tout moment, être en mouvement quitte à démolir ce qui "marche bien". Le signal d'alarme est l'absence de conflit, l'absence de construction, la satisfaction apparente des besoins du groupe. Cela signe un équilibre qui ne peut qu'être dangereux puisqu'il survient dans un milieu artificiel. C'est que l'atelier ne vit plus, soit qu'il s'adapte au rythme des bons malades qui se fonctionnarisent dans la raphiathérapie, soit que sa structure soit tellement rigide que toute réaction y est étouffée. Le moniteur et les malades y travaillent en automates, rêvant à leurs moutons respectifs » [283, p. 600-601].

Il faut bien reconnaître que la gageure était difficile et que la mise en place des ateliers d'ergothérapie, telle que le souhaitaient leurs promoteurs, se situait sur une corde raide, d'où il était facile de tomber. Tous les risques de dérapages annoncés à la naissance de cette thérapeutique collective furent naturellement érigés en critiques par les autres chapelles.

CRITIQUES « MÉDICALES »

Les critiques les plus passionnelles viennent de médecins attachés à la psychiatrie en tant que science avant tout médicale et individuelle. Leurs arguments portent sur plusieurs points :

— L'espoir de guérison, s'il existe, repose sur une thérapeutique médicale dont il faut développer la recherche au lieu de dépenser temps et argent dans des programmes destinés à rendre l'existence à l'asile plus (trop) douce. « L'état actuel de nos connaissances en psychiatrie autorise-t-il la poursuite du dirigisme d'inspiration sociatrique ? », demande M. Leconte [215] au congrès de psychiatrie et de neurologie de langue française en 1958 à Strasbourg. Il n'admet pas que les directives officielles soient données dans le sens institutionnel alors que l'ergothérapie n'a pas fait ses preuves, témoin de cela la « confusion » des idées de Tosquelles qu'il n'hésite pas à dénoncer. Ses critiques, qu'il renouvellera la même année à la société médico-psychologique en réponse à la communication de Sivadon, Chaigneau et Tournaux intitulée « Une expérience sociothérapique de dix années », tient en ces lignes : « Nous exigeons par priorité des laborantines avant des psychologues, des diététiciennes avant l'hôtesse, des instruments de laboratoire avant des percolateurs » [215, p. 523]. Pour s'opposer à la « psychiatrie de patronage » selon le terme de Loo, il affirme : « Nous tenons à proclamer ouvertement et hautement notre attachement à une psychiatrie médicale et individuelle, la seule qui puisse continuer à honorer la médecine française et éviter le ridicule de l'excès sociatrique » [215].

Loo, répondant à Bonnafé [231] deux ans auparavant, mettait déjà en doute l'efficacité thérapeutique de l'ergothérapie ainsi que la phraséologie saint-albanaise : « Je n'ai pas conscience que la sociothérapie, la ludothérapie, la raphiathérapie, etc., modifient la proportion des guérisons. Ces procédés tapageurs, abusivement comparés aux vraies thérapeutiques, sont de vieux traitements hautement justifiés avant l'ère médicale de la psychiatrie, rajeunis aujourd'hui par la vêture de mots étincelants » (p. 631). Au moins reconnaissait-il l'existence de la sociothérapie comme « moyen et secondaire, non un but et surtout pas une doctrine ». C'est la crainte du dogmatisme institutionnel qui le faisait ainsi terminer son intervention : « Nous sommes à l'ère médicale de la psychiatrie. La psychiatrie de patronage est dépassée. Sa facilité, sa publicité tapageuse, sa consécration étrangère ont pu égarer certains, entraîner des profanes, mais elle fait déjà rire de nous, les médecins. Peut-être convient-il de réagir avant qu'elle devienne un dogme et que demain, des médecins non conformistes ne connaissent le drame de Galilée » (p. 632).

Les termes de dogme thérapeutique, facilité et conformisme recouvrent en effet certains des risques de dérapage qu'avaient prévus les institutionnalistes dans le passage de la théorie à la pratique.

— Un deuxième reproche adressé aux activités sociothérapiques réside dans le fait qu'elles ne seraient utiles, en quelque sorte, que pour des individus guéris ou, pour le moins, convalescents. On sent, au travers de cet argument, l'aigreur de certains devant la création des CTRS, services expérimentaux, plus riches en matériel et en personnel que la plupart des services traditionnels. Cette critique se trouve encore chez Leconte qui accuse les statistiques des CTRS d'être fausses ou du moins non comparables avec celles des autres services. Les CTRS n'ont pas de « mistigris », leurs clients sont des « malades frais », dit-il, entendant par là que la population des CTRS regroupe davantage de malades aigus que chroniques. Leur règle d'or est, toujours pour Leconte : « Envoyez-nous des malades curables, et nous vous les guérirons ».

— La troisième critique semble plus sérieuse bien que toujours passionnelle : c'est le rôle d'adaptation à l'asile que peut jouer la sociothérapie qui va dans le sens de la pathologie des patients. « Elle tend surtout à maintenir l'état larvaire et dépendant d'une foule de psychopathes qui s'adaptent à l'atmosphère quiète et tranquille de nos hôpitaux psychiatriques modernes et n'en veulent plus sortir ou ne pensent, sortis, qu'à y revenir » [63, p. 289]. Loo ne parle pas autrement quand il dit que la P.T.I. fait le lit d'un « parasitisme névrotique », nouvelle forme de chronicisation, car « l'atmosphère ouatée, obligatoirement paternaliste... » est un « climat cher à leur infantilisme affectif » [231].

Ces remarques, qui ne sont pas sans rappeler une certaine critique plus récente des prisons dites modèles, vise également certains excès qui, il est vrai, ont pu être observés dans certains hôpitaux psychiatriques. « Il faut apprendre aux malades à se passer de nous... surtout à l'hôpital. Il faut faire sortir, même si on désorganise une équipe de football, une troupe de théâtre ou un tandem de belote » [231].

CRITIQUES DES SOCIOLOGUES

Des sociologues ont dénoncé le leurre de l'adaptation à une structure de soin qui pourrait être le signe de l'adaptation à la société globale. « Si vous pouvez travailler à l'hôpital, alors vous pourrez travailler dehors » entendait-on à cette époque. Rapoport [286] souligne que traitement et réadaptation parfois se renforcent mais parfois aussi s'opposent. Cette critique a été reprise en France par Bleandonu : on « a eu tendance à soutenir que le traitement dans l'unité s'accomplissait par la réadaptation à l'unité et que la réadaptation dans l'unité était une répétition générale de la réadaptation au monde extérieur » [47, p. 92]. Il y a lieu de séparer le travail lui-même du cadre de travail, et l'expérience montre que les « bons travailleurs » de l'hôpital psychiatrique sont bien souvent les psychopathes et les alcooliques repérables justement de par leur instabilité professionnelle. « Ceux que l'on appelle "les bons travailleurs", dit Oules, sont de "mauvais malades", car ils s'éloignent de la guérison, ils s'enracinent, deviennent "chroniques". Quand un malade travaille aussi bien qu'un employé, l'un des deux est devenu inutile » [259, p. 2].

C'est Goffman [170] qui semble avoir formalisé la critique la plus pertinente de l'univers totalitaire psychiatrique en distinguant chez le malade interné les deux composantes de malade et d'interné. Le soignant considère la maladie, le soigné sa réclusion et ce dernier va alors, partant de ce statut, organiser sa vie à l'intérieur, en fonction de sa situation ici et maintenant. « Dans la mesure où l'institution force le reclus à se défaire de son moi antérieur, c'est pour une grande part le système des privilèges qui lui fournit la charpente de sa nouvelle personnalité » (p. 92). Ainsi, le reclus va construire sa vie autour de ces privilèges, ces avantages secondaires que seront, par exemple, le travail et le pécule. La visée soignante est l'adaptation, par le biais de l'institution, à la réalité extérieure, le but du soigné est, par le travail ou l'ergothérapie, de profiter des avantages de la vie de reclus. On arrive alors à la situation paradoxale suivante : « Le personnel qui essaie de rendre la vie dans l'établissement plus supportable, accroît ainsi les risques d'installation » (p. 108) ainsi que son propre mal-être lié à la contradiction de la tâche qui lui est demandée : « réduire les reclus à l'obéissance tout en donnant l'impression de respecter les principes d'humanité et atteindre les objectifs rationnels de l'institution » [132].

La P.T.I. ainsi que les tentatives de travail thérapeutique intra-hospitalier, est donc assise entre deux chaises dans sa fonction même, comme elle l'était dans ses fondements. C'est la critique du sociologue Dutrenit [128]. Située à cheval sur la psychanalyse et la sociologie, la P.T.I. est un *melting pot* dans lequel ni le psychanalyste, ni le sociologue ne peuvent se retrouver.

CRITIQUES DES PSYCHOTHÉRAPEUTES ET PSYCHANALYSTES

Les activités ergosociothérapiques formant le tissu de la P.T.I. vont se trouver prises dans un faisceau convergent de critiques venant des thérapeutes qui gardent le souci essentiel du travail relationnel dans la relation duelle avec le malade. Certes, des méprises, des méconnaissances et aussi bien des évitements ont, sans doute, eu cours dans ce projet de thérapie institutionnelle. Ceci n'a d'ailleurs pas échappé à un de ses fondateurs, le Docteur Tosquelles qui, en 1966, a pu écrire [344, p. 209] : « Je regrette de n'avoir pas suffisamment souligné que toute activité assez complexe au niveau de l'ensemble de l'institution et de ses groupes, ne peut pas rendre tous ses fruits, sans engager en même temps, plus ou moins souvent des psychothérapies individuelles... ».

Nombreux sont donc ceux qui ont pu dénoncer cette pratique qui, engendrant un réseau d'échanges multiples, risquait de laisser de côté la relation thérapeutique individuelle. Berouti [35, p. 287], avant même les événements de 1968, insiste sur les dangers de voir substituer au délire du malade une néo-réalité institutionnelle par un véritable « camouflage des symptômes » dans la médiatisation ergothérapeutique. Chazaud le rejoindra plus tard, en employant un peu les mêmes termes : « Une certaine forme d'ergo ne consiste qu'à substituer des stéréotypies gestuelles suraliénantes (et éventuellement à but bassement lucratif, productif) aux expressions psychotiques ainsi refoulées ; aboutissant en fait à réprimer les derniers reliquats de la vie et de l'eros au profit d'un véritable instinct de mort institutionnalisé » [71, p. 84].

Ce débat ne fait que reprendre les divers éléments des affrontements du symposium de Bonneval sur la psychothérapie collective de 1951 [329] et des travaux du groupe de Sèvres publiés en 1958 [8] centrés sur la question de la participation des infirmiers à la psychothérapie. Il suffit de rappeler les critiques de l'appareil conceptuel avancées par Le Guillant pour qui « le travail, réalité sociale et source de rémunération, à l'extérieur perd ce caractère dans la vie asilaire au profit d'hypothétiques présupposés psychopathologiques ». Il conclut finalement à l'inefficience de la P.T.I., en la comparant au « sociodrame de Moreno appliqué à l'usine qui n'a jamais modifié la condition ouvrière ». « La psychiatrie ne se reconnaît pas dans ces thérapies abrégées et collectives », ajoute-t-il. D'autres intervenants se sont manifestés dans le groupe de Sèvres et nous tenons aussi à rapporter les propos de Follin qui pense que la P.T.I. n'est en rien une psychothérapie au sens strict, « c'est tout simplement de l'hygiène mentale adaptée aux conditions particulières de l'hôpital psychiatrique » [153, p. 838].

Comme nous le constatons, il est bien difficile d'isoler le processus psychothérapeutique dans la P.T.I. qui, pour reprendre l'expression traditionnelle, est censée marcher sur deux jambes : l'une marxiste et l'autre freudienne. Devant certains développements théoriques dans une conception lacanienne, d'autres psychanalystes ne manquent pas de dénoncer une perspective qui voudrait « ériger l'institution entière en un vaste et mouvant bureau de psychanalyste ». Ceci est en particulier développé par J. Cournut [90, p. 89] qui s'élève contre « l'idée d'assimiler à la situation analytique » les productions parlées et agies de la situation du groupe soignant-soignés confondus.

Ces critiques visent en fait à demander que soit préservé, dans l'institution, un possible travail relationnel duel, tout en reconnaissant le plus souvent l'intérêt de la mise en place de ces réseaux d'activités et d'échanges qui permettent, comme le dit R. Diatkine [dans Racamier, 281, p. 36] « un autre mode de plaisir de fonctionnement du moi que par la production de symptômes psychotiques ». Ceci n'est bien évidemment pas suffisant pour susciter une évolution favorable. Il n'en reste pas moins que la P.T.I. est, pour de nombreux psychothérapeutes, méritoire, par la remise en question de la structure inter-relationnelle dans le collectif et l'organisation hospitalière qu'elle a promu.

Il faut dire qu'au-delà de ces discussions théoriques, le discours analytique qui est venu progressivement s'infiltrer dans tous les hôpitaux psychiatriques français, a souvent joué un rôle très surmoïque et parfois même très terroriste porté qu'il était par de jeunes prophètes fascinés par les écrits lacaniens. C'est ainsi que, dans bien des services, il n'était pas rare de voir les ateliers et les activités totalement exclus du champ des soins, dans l'attente que survienne une sacro-sainte « demande du sujet » dans le champ aseptisé d'un discours possible posé comme préalable à toute tentative thérapeutique. Certains peuvent témoigner du silence quasi catatonique de certaines salles de séjour transformées en salles d'attente, et de la mort lente des initiatives soignantes prises au piège du dogme de l'abstention. Certes l'activisme thérapeutique n'est guère acceptable mais que penser de cette situation de carence relationnelle dans laquelle de nombreux malades ont été placés… par des thérapeutes convaincus de l'importance de l'ambiance et de la bonne santé du groupe soignant.

LA PSYCHOLOGIE DU TRAVAIL

Les années 60 voient un certain nombre de psychiatres impulser une réflexion importante sur le travail et ses éventuelles retombées psychologiques pathogènes. La création du corps des médecins du travail en 1946 montre bien que l'aspect négatif que peut revêtir le travail commence à être pris en considération, même si jusqu'à présent la réflexion concernait surtout les conditions objectives du travail et ses répercussions sur la santé physique des travailleurs. La psychopathologie du travail va s'attacher à montrer que le travail, dans son essence même, peut être cause de maladie ou du moins, de décompensation psychologique. Cette scène est bien souvent le lieu où se révèle une symptomatologie psychiatrique, nous dit Claude Veil [355].

Parlant du lien entre le travailleur et son travail, Fernandez-Zoïla est catégorique : « Toute inadaptation, quelle qu'en soit la cause, si l'on n'y porte aussitôt remède, aboutirait à des troubles somatiques, psychosomatiques ou psychiques, évoluant plus ou moins rapidement vers une impotence partielle ou totale » [148, p. 527]. Qui veut prescrire du travail devra donc toujours être attentif à l'ambivalence sémantique de celui-ci, à sa double valeur positive et négative. Comme le dit Missenard [244], le travail est à la fois satisfaction et servitude, progrès et souffrance, malédiction et salut. S'il veut être thérapeutique, le travail prescrit devra donc être particulièrement bien choisi. En 1960, H. Zissman [376] tentera, à cette fin, de sérier les critères d'une bonne adaptation entre le malade mental et son activité professionnelle. Ils sont regroupés selon trois ordres (conditions psychosociales de l'activité, conditions de production, conditions physiques) mais sont si nombreux que les risques d'inadaptation sont multipliés, d'autant qu'ils ne sont pas nécessairement contrôlables par ceux qui organisent le travail.

En résumé, le travail, tant dans son essence que dans son organisation, présente nécessairement des facteurs pathogènes ou d'inadaptation. Il faut, maintenant, y ajouter trois types de distorsions que semble pouvoir subir la prescription du médicament-travail, et qui sont mises à jour par des études plus récentes :

— Tout d'abord une raison liée à l'organisation même du travail : reprenant la thèse de Daniellou (1982), Dejours [110] souligne le décalage important et inévitable entre l'organisation du travail prescrite et l'organisation du travail réelle. Cette dernière se manifeste par un double mouvement d'adaptation et de mise en place de stratégies défensives qui visent la diminution de la souffrance liée au travail. Parmi les stratégies d'adaptation, nous noterons l'efficacité des « ficelles » qui représentent l'adaptation pragmatique par les travailleurs, des consignes de travail théoriques. Leur but est d'améliorer les conditions de travail et, dans les faits, elles améliorent aussi la production d'où leur acceptation bienveillante de la part de la direction. Quant aux stratégies défensives, « elles parviennent parfois à produire une sorte d'anesthésie, c'est-à-dire d'insensibilité à la souffrance qui n'est plus, alors, perçue par les travailleurs ». Ces défenses contribuent paradoxalement à stabiliser la situation et gênent les efforts nécessaires pour repenser et transformer ce rapport au travail. On risque alors d'assister à une résistance au changement qui représente une réelle aliénation au travail.

On perçoit donc le double danger que court le travail thérapeutique : d'une part favoriser l'aspect productif des ateliers par l'organisation de « ficelles » bien vues par les moniteurs, et on n'est pas loin alors des stratégies d'adaptation secondaire décrites par Goffman ; d'autre part favoriser une certaine chronicité par la mise en place même des dispositifs anti-chronicité que sont les réunions d'évaluation et d'organisation qui, en fait, ne justifieraient que le maintien d'ateliers dont l'existence ne peut être remise en cause par les travailleurs (les locaux,le matériel et surtout le personnel doivent être conservés).

— La deuxième distorsion possible est liée à la maladie mentale elle-même, dans le cas de la psychose. Si le travail est une valeur culturelle fondatrice pour tout sujet, si, par sa valeur signifiante, il « fait partie de ces idéaux que tout sujet aura à intégrer pour son propre compte, avec lequel il ne pourra pas ne pas compter » [111], qu'en est-il du sujet psychotique déplacé hors du réseau des liens sociaux dans lequel il ne se sent pas de place ? La psychose, dit Delisle, « perturbe le rapport du sujet psychotique au travail dans sa signification même. Autrement dit, le travail pour un psychotique peut n'avoir aucun sens ou bien constituer une butée, facteur de rechute » [111]. En effet, le travail, dans sa double dimension de réalisation concrète et d'investissement social est d'emblée à l'opposé de la préoccupation du schizophrène. Dans le meilleur des cas, on pourra assister à une adaptation de surface du malade à un certain travail, une organisation en *as if* : le patient adopte alors les gestes du travail, il ressemble à un travailleur, mais le signifiant travail lui est toujours aussi étranger, seul le symptôme du non-travail aura été supprimé. Comme ce résultat est souvent considéré par les équipes soignantes comme réussite thérapeutique — et on ne peut trop leur en vouloir — subsiste peu de chance pour que la situation évolue... Et, c'est le constat d'une autre chronicité. Dans le pire des cas, la psychose étant toujours une perte des identifications symboliques, la situation peut s'analyser ainsi : « Le bouleversement de ces identifications primordiales entraîne à leur suite les autres identifications du sujet dont celles qui concernent le travail. Le signifiant travail est entraîné à son tour dans une réorganisation symbolique qu'est le délire, et qui a pour fonction de construire une néo-réalité à laquelle le sujet psychotique se trouve dès lors aliéné. Aliénation mentale aussi nécessaire à sa survie qu'est nécessaire l'aliénation sociale pour le commun des mortels » [111].

— Enfin, troisième possibilité de distorsion reste la mythique universalité des bienfaits du travail. La représentation du travail est en effet fonction de l'éthique ou du ressenti de chacun. Dans la définition de l'*Encyclopédie médico-chirurgicale*, le travail est décrit comme « l'ensemble d'activités coordonnées pour assurer la survie et améliorer la condition de l'homme et de l'ensemble de la collectivité ». A l'évidence, comme nous l'avons dit, il ne s'agit pas des préoccupations du malade psychotique apragmatique, et , si l'hiatus est important entre les conceptions du soignant et du soigné, il l'est souvent presque autant entre celles des différents soignants et même entre le soignant et l'homme qu'il représente.

Même dans sa connotation positive, la représentation du travail n'est pas univoque. Missenard et coll. [244], citent deux conceptions radicalement opposées :
— la conception marxiste pour qui l'homme est l'œuvre de ses œuvres. C'est en humanisant le monde par son travail que l'homme se forme et se réalise ;
— et la conception bouddhique pour qui la sagesse est représentée par un quasi-oubli du monde. Il est bien évident que le travail n'a alors aucune place dans la recherche de cette sagesse-là.

Il faut donc, disent-ils, toujours « situer le travail en référence à une dialectique de l'individu et de la collectivité dont il fait partie » [244]. Cette référence à une culture du travail peut encore se compliquer avec la discordance qui existe parfois entre culture ambiante et culture personnelle des soignants. L'infirmier-moniteur qui a choisi son poste pour convenance d'horaires et assure son rôle de contremaître, en attendant la retraite, risque davantage de transmettre sa vision personnelle du travail que celle représentée par sa fonction de moniteur de travail thérapeutique. Ceci rappelle les dissonances rapportées par Missirlich et coll. [245] dans une expérience de sociothérapie algérienne, où la culture ambiante, en partie influencée par les médecins occidentaux, mais reprise à leur compte par les infirmiers algériens (mixité, femmes sortant en ville, femmes non voilées) était en fait en complète contradiction avec ce que les soignants arabes vivaient eux-mêmes au quotidien. Quelles sont alors, pour le patient, les attitudes normatives et les attitudes d'opposition ?

Il est ainsi nécessaire, dans les activités de travail, de se poser les questions : dans quel milieu ? Avec qui ? Dans quel but ? Le fait de travailler est parfois pire qu'un simple cache-symptôme, il peut être en lui-même pathogène. Plusieurs cas témoignent de l'amélioration de l'état de certains malades à partir du moment où l'équipe soignante, jusque-là aveuglée sans doute par sa propre culture, abandonne l'idée de maintenir contre vents et marées une insertion professionnelle parfois pourtant ancienne.

LES LIMITES SOCIOCULTURELLES

Nous avons vu que l'introduction de l'ergothérapie à l'intérieur de l'asile, prise dans le réseau de la P.T.I., a représenté un geste révolutionnaire. Mais cette stratégie n'est pas applicable en tout lieu et à tout moment. Il convient en effet d'utiliser les potentialités soignantes d'un service, dont la disponibilité peut être limitée par un système de communication défaillant entre les unités de soins ou entre les soignants. Il faut également tenir compte de la culture locale des malades, pour instituer des techniques ergothérapiques adaptées.

Fanon, nommé à Blida, essaya d'exporter les activités sociothérapiques et de psychothérapie de groupe qu'il avait vécues à Saint-Alban. Il constata alors que les malades de souche européenne bénéficiaient de cet apport (ateliers de tricot, broderie) mais que, par contre les activités n'avaient aucun succès avec les malades musulmans (atelier de raphia, en particulier). Fort de cette observation, il laissa s'organiser un café maure, la mosquée redevint un lieu de culte, des conteurs arabes participèrent à la vie du service et, dès lors, l'institution hospitalière prit son essor (décrit dans la thèse de J. Azoulay, Université d'Alger, 1954, ou un article de la même année dans *L'Information Psychiatrique* [144]).

Tosquelles a pu de son côté insister sur la nécessité de partir d'une situation culturelle, pour greffer une dimension thérapeutique. « Une des conceptions tactiques de base de notre action : le lien concret et la similitude structurale que de telles organisations thérapeutiques doivent maintenir avec la culture locale des malades et du personnel soignant » [344, p. 57]. Ces questions continuent à alimenter les réflexions actuelles des ergothérapeutes qui se demandent souvent s'ils ne risquent pas de se mettre en position « colonisatrice » quand ils utilisent des pratiques éloignées de la culture de leurs malades. Que dire, en effet, quand les malades se plaignent de ne rien faire avec les ergothérapeutes qui leur proposent de fabriquer des cerfs-volants, des maquettes de bateaux, alors que ces malades sont imprégnés d'une culture terrienne et pragmatique, où le travail, la force de travail, doit aboutir à une réalisation utile ?

Benoit, dès 1963 [28] a également mis en garde les équipes de psychiatrie, à partir de son expérience en Guadeloupe. Il rapporte l'échec total d'une tentative d'ergothérapie dirigée vers l'exécution d'objets d'artisanat local achetés par les touristes américains. Il constate aussi l'échec d'une tentative qui voulait « faire revivre à l'hôpital psychiatrique, par le biais de l'ergothérapie, des techniques oubliées, comme la vannerie, la poterie, le tissage ». Ce n'est qu'avec le recours à un matériau connu de toutes les malades que l'ergothérapie put aboutir à la réalisation de corde tressée dans une atmosphère de groupe irremplaçable. « L'impossibilité d'accéder à l'objet que l'ergothérapie a permis de reconnaître chez les malades mentales de l'hôpital de la Guadeloupe n'est pas le fait de la maladie, elle procède d'un fait type de milieu ». L'auteur rappelle que certains ethnologues ont parlé de civilisation de la calebasse. Cette société est une société sans objets. « Il faut éviter le danger qui consisterait à introduire des activités trop évoluées qui pourraient à la longue être reconnues et intégrées, mais sans leurs bases primitives profondes, elles deviendraient alors des activités artificielles, en apparence bien accomplies mais montrant, par quelques trous, le vide culturel inquiétant derrière leur façade ».

A l'heure où se développent divers ateliers d'expression dans les services psychiatriques, il convient de s'interroger sur cette évolution. Pourquoi donc, à une certaine époque, il était question avant tout de travail alors que maintenant sont valorisés l'art, l'expression, le jeu… ? Un peu comme si certaines données culturelles étaient en train de changer : d'une civilisation du travail à celle du loisir ? Rappelons en effet les propos de Tosquelles [344, p. 57] : « Si on organise le travail dans une perspective thérapeutique dans les hôpitaux, c'est surtout parce que cette activité correspond à l'activité prégnante de notre civilisation, qui se définit comme une civilisation du travail ».

1968

Les mises en garde et les critiques formulées depuis les débuts de la P.T.I. vont connaître une apogée avec les événements de 1968. La radicalisation des critiques fait table rase de certaines pratiques ; c'est, par exemple, à cette période, que disparaissent de nombreuses fermes des hôpitaux psychiatriques. Le jaillissement de 1968 accentue les aspirations à un travail d'équipe multidisciplinaire dans la cité en développant nombre des arguments qui se retrouvent dans les idées anti-psychiatriques introduites en France par Fedida et popularisées par Mannoni en 1970. C'est, en tout cas, la période de l'engouement pour les choses de la psychiatrie, le mythe de la folie est mis en lumière, des affiches proclament l'assimilation psychiatre-flic. L'hôpital psychiatrique devient une nouvelle Bastille qu'il faut libérer. Après 1968 s'établissent les dossiers noirs de la psychiatrie (naissance des cahiers pour la folie) et l'ergothérapie est contestée à plusieurs reprises comme modèle d'exploitation des malades dans des hôpitaux-usines.

Les événements de mai 1968 vont concourir à une dénonciation des aspects répressifs de la psychiatrie et, la psychothérapie institutionnelle sera décrite comme une tentative moderniste de perpétuer l'asile en dehors de la société. Cette période a fondamentalement remis en cause idéologies, théories et pratiques et, comme le dit C. Olivenstein [256], « ...a fait se poser la question fondamentale de la finalité de la thérapie institutionnelle : intégrer les malades à tel ou tel type de société sans que rentrent en ligne de compte leurs bonheurs ou leurs malheurs ». Un des slogans de mai 1968 sera souvent repris dans les institutions psychiatriques et deviendra l'emblème de ceux qui introduisent des pratiques nouvelles : « L'imagination au pouvoir ».

La P.T.I. va être contestée même si certains de ses promoteurs prennent soin de la resituer dans un contexte moins ambitieux que ne le font ceux qui lui prêtent le plus grand pouvoir. Ainsi, pour J. Oury, la P.T.I. « c'est une toile de fond, c'est sur ce fond-là qu'on nettoie les artefacts pour envisager alors un traitement » [262, p. 987]. Certains, comme Sivadon, utilisent aussi l'image de l'aseptie, qui n'est pas le soin, mais la condition du soin. Il nous semble que H. Chaigneau [64], praticien engagé dans le mouvement de la P.T.I., élève de Sivadon, reprendra au mieux certaines des critiques en développant une véritable sémiologie de ce qu'elle dénomme « la maladie des institutions ergothérapiques ». Elle parle d'un « système défensif contre la psychose ». Pour elle, les dangers sont les plus grands quand une organisation ergothérapique systématique se transforme en caricature du travail pour vivre, où les malades sont considérés comme « embauchés », quand la production d'objets s'apparente à un atelier commercial et que l'infirmier-moniteur assure une fonction de contremaître, voire d'employeur. Elle rappelle que les services administratifs continuent de parler de la « main d'œuvre » hospitalière. De façon plus caricaturale, déjà en 1967, Despinoy et Bleandonu n'hésitent pas à dire qu'« il n'y a généralement pas de véritables psychothérapies institutionnelles dans les hôpitaux psychiatriques ».

L'ergothérapie est au centre des attaques : pour les uns c'est une camisole sociale dans les hôpitaux, pour les autres, c'est la thérapie du pauvre. « Le travail c'est la santé pour les pauvres ».

C'est surtout J. Hochmann qui, en 1971, dans son ouvrage *Pour une psychiatrie communautaire*, développe son analyse de l'institution psychiatrique et parle plus particulièrement de « l'abrutissant et dérisoire travail pompeusement baptisé ergothérapie ». Il dégage deux lois qui, selon lui, règnent à l'asile : la loi d'homologie, qui impose à tous l'uniformité et interdit l'expression des différences, et la loi d'homéostasie qui s'oppose vigoureusement à tout changement dans l'institution. De façon un peu ironique, il cite dans cet ouvrage F. Perrier qui écrivait, à propos du psychotique des institutions psychiatriques les plus modernes : « C'est en général un personnage sérieux, poli, ennuyeux, et bien dressé... Travail (l'ergothérapie), famille (la psychiatrique), patrie (la freudienne) telle est sa devise ». Hochmann fait le constat d'un travail sous payé, d'une activité superflue, avec un caractère d'exploitation. Il qualifie de parodie de traitement le travail qu'est le montage d'épingles à linge, et de simulacre les échanges économiques organisés autour du pécule. Pour lui, l'ergothérapie donne bonne conscience. La machine asilaire ne tourne qu'avec et par les malades avec le risque de néo-adaptation au rôle chronique de servant d'asile... et il rappelle que le travail des malades évite les frais de personnel, le prix de journée trop faible ne permettant pas d'embaucher les infirmiers qui seraient nécessaires. Cependant, l'auteur constate et reconnaît que l'introduction de la psychothérapie à l'intérieur de l'asile a représenté un geste révolutionnaire : c'est une révolution permanente, une critique de tout instant et à tous les niveaux « de la hiérarchie toujours renaissante, du grotesque toujours mystifiant et de la fusion toujours menaçante ». Il écrira d'ailleurs, en 1986, que « la psychothérapie institutionnelle est un champ en pleine germination ».

III

READAPTER PAR LE TRAVAIL (DE 1970 A NOS JOURS)

Repères

1970 *Création du corps des ergothérapeutes.*

1973 *Parution de* La convivialité (Ivan Illich)

1973 *Premier choc pétrolier. Crise économique.*

1974 *Parution de l'ouvrage* Les exclus (R. Lenoir)

1975 *Loi d'orientation en faveur des personnes handicapées.*

1979 *Deuxième choc pétrolier.*

1979 *Premier congrès de l'association pour l'étude et la promotion des structures intermédiaires (ASEPSI) à Orsay.*

1981 *Parution de l'encyclique* Laborem exercens *sur le travail humain.*

1987 *Loi en faveur de l'emploi des travailleurs handicapés.*

1987 Grande pauvreté et précarité économique et sociale *(rapport de J. Wrezinski)*

1988 *Instauration du revenu minimum d'insertion (RMI).*

1989 *Assises internationales sur la nouvelle solidarité, à Paris.*

Du lieu de soin unique...

LES LIMITES

Les années 70 sont des années de bilan pour l'ergothérapie. Quelle est la situation ? La P.T.I. a été à l'origine d'une évolution importante de l'hôpital psychiatrique : accès des infirmiers à une fonction soignante, prise en considération de l'individu malade, mise en place de textes législatifs donnant une assise au travail thérapeutique, organisation dans les lieux de soin d'une vie sociale à laquelle les malades peuvent participer sont autant de conquêtes réalisées par le mouvement d'humanisation de la P.T.I. Cependant, un certain nombre de limites vont bientôt apparaître qui tiennent à des incompatibilités entre les facteurs que sont l'ergothérapie, la P.T.I., l'hôpital psychiatrique et la société extérieure. Le travail peut-il être encore considéré peu ou prou comme une thérapie de réadaptation ? [194]

1. Hiatus travail / P.T.I.

L'organisation d'un travail thérapeutique nécessite, si l'on veut mettre en place de réelles activités de travail, organisation, matériel, personnel, productivité, salaires. Ces critères sont-ils compatibles avec une thérapie institutionnelle qui se veut, instable et au plus près, à chaque moment, des désirs des soignants et des soignés ? Sans doute pas. Le Guillant fait, dès 1952 [217] une critique très violente du dispositif de l'assistance psychiatrique et en particulier des ateliers de travail à l'intérieur de l'hôpital psychiatrique.

Au départ, en effet, le travail proposé artificiellement aux hommes ne peut être que source de conflit, de découragement, de discordes, ce n'est donc qu'une activité qui, non seulement est artificielle, mais encore est détournée de son but. En effet, que signifie un travail dont les acteurs n'ont pas un niveau de réalisation qualitative et productive suffisant, qui n'a pas de réels débouchés et qui est valorisé par un pécule, prime à la bonne volonté — ce qui est en contradiction totale avec la réalité sociale ? Le Guillant parle de groupes « artificiels et quasi-monstrueux » dans la mesure où ils ne tiennent aucun compte de la réalité psychologique et sociale de chaque malade.

Le travail, dit thérapeutique, continue donc d'aliéner le malade avec la bénédiction de médecins réformistes satisfaits et apaisés par la pseudo-démocratie qu'ils dispensent dans leurs services. Le travail participe à l'aménagement et la justification de l'établissement alors qu'il devrait le transformer radicalement. Les malades n'ont aucune prise réelle sur leur condition d'hospitalisation, il n'y a qu'une parodie de démocratie, ils ne peuvent que choisir la sauce à laquelle ils vont être mangés. La démocratie « pour être réelle, suppose une liberté intérieure que n'ont pas entièrement la plupart des malades et une liberté de fait que, légalement privés de leurs droits, ils ne possèdent en aucune façon » (p. 567). La voix des travailleurs ne franchit pas les murs de l'hôpital, ils sont toujours internés et le régime hospitalier ne sera, de toutes façons, pas renversé. Voilà de solides réalités, dit Le Guillant « que la liquidation psychodramatique des "tensions" et des prétendus "malentendus" ne saurait sérieusement modifier » [217, p. 568-569].

Ce qui existe dans les ateliers hospitaliers n'a donc droit qu'à l'appellation de distraction car un travail, pour mériter son nom, devrait être en prise directe avec la réalité sociale, c'est-à-dire ne saurait s'imaginer qu'avec ses corollaires : organisation syndicale, droit de grève, possibilité de remise en cause de l'outil de production et surtout salaires attractifs. Le Guillant fait de l'appât du gain et la crainte des sanctions les deux moteurs essentiels du travail que l'on ne retrouve pas à l'hôpital. « Même dans le meilleur des cas (CTRS par exemple), la diversité, le renouvellement, la qualité, la matière, etc., des objets fabriqués (ne sont pas) un moteur bien puissant pour l'organisation du travail thérapeutique » (p. 563).

Comme il a été dit par ailleurs, les investissements matériels (construction d'ateliers, achat de machines-outils performantes) et humain (création du statut d'ergothérapeute en 1970 et travail de ceux-ci dans les ateliers) sont bien souvent venus rigidifier et scléroser une situation dès lors moins dynamique. Les ateliers établis, il a fallu y mettre les patients alors que la P.T.I. aurait voulu que le cadre ne soit créé que par le souhait d'un certain nombre de soignants et de soignés à un moment donné. Encore une fois un modèle pédagogique traditionnel est venu se greffer sur des ébauches de pédagogie nouvelle.

2. Hiatus travail / hôpital psychiatrique

Les expériences de travail au sein des lieux de soins ont souvent pris place dans les hôpitaux de petite taille, dans lesquels l'atelier, unique, avait fonction de lieu de travail de l'asile-village ; l'atelier y était repéré de même que tous les autres services de l'hôpital : unités de soins, services administratifs, services généraux, chapelle...

Dans les hôpitaux plus grands, réunissant souvent de nombreuses unités sous la responsabilité de médecins-chefs multiples, la mise en place des ergothérapies s'est multipliée, chaque médecin-chef souhaitant un atelier pour son service. L'effet en a été une diversification des lieux et un cloisonnement des pratiques qui mettaient au second plan la composante de lien social représentée par l'atelier ou le club. Chaque atelier n'accueillant que les malades *du* service, c'étaient les mêmes qui, des unités, se transféraient dans les ateliers sans qu'un quelconque élargissement des relations sociales ne soit possible. L'atelier, appendice de soin, parfois même pour des raisons pratiques dans les mêmes locaux, signait ainsi son impuissance à se situer comme lieu de rencontre. Chacun chez soi, tout un aspect de la dynamique institutionnelle disparaissait. La fonction du club et de la cafétéria se desséchait de la même façon, bien souvent sans que cette situation, bien rodée par la routine, ne soit remise en cause. « Ainsi la plus sûre manière de “tourner rond” pour une institution totale, est-elle de tourner en rond, en s'efforçant de neutraliser, jour après jour, toute tentative novatrice, toute manifestation de liberté, tout risque d'évolution. Autant dire : toute action réellement thérapeutique. Devise possible : “Tout va bien aussi longtemps qu'il ne se passe rien” » [192, p. 42].

Des ateliers fonctionnant sur leur passé, une théorisation qui ne s'opère plus et la modification des lieux et des techniques de soins, vont contribuer à la chronicisation ou à l'abandon du travail thérapeutique. En effet, les hospitalisations deviennent de plus en plus brèves et ne permettent plus de proposer au patient de participer à des ateliers dont le sens s'inscrit sur la durée. D'autre part, nombre d'hospitalisations se font maintenant dans des services d'hôpitaux généraux qui n'ont pas, pour des raisons historiques ou de choix, organisé de structure lourde d'atelier productif.

La modification apportée dans la constitution des équipes soignantes va amener également une parcellisation des tâches ; c'est, en particulier, la fin du cadre unique, l'apparition des aides-soignantes en psychiatrie, à partir de janvier 1978, et celle des ergothérapeutes qui ont souvent été cantonnés dans leurs ateliers, sans pouvoir conduire d'actions coordonnées avec le personnel des unités de soin. Par ailleurs, il devient de plus en plus clair, dans les années 70, que les ateliers de travail constituent généralement un facteur de chronicisation pour les malades et pour leurs soignants qui souhaitent de moins en moins jouer un rôle de contremaîtres. Rappelons à ce propos la formule d'Oules : « Quand un malade travaille aussi bien qu'un employé, l'un des deux est devenu inutile » [259].

3. Hiatus Hôpital psychiatrique / P.T.I.

Les possibilités de travail s'essoufflent à l'intérieur des murs de l'hôpital psychiatrique. La P.T.I. a permis d'entrevoir une possibilité d'ouverture améliorant la communication entre des soignants et des soignés retrouvant ainsi leur subjectivité. Mais cette communication a ses limites de par le statut même des acteurs : une rencontre réelle ne peut se concevoir qu'entre deux individus libres. Or, à l'intérieur de l'enceinte hospitalière, seul le soignant possède la clé et le pouvoir de décision. Les dés sont pipés comme le dit Le Guillant, et on aboutit au constat suivant : la structure hospitalière, en ce qu'elle est fermée est un obstacle à une psychothérapie institutionnelle. C'est ce qu'exprime joliment Gentis dans sa lettre à Tosquelles : « L'avenir de ce que tu avais conçu se situait peut-être avant tout dans l'espace "extra-hospitalier". [...] L'idée que tu as lancée était trop grande pour tenir entre les murs des hôpitaux. En poussant, elle a fait craquer les coutures, et il lui faut maintenant plus d'air, plus d'aisance, plus d'espace pour se déployer. Saint-Alban n'aura peut-être été qu'une matrice » [166, p. 169].

Mais n'oublions pas cependant que la P.T.I. appliquée à des malades dits chroniques a permis à ceux-ci d'envisager, dans certains cas, un ailleurs différent de l'hôpital psychiatrique. Ainsi la P.T.I. trouve-t-elle sa fonction essentielle à l'hôpital psychiatrique, « elle s'applique en fait à la minorité des cas que forment les malades dits chroniques » [334].

Voici donc le paradoxe : la P.T.I. tente de restaurer à l'hôpital psychiatrique une relation intersubjective, or celle-ci ne peut réellement prendre sens que dans une structure de liberté et de démocratie, ce qui n'est justement pas le cas de l'hôpital...

4. Hiatus P.T.I. / Organisation

Un autre point à soulever ici concerne encore l'impossibilité de formaliser, voire de définir la P.T.I., qui doit rester un courant, un « état d'esprit » comme dit Ueberschlag. La circulaire de 1958 a, en quelque sorte, fourni un mode d'emploi de la P.T.I., ce qui constitue par définition un paradoxe. Les structures mises en place d'après la loi n'ont la plupart du temps représenté que des lieux appelés d'emblée à tourner en rond. Car toutes les expériences qui ont été réellement porteuses de dynamisme ont été des aventures militantes.

Depuis Bouchet, faisant terminer la construction de l'asile Saint-Jacques livré inachevé à ses malades, un certain nombre d'expériences ont mis l'accent sur l'importance dans tout travail thérapeutique, du sentiment de solidarité communautaire, de l'utilité de la tâche effectuée et de son originalité. Daumezon évoque le terme d'aventure : « Nous pouvons les faire participer à un certain nombre d'aventures sociales suscitées dans le service » dit-il [99, p. 222]. Parmi ces aventures originales on peut citer la création du club Paul Balvet à Saint-Alban [243], premier club de malades intra-hospitalier, celle de l'association sportive des Bruyères aux Aubrais [102], de l'atelier d'Armentières entièrement conçu et réalisé par les patients, cité par Follin [152], ou encore du service d'ergothérapie par les infirmiers et les patients de l'hôpital d'Aix-en-Provence [26]. Il ne s'agit là que de créations militantes dans la mesure où elles comportaient un risque, le cadre juridico-administratif n'existant pas encore ; elles faisaient appel à une participation personnelle des soignants en temps comme en argent.

Ainsi l'entendent Daumezon — « Le médecin fera souvent une avance d'argent ; il faut que ce soit sur sa propre bourse et non sur les crédits de l'établissement » [99, p. 223] — ou Madame Masson évoquant l'aménagement, par le personnel, d'une salle de spectacle sur des heures de travail bénévole à l'hôpital de Châlons-sur-Marne [238]. De même, Pichot [271] rappelant les thérapeutiques sociales qu'il a pu observer en Angleterre, parle de l'importance des « moyens de fortune et du bénévolat » dans l'instauration de la dynamique de soin.

LE BILAN EN 1970

1. Les ateliers professionnels

Ils sont vidés et les machines inemployées. C'est la fin de ces grands ateliers organisés souvent selon le modèle de la chaîne. Quand ils continuent de fonctionner, ils développent une activité stéréotypée et totalement chronicisée, dûe au désinvestissement des malades et des médecins qui oublient facilement leurs patients dans des ateliers qu'ils ne visitent plus. « L'ergothérapie de ce fait, si elle n'est pas soutenue par la foi des animateurs ne peut que s'enliser et s'affaiblir. Il ne reste finalement plus que de vagues justifications, la signification profonde, propre, est évacuée. Restent seulement de vagues formules comme “ça fait toujours passer le temps” ou encore “comme ça, on s'embête moins” » [132]. C'est d'ailleurs cette justification — passer, voire tuer le temps — que nous avons retrouvée dans une enquête menée récemment auprès des patients d'un service de la région parisienne [9].

Les grands ateliers sont vides et vidés de leur sens. Les activités de travail de type industriel ou de sous-traitance sont absorbées dans le réseau des activités traditionnelles et chroniques des services généraux. Ce nouveau lieu de chronicisation possible où le souffle de la P.T.I. s'est éteint signe un retour en arrière, destination obligée de tout ce qui reste figé à l'intérieur de l'hôpital psychiatrique. En s'enracinant, l'outil a dépassé le projet. L'enquête de Daumezon [105] révèle d'ailleurs que, de façon quasi générale, la création d'ateliers après 1958 s'est réalisée en fonction « d'opportunités totalement contingentes » et sans lien avec un quelconque projet médical pour les patients. Les ateliers ont vu le jour, le plus souvent, en dehors de toute concertation tant avec les malades que les médecins. Bastié, cité par Daumezon, fait, dès 1960, le triste constat suivant : « Au jardin les rustres, à la cuisine le tout venant, à l'ouvroir les dégourdis, aux postes d'honneur les trop adaptés et au ménage le reste ». C'est un modèle de thérapeutique occupationnelle que les soignants acceptent de plus en plus mal et dans ces années-là disparaissent également un certain nombre de symboles asilaires, héritiers du XIXe siècle et qui avaient perduré moyennant certaines adaptations.

L'hôpital se voulant davantage lieu de soin que lieu de vie, les durées d'hospitalisation diminuent et les services sont réorganisés. Dans les grands hôpitaux psychiatriques, les « quartiers des travailleurs » disparaissent et, même si des travailleurs demeurent, leurs attributs sont limités : le rôle de commis de pavillon, personnage au statut flou mais à la puissance occulte, interlocuteur obligé de tout soignant et de tout soigné, qui régentait l'office (la cuisine) et établissait les passe-droits, est supprimé. Le grand tablier de même d'ailleurs que l'uniforme ne sont plus que des vestiges, tout comme l'institution du casse-croûte de 10 h., réservé aux seuls travailleurs dont le maintien ne se justifiait plus. Le ménage même est de moins en moins le fait des malades (ni du personnel infirmier d'ailleurs) depuis une quinzaine d'années. La question du ménage se situe à un point sensible et est restée sans doute un des derniers bastions des tenants du tout-travail : sans personnel de ménage, il est bien évident qu'il fallait nettoyer les lieux de soin, les malades étaient donc tenus de manier le balai. La justification thérapeutique ? Elle existait. Cependant, il est à noter que cette prescription échappait en général totalement aux médecins qui auraient certainement eu quelque honte à ordonner cette activité traditionnellement considérée comme une corvée. Par ailleurs, l'invention du terme de serpillothérapie montre par son ironie, s'il en était besoin, que les soignants n'étaient pas dupes de certaines prescriptions. « Ce n'est pas la nature du travail qui est en cause mais le besoin que nous avons de tels malades pour tel travail », note Leconte cité par Daumezon [105].

A la sclérose du travail hospitalier s'est ajoutée celle des associations créées après la circulaire de 1958. Celles-ci sont très souvent devenues des structures assurant une gestion à laquelle ne participent plus à aucun niveau les malades-travailleurs.

2. L'expression a le vent en poupe

Ce travail chronique pour malades chroniques, parfois élément de normalisation sociale, et par là-même considéré comme une contrainte et une exploitation a vécu. D'ailleurs le Groupe d'information asile (GIA) demandait en 1976 [66] dans son projet de charte des internés : « L'abolition du travail forcé sous prétexte d'ergothérapie (ménage, service de cantine ou travail à façon...) » mais aussi : « Que tout travail d'un hospitalisé soit rémunéré au temps de travail par un salaire au minimum égal au SMIC, sans salaire au rendement ni cadence ».

Le travail thérapeutique est donc remplacé peu à peu par des activités thérapeutiques qui se caractérisent par une plus grande souplesse, de moindres besoins structurels et des limites temporelles plus précises. On accentue l'importance du vivre par rapport à celle du faire et la production importe moins que la relation qui peut s'instaurer entre soignants et soignés. L'activité est alors davantage considérée comme médiation de la relation thérapeutique. La « situation ergothérapeutique » se définit comme un espace où pourront croître et être encouragées les capacités relationnelles du patient jusqu'à un niveau tel qu'on puisse l'aider à les exploiter au-dehors et les utiliser dans la vie quotidienne [51, p. 406].

Ainsi se mettent en place des ateliers structurés autour de techniques spécifiques d'expression (musique, collage, sculpture) ou de loisirs (sports, activités corporelles...). Parallèlement, s'instaurent des activités dirigées vers le champ communautaire (sorties, visites, séjours de rupture, séjours thérapeutiques...). Celles-ci sont souvent qualifiées de sociothérapiques par opposition à l'ergothérapie qui concerne essentiellement ce qui se pratique au sein même des ateliers.

A noter qu'il s'agit ici d'une restriction du vocable de sociothérapie qui comportait auparavant deux axes : ambiance et activité. La définition du *Vocabulaire de la psychologie* de Pieron [272] est d'ailleurs double :
« 1°) Ensemble des techniques visant à réduire les troubles mentaux, par l'utilisation des interactions psychologiques entre l'individu malade et le milieu social (normal ou artificiellement aménagé) où il vit.
2°) Modification artificielle d'un milieu social dans le but de permettre l'adaptation dans son sein d'un déficient mental.

Seul semble demeurer dans son acception d'aujourd'hui le pôle d'activités, c'est-à-dire la première partie de la définition donnée. Et dès lors toutes les activités adoptent le qualificatif de thérapeutique pour tenter de préserver une unité, malgré cette distinction nouvelle entre activités créatrices (issues de l'ergothérapie) et activités communautaires (issues de la sociothérapie). Ainsi parle-t-on dans le premier cas de musicothérapie, art-thérapie, sport-thérapie et, dans le second, de séjours thérapeutiques, repas thérapeutiques, etc. Dans un cas comme dans l'autre (ateliers créatifs ou activités communautaires), se pose la question de l'anachronisme du pécule qui s'est maintenu ici ou là dans les structures les plus anciennes ; en revanche, il n'existe pas dans les services psychiatriques des hôpitaux généraux. Actuellement, le pécule provoque le malaise des soignants qui se sentent en position de contremaître quand ils sont chargés de ce paiement-corvée. Le pécule actuel peut, semble-t-il, prendre trois formes :
— C'est un pourboire versé en échange d'un certain travail, un encouragement à aller travailler à l'ergothérapie. Dans cette optique, on comprendra alors que les patients aient souvent tendance à choisir d'eux-mêmes un travail stéréotypé de bas niveau. L'investissement étant proportionnel au « salaire ».

— C'est un jeton de présence quand les activités sont davantage créatives et à dominante d'expression personnelle. En effet, quel sens peut avoir le « paiement » d'un malade quand il va à la piscine ou consomme à la cafétéria ?
— C'est une rente de situation quand tous les malades perçoivent pécule, qu'ils travaillent ou non, comme cela se pratique dans certains établissements. C'est alors de l'argent de poche distribué par l'administration, qui est d'ailleurs bien utile souvent pour l'achat des produits de nécessité courante : café, tabac, savon, etc. Dans ce dernier cas, où le patient n'échange pas mais perçoit seulement, le risque est d'augmenter une certaine dépendance par rapport aux soignants. On assiste par ailleurs à « une bureaucratisation » de l'argent qui, vidé de sa substance, devient un objet mort dans une zone morte (C. Bailly-Salin).

L'arrêt de ce versement ne désorganiserait pas vraiment les ateliers mais les soignants sont peu enclins à pousser dans le sens de la suppression, soit qu'ils y voient encore un intérêt non négligeable — le pécule, tout en échappant aux mesures de protections tutélaires, « permet paradoxalement au psychotique de retrouver le sens (au niveau de la valeur d'usage) de ce qui concrétise la valeur d'échange, à savoir la monnaie » [289] — soit qu'ils ne souhaitent pas voir disparaître sans contrepartie une ligne budgétaire aussi importante. Le compte 65 représente en effet 0,75 % du budget de l'établissement, le compte pécule en représentant à lui seul 0,40 %, soit pour un centre hospitalier spécialisé de la région parisienne, environ deux millions de francs.

A l'aube de la promulgation de la loi de 1975, les aspirations des ateliers thérapeutiques sont triples ; elles vont dans le sens :
— de structures plus petites et plus diversifiées ;
— qui soient en phase avec la vie sociale, d'où la possibilité de création à l'extérieur du lieu de soin hospitalier ;
— ayant le souci de la création davantage que de la production.

Après les développements historiques qui nous ont permis de préciser en quoi l'introduction du travail et de l'activité dans les institutions de soins a modifié les perspectives et les stratégies thérapeutiques, il nous faut maintenant repérer ce qu'il en est aujourd'hui du recours à ces diverses procédures, tant dans le champ sanitaire que dans le champ social. Dans ce but, nous évaluerons les diverses incidences juridico-administratives et socio-économiques de la société française de ces trente dernières années.

...au travail dans la communauté

ÉVOLUTION DU CADRE JURIDICO-ADMINISTRATIF

La loi du 30 juin 1975 en faveur des personnes handicapées va marquer profondément le destin des ateliers des hôpitaux et, de façon plus générale, la place des travailleurs handicapés dans notre société. Ceci a été relevé par de nombreux praticiens qui ne s'imaginaient pas qu'une loi nouvelle allait apporter une telle perturbation dans le champ professionnel.

Alors que jusque-là, nombreux étaient les patients qui construisaient leur vie à l'hôpital autour des ateliers et du pécule, dans une organisation de survie, le bénéfice possible de l'Allocation d'adulte handicapé va permettre à certains d'entre eux de quitter l'établissement et de ridiculiser les maigres pécules de l'ergothérapie. L'argent des allocations a modifié la façon d'être des hospitalisés tandis que ce sont dégagées des perspectives de travail protégé à l'extérieur des hôpitaux, et ce, pour des avantages financiers plus attractifs que le pécule traditionnel, et un statut de travailleur reconnu comme tel, même s'il lui est accolé l'étiquette du handicap. Certaines évaluations ont montré que plus de 70 % des malades chroniques des hôpitaux psychiatriques sont sortis grâce aux prestations de la COTOREP et aux dynamiques soignantes mises en place avec la sectorisation. Il s'agit-là d'une des transformations les plus radicales qui se soit opérée dans les hôpitaux psychiatriques ces dernières années — ce qui n'est pas sans poser la question de l'incidence de la gravité du handicap social chez le malade mental.

1. Des législations étapes

Il est important de relever que la circulaire du 15 mars 1960 qui officialise la doctrine dite de la psychiatrie de secteur, sort seulement deux ans après la circulaire de 1958. Ceci peut paraître contradictoire ; en fait, la circulaire de 1958 introduit déjà une rupture dans la réglementation administrative habituelle en permettant la constitution d'associations loi de 1901 dans un dispositif sanitaire. A partir de là, les soignants peuvent s'organiser pour engager une dynamique qui sera à même de révolutionner, de l'intérieur, les pratiques ergosociothérapiques et aboutir à des entreprises thérapeutiques ouvertes dans la communauté. C'est ce repère associatif qui nous autorise à faire un lien entre la circulaire de 1958 et la circulaire de 1960 en notant que le mouvement de la P.T.I. a préparé le personnel à travailler à l'extérieur des hôpitaux.

Il faut également citer l'autonomie de la discipline psychiatrique en 1967 (séparée de la neurologie) et insister sur l'importance de la loi du 3 janvier 1968 portant réforme du droit des incapables majeurs et créant une rupture avec les procédures liées antérieurement à la loi de 1938. En effet, les conditions de protection du malade deviennent indépendantes des conditions de traitement ; de nouvelles possibilités sont dès lors offertes aux équipes soignantes pour traiter les malades sans hospitalisation. Cette loi introduit, en effet, de nouveaux intervenants que sont les tuteurs, les gérants de tutelle, les délégués aux tutelles qui vont prendre de plus en plus de place dans les processus thérapeutiques au long cours en étant les interlocuteurs privilégiés, les porteurs de toutes les problématiques de la vie quotidienne : argent, logement, travail...

Evoquons également la législation du 16 juillet 1971 qui va permettre le développement des actions de formation dans les équipes soignantes et favoriser la découverte et l'approfondissement de pratiques nouvelles.

La loi du 31 décembre 1970 va consacrer l'intégration de l'hôpital psychiatrique dans le droit commun de l'hospitalisation, et, en 1973, les médecins seront exclus de la fonction directoriale des hôpitaux. Ces textes ne sont pas sans conséquences pour ce qui nous concerne ici quand on se souvient que, pour les tenants de la P.T.I., il était impératif que le directeur de l'établissement soit un médecin, car devaient être organisés, à tout niveau et dans tout service, un réseau d'échanges et une dynamique thérapeutique ; l'ensemble du personnel de l'établissement devait en quelque sorte assurer une fonction soignante, quelle que soit sa tâche, que ce soit dans les services généraux, les services administratifs ou les services soignants. Ces législations vont également participer à la transformation des lieux de soins en introduisant les possibilités de services de soins psychiatriques dans les hôpitaux généraux. Actuellement, un tiers des équipes psychiatriques fonctionnent dans le cadre des services d'hôpitaux généraux. Ceci n'est pas sans incidences sur la place donnée aux activités et au travail thérapeutique dans le fonctionnement de ces unités de soins, directement confrontées à des modèles médico-chirurgicaux dominants.

Le paysage psychiatrique français est donc devenu extrêmement contrasté, selon la diversité des lieux, mais aussi la diversité des modèles conceptuels qui infléchissent la pratique des équipes. Il convient cependant de dire que la plupart des soignants fonctionnent loin des modèles caricaturaux, selon une sorte de bricolage méthodologique qui se réfère cependant le plus souvent à une conception dynamique. Nous savons d'ailleurs, comme nous le rappelle Racamier, qu'un modèle trop rigide n'est pas sans danger « tous les modèles peuvent subir une schématisation décharnante, on abandonne la pulpe en ne conservant que l'écorce, le modèle psychanalytique se réduit à une phraséologie, le sectoriel à du découpage administratif et le modèle antipsychiatrique à de la protestation idéologique... » [281, p. 422].

Il est important de dire que, dans cette période, qui va de 1968 à 1975, des textes novateurs vont paraître mais que dans la pratique des équipes aucun changement notable ne voit le jour. Nous ne pouvons cependant que relever l'importance du travail réalisé à l'hôpital psychiatrique de Bassens en Savoie, qui a fonctionné sur le mode d'une communauté institutionnelle ouverte vers la communauté sociale bien avant la publication des textes sur la sectorisation (début en 1956). N'oublions pas également l'expérience du 13ème arrondissement de Paris qui a débuté en 1954, suivie par les équipes de Villeurbanne et de la Roche-sur-Yon.

Il n'en reste pas moins que c'est une époque charnière qui va permettre de passer d'une conception hospitalo-centrique de la psychiatrie à une conception ouverte des soins dans la communauté. Le schéma sectoriel est resté pendant des années une théorie et cet immobilisme s'explique tout à la fois par les manques de moyens en personnel et par les refuges frileux dans lesquels s'étaient installés de trop nombreux médecins. Comme nous allons le voir, la loi de 1975 va radicalement bouleverser ces données, d'autant que les textes de 1972 concernant la sectorisation autorisaient la mise en pratique effective de cette politique.

2. La loi du 30 juin 1975

Cette loi d'orientation du 30 juin 1975 en faveur des personnes handicapées qui a été votée à la quasi-unanimité par l'Assemblée nationale et qui va déclencher des prises de positions négatives des groupements professionnels, constitue une étape décisive dans l'histoire récente des personnes handicapées et des malades mentaux. En effet, cette loi, comme l'écrit Rappart [287, p. 205], « destitue le malade mental et élit à sa place l'handicapé mental, la folie n'est plus l'aliénation mentale, elle n'est plus la maladie mentale, elle est le handicap mental », ceci tout en sachant cependant que le malade mental est à la fois malade et handicapé et qu'il va poser avec acuité la question du clivage entre les champs du sanitaire et du social..

Nous allons reprendre les diverses dispositions prévues par cette loi de 1975 qui ont des incidences sur notre champ d'étude, en nous limitant aux personnes adultes. Les éléments que nous développons ici s'appuient sur une étude récente portant sur l'année 1987 [35].

Des attributions d'allocations

L'Allocation aux adultes handicapés (l'AAH) est une prestation non contributive réservée en principe aux personnes handicapées qui ne travaillent pas et dont les ressources sont inférieures à un certain plafond, en vue de leur assurer un revenu minimum. Cette allocation égale au minimum vieillesse est versée mensuellement par l'Etat et par les Caisses d'allocations familiales, pour un montant de 2.981 francs par mois au 1er janvier 1991. Elle est attribuée pour une durée renouvelable de un à cinq ans. En 1987, il a été décidé en France l'attribution de 192.972 AAH, 24 % des demandes ont été rejetées.

Deux autres prestations (allocation compensatrice et allocation logement) sont de peu d'intérêt pour notre champ d'étude.

Des décisions de reconnaissance et d'orientation

La reconnaissance de la qualité de travailleur handicapé est formalisée par les COTOREP qui, en 1987, l'ont attribuée à plus de 70.000 personnes, 16 % en catégorie A (handicap léger et provisoire), 49 % en catégorie B (handicap modéré et durable) et 35 % en catégorie C (handicap grave et définitif). Selon l'article L.323/10 du Code du travail, est considéré comme travailleur handicapé toute personne dont les possibilités d'obtenir ou de conserver un emploi sont effectivement réduites par suite d'une déficience ou d'une diminution de ses capacités physiques ou mentales.

Les 64.500 travailleurs handicapés orientés en 1987 l'ont été pour près de la moitié vers le milieu ordinaire de travail, pour 33 % vers le milieu protégé et pour 21 % vers une formation :

— *Le milieu ordinaire :*

La loi du 10 juillet 1987 en faveur de l'emploi des travailleurs handicapés complète la loi d'orientation du 30 juin 1975 qui a été ambitieuse mais insuffisamment précise sur le plan du dispositif d'insertion. Les personnes handicapées bénéficient de procédures d'incitation à l'embauche et de l'obligation d'emploi.

Depuis le 1er janvier 1988, tout employeur occupant au moins vingt salariés est assujetti à l'obligation d'employer des handicapés (le pourcentage des handicapés à employer doit atteindre 6 % à partir de 1991). Les employeurs disposent de trois possibilités afin de s'acquitter de leur obligation légale d'emploi de personnes handicapées. Ils peuvent soit verser une contribution annuelle forfaitaire à un fonds de développement pour l'insertion professionnelle des personnes handicapées, soit passer avec des ateliers protégés, des centres de travail à domicile ou des CAT, des contrats de sous-traitance, soit appliquer un accord agréé de branche, d'entreprise ou d'établissement. En 1987, pour les 29.500 personnes orientées vers le milieu ordinaire de travail, le placement direct domine.

— *Le milieu protégé*

Les décisions d'orientations vers le milieu protégé représentent environ un tiers du total des décisions d'orientations. Il faut noter la faible part des ateliers protégés (18 %) par rapport à celle des CAT (82 %).

Les ateliers protégés et les centres de distribution de travail à domicile sont deux institutions analogues qui doivent permettre aux travailleurs handicapés d'exercer une activité professionnelle salariée dans des conditions adaptées à leurs possibilités. Les ateliers protégés relèvent du Ministère du Travail, ils sont assimilés aux entreprises. Les différents agents ont un statut de salarié, l'atelier doit équilibrer son budget, le produit de ses ventes doit couvrir ses charges. L'embauche ne concerne que des travailleurs handicapés dont la capacité de travail est au moins égale à un tiers de celle d'un travailleur valide effectuant les mêmes tâches. La capacité des ateliers à rentabiliser leur activité n'est pas évidente et les nécessités de rechercher un équilibre économique leur fait exercer le plus souvent une activité de sous-traitance.

Les centres d'aide par le travail (CAT) sont des établissements sociaux relevant du Ministère de la Solidarité, de la Santé et de l'Emploi, dont l'objectif est de permettre aux personnes handicapées l'exercice d'une activité productrice avec un soutien médico-social. Il s'agit donc d'une double structure : d'une part, structure de mise au travail qui rapproche le CAT d'une entreprise, d'autre part, structure médico-sociale qui dispense les soutiens requis par les intéressés. L'objectif essentiel est d'occuper les personnes handicapées ; l'exercice d'une activité productive permet d'accéder à un milieu favorisant leur épanouissement personnel et leur intégration sociale, les préoccupations de rentabilité occupent une faible place. Les dépenses de fonctionnement donnent lieu à un prix de journée attribué au titre de l'aide sociale. La capacité de travail de la personne handicapée doit être inférieure au tiers de celle d'un travailleur valide, les travailleurs handicapés ne sont pas des salariés et n'ont pas de contrat de travail. La garantie de ressource s'élève à 70 % du SMIC.

— *La formation*

Les COTOREP proposent une formation à un cinquième environ des demandeurs d'orientation. 70 % de ces personnes sont orientées vers un centre de rééducation professionnelle dont l'objectif est de permettre au travailleur handicapé une insertion ou une réinsertion professionnelle. Les frais de fonctionnement de ces établissements sont pris en charge par le régime d'assurance maladie. Les travailleurs handicapés qui suivent un stage de formation professionnelle peuvent bénéficier d'une rémunération.

D'autres types de formations sont proposés par le biais de centres de formation (statut de stagiaire de la formation professionnelle) ou par des contrats de rééducation et d'apprentissage.

Depuis que la psychiatrie se joue de plus en plus en dehors des murs de l'asile, dans des structures diversifiées, qu'en est-il du soin par le travail ? A-t-il encore un sens ? Ou bien le travail n'est-il plus présent que comme justificatif d'une assistance pour handicapés sociaux ? Autrement dit, le travail, moyen de soin, est-il devenu uniquement une fin en soi ? Si tel était le cas, la loi de 75 aurait stigmatisé la prévalence du social sur le sanitaire, de l'aide sociale sur le traitement psychique.

LE TRAVAIL COMME SOIN : LES ATELIERS THÉRAPEUTIQUES

1. La naissance d'une nouvelle structure sanitaire

Comme nous l'avons vu, alors même que l'ergosociothérapie développait ses réussites dans presque tous les hôpitaux psychiatriques, quelques équipes avaient eu l'idée de réaliser des expériences autour du travail, à l'extérieur des murs. Ces unités spécifiques allaient prendre le nom d'ateliers thérapeutiques en prolongeant dans la communauté les perspectives des centres de traitement et de réadaptation sociale (CTRS) intra-hospitaliers mis en place par Sivadon, puis Le Guillant. Pour ces fondateurs, il s'agissait, comme l'écrit Le Guillant [221, p. 349-364], de traiter « les problèmes concernant le réentraînement au travail, la rééducation et le reclassement professionnel des malades mentaux à la sortie de l'hôpital ». Il faut rappeler que les malades ne disposaient d'aucune structure d'accueil à la sortie de l'hôpital. On sait, d'ailleurs, que, dans ce contexte, étaient décrits de véritables vertiges de sortie [41].

C'est donc à partir de ces constats tenant aux difficultés liées à la sortie de l'hôpital, à l'absence de formation ou de modalités de reclassement professionnel, aux carences législatives concernant le reclassement des travailleurs handicapés excluant de fait les malades mentaux, que se sont créés ces ateliers. Au départ, dit Le Guillant [221, p. 358], « les ateliers ont été dénommés thérapeutiques alors qu'ils sont vraiment des ateliers protégés ».

Ainsi, ces ateliers thérapeutiques sont nés dans une optique d'assistance spécifique pour les malades mentaux ; il faut cependant noter que leurs promoteurs voulaient inscrire l'atelier dans un cadre thérapeutique possible pour les psychotiques. On retrouve dans cette perspective les objectifs d'une véritable doctrine de secteur [221, p. 359]. « Pour les psychoses chroniques, il faut des organismes répondant aux nécessités générales de l'assistance extra-hospitalière : prise en charge par la même équipe, proximité de la résidence, séjour au besoin prolongé ou très prolongé, exigence limitée et cependant attitude active, attention très grande aux évolutions pouvant survenir, vigilance à l'égard de la chronicité institutionnelle ». Dans ce même article, Le Guillant rapporte les deux expériences de Choisy-le-Roi et de

Malakoff, qui seront d'ailleurs reprises par ses collaborateurs [96]. Il précise que ces structures gérées par une association loi de 1901, financées par le département, ont une capacité de douze à quinze malades et fonctionnent avec des monitrices ergothérapeutes ou des infirmières, une institutrice, trois visites de médecins, au cœur d'un ensemble immobilier intégré dans le milieu. Il est important de remarquer que l'axe thérapeutique et préventif est organisateur avant même celui de la réadaptation. En effet, sont observées [96, p. 363] « une amélioration fréquente de leurs relations humaines avec leur milieu familial notamment, la continuité assurée du traitement, la prévention certaine de réintégration ». L'aspect commercial et productif de cet atelier semble très valorisé. Une rémunération est prévue proportionnelle au rendement, dans le but d'obtenir une fréquentation prolongée de l'atelier, une satisfaction véritable au travail, la recherche de progrès constants.

2. Les ateliers thérapeutiques intra-hospitaliers

A notre connaissance, ils sont rares et constituent des tentatives pour différencier un espace de traitement spécifique dans l'enceinte de l'établissement hospitalier pour des malades en situation d'hospitalisation à temps partiel. Cette disposition administrative est relativement facile à comprendre dans la mesure où certains établissements se sont organisés pour permettre l'accueil dans les unités de soins de malades traités en hôpital de jour ; ceci est une formule adoptée dans les établissements qui sont d'accès facile et le plus souvent en centre ville. Dans des conditions un peu similaires, on comprend que les ateliers d'ergothérapie intra-hospitaliers puissent constituer un ensemble fonctionnel à même d'accueillir des malades dans ce qui devient alors un atelier thérapeutique.

Cette tentative s'est développée, en particulier au CHS du Vinatier à Lyon, sous forme de la création d'une unité de réadaptation socio-professionnelle (URSP) qui accueille à la fois des malades travailleurs hospitalisés à temps partiel et des malades travailleurs hospitalisés à plein temps. Cette unité fonctionne dans le cadre réglementaire de la circulaire du 4 février 1958 et permet aux malades de percevoir un pécule complémentaire relativement important (près de 1.000 francs par mois pour les plus productifs). Cela n'est pas sans amener certains malades à s'inscrire dans un processus d'enracinement et à renoncer à se détacher de tous les mouvements hospitalo-centriques dans lesquels ils sont pris.

Il faut cependant noter que, pour certains patients, le maintien des liens thérapeutiques au long cours avec une même équipe est à préserver. Ceci nous semble fonder en partie, l'expérience de Poitiers décrite par Baranger [23] sous le nom de service de resocialisation ; inclus dans l'hôpital, il développe un projet sur un temps de présence fixé à quatre années. Dans ce cadre, plusieurs supports sont utilisés, dont les activités ergothérapiques. De ces ateliers de sous-traitance l'auteur pense « qu'ils permettent d'affirmer des notions d'effort, de rythme, de réalisation, de capacité productive et favoriser le passage d'un continuum inerte de l'ennui à un champ de responsabilisation». Pour lui, ce service représente « un nouveau carrefour » au sein de l'hôpital qui s'adresse plus particulièrement à des populations nécessitant de longues durées d'hospitalisation et qui assure la permanence des liens habituels vis-à-vis de ces malades « pour lesquels la dépendance n'est pas levée du seul fait qu'est affirmé qu'ils peuvent vivre hors les murs de l'hôpital ». La mise en place d'un atelier de travaux extérieurs en milieu rural tel que le décrit M. Barre et coll. [24], pourrait se rapprocher des ateliers thérapeutiques mais les dispositions administratives ne nous semblent pas répondre au cadre des ateliers thérapeutiques de structure sanitaire. En effet, les malades hospitalisés sont accompagnés dans l'activité extérieure, chez des patrons, par un infirmier et ils sont payés au SMIC horaire, les employeurs devant payer les charges ! C'est dire que cet atelier nous semble se rapprocher beaucoup plus des formules de travail protégé.

3. Les ateliers thérapeutiques extra-hospitaliers

En étudiant le fonctionnement de divers ateliers thérapeutiques, nous allons voir combien ces structures se sont créées dans des circonstances tout à fait différentes, avec des objectifs qui se rapprochent tantôt de ceux d'un hôpital de jour, tantôt de ceux d'un centre d'aide par le travail ; et, un personnel d'encadrement qui va de moniteurs techniques sans formation psychiatrique jusqu'aux infirmiers et psychologues... Tout ceci, ajouté à la jeunesse relative de ces unités, n'aide pas au repérage de la spécificité de ces structures, mais, par contre, laisse à chacun le sentiment de vivre un moment de création et d'expérience porteur d'une dynamique inventive. On peut différencier les ateliers thérapeutiques en milieu rural ou semi-rural de ceux en milieu urbain.

a) Les ateliers thérapeutiques en milieu rural

— *L'hôpital de jour rural de Picauville*

Cette structure est décrite par son promoteur, B. Golse, comme un atelier thérapeutique rural, ce qui a pu faire dire à certains qu'il s'agissait d'une ferme thérapeutique. Il est intéressant de relever que cette unité est venue s'installer, dans un processus de redéploiement, sur le patrimoine de l'ancienne ferme de l'établissement offrant 70 hectares de terrain [171]. L'équipe soignante qui réunit en particulier quatre infirmiers et moniteurs sans formation psychiatrique, a pour projet de conduire un travail de déchronicisation pour des malades hospitalisés au long cours, et ce, en s'appuyant sur l'activité agricole qui est le support du soin, mais comme le dit l'auteur, « ne résume pas le soin qui ne prend son sens que par la manière dont cette activité agricole est utilisée ».

Divers ateliers sont proposés : l'atelier jardin (production maraîchère), comme unité d'entrée, un atelier bovins (relation avec l'animal autour de la traite), un atelier porcs-poulets, un atelier d'entretien extérieur (labourage, tronçonnage, utilisation d'engins puissants), un atelier d'entretien intérieur. L'équipe soignante porte un très vif intérêt aux mouvements psychiques qui peuvent être repérés pour les patients dans ces divers ateliers où sont réactivées les questions de vie ou de mort au travers des évolutions végétales et animales, de même que sont prises en compte toutes les inter-relations dans le groupe et lors des diverses rencontres avec les exploitants voisins. Le promoteur, qui avait commencé à fonctionner avec un pécule, a finalement opté pour la suppression de ce dernier, considérant que « le pécule tire le travail en psychiatrie du côté du pôle salarié et non vers le soin ; il inverse le sens traditionnel de l'échange qui prévaut dans le soin, il ne peut donner envie de se soigner, il serait tout au plus de l'ordre du bénéfice secondaire... ». Il en arrive à ces conclusions car il différencie dans le travail deux dimensions : l'une qui est créatrice (et qui permet d'évoquer les formulations winnicottiennes) et l'autre qui est de nécessité alimentaire, biologique.

— *Dans la région Montpelliéraine*

Un promoteur psychiatre des hôpitaux a réussi à concevoir cette structure également grâce à un redéploiement de moyens hospitaliers (fermeture d'une unité de soins), en s'appuyant sur une association Croix-Marine, loi de 1901, qui, au départ, gérait les ateliers intra-hospitaliers [115]. La naissance de cette structure s'est opérée à partir d'un atelier d'ergothérapie extériorisé qui a fonctionné à la campagne, à dix kilomètres de l'établissement, pour des activités centrées sur le maraîchage, l'entretien d'une oliveraie et un élevage de volailles.

L'atelier actuel accueille quinze malades et fonctionne avec une équipe de professionnels de la psychiatrie. On retrouve, là aussi, le projet de désaliénation de l'hôpital qui pour l'auteur doit « s'appuyer sur le rôle mobilisateur des diverses activités proposées ». Des prestations de services sont fournies sous forme d'entretien d'espaces verts, de travaux agricoles, de tailles de vignes, d'entretien d'oliveraies chez des particuliers. Il existe également une exploitation agricole avec cultures maraîchères, fruitières, et petit élevage. Une vente au public est organisée pour favoriser l'intégration et l'insertion locale. L'auteur considère « qu'il vaut mieux une absence de rémunération qu'une rémunération anormalement basse ».

Il est intéressant de noter que ces deux ateliers thérapeutiques en milieu rural s'appuient sur des activités agricoles, fonctionnent dans un dispositif sectoriel et sont repérés comme des structures inter-sectorielles. Ils n'ont pas recours à une rétribution thérapeutique.

b) Les ateliers thérapeutiques en milieu urbain

Ceux qui fonctionnement pour un temps défini cherchent bien évidemment à construire un cadre thérapeutique particulier avec des objectifs spécifiques. Ce peut être :

— *Un projet de pré-formation*

C'est le cas du Centre Madeleine Gaillard de Clermont-Ferrand, structure récente qui a pu se mettre en place à partir d'un redéploiement hospitalier et qui a l'originalité de s'adresser à des jeunes de dix-huit à trente-cinq ans dans une perspective d'évaluation des possibilités de travail des stagiaires, avec un projet de pré-formation. Aucune rémunération n'est prévue ; cinq ateliers (cuisine-pâtisserie, imprimerie, chauffage sanitaire, horticulture et coupe-couture) servent de supports d'activités, encadrés par du personnel professionnel non psychiatrique. Les actions de pré-formation comprennent également des stages en entreprise. Villatte et Mauvieux [366] reconnaissent l'intérêt thérapeutique de cette structure mais constatent, comme il fallait s'y attendre, une certaine impasse du processus de pré-formation.

— L'intérêt d'un *travail sur les motivations* est clairement défini par l'équipe du Centre Mogador de Paris qui n'est pas dénommé atelier thérapeutique par B. Jolivet, promoteur d'un des premiers services de réinsertion professionnelle spécialisée pour les malades mentaux. Cependant les perspectives de cette structure nous semblent la rapprocher tout à fait des ateliers thérapeutiques.

B. Jolivet accorde une importance toute particulière à cette question des appellations, et il est bon de s'interroger avec lui sur les différences qu'il convient de repérer entre l'hôpital de jour qui selon lui recouvre des actions de traitement et de réadaptation, et un autre type d'hôpital de jour (qui, pour nous, se dénomme atelier thérapeutique), qui serait chargé de réinsertion et de reclassement professionnel. C'est dire qu'il est important de bien savoir ce que recouvrent les concepts que nous employons, particulièrement, dans ce domaine. Pour B. Jolivet [195], « le concept de réadaptation est lié au soin, la réadaptation n'est qu'un avatar de la thérapeutique, les soins de réadaptation commencent à partir du moment où est introduit, dans la dynamique de soin, un objet finalisé soumis aux règles de la réalité externe et en particulier au circuit de production ».

Ce Centre Mogador a donc pour finalité la réinsertion sociale et professionnelle, il accueille une cinquantaine de malades avec une équipe où l'on retrouve en particulier un psycho-pédagogue, trois conseillers professionnels, deux enseignants. Le temps et l'espace réservé au faire est relativement limité puisqu'il n'existe qu'un atelier de recyclage dactylographique et de sensibilisation à la bureautique. De nombreuses activités relèvent, en fait, d'un travail psychothérapique individuel ou de groupe qui cherche à préparer les personnes à affronter la réalité socio-professionnelle. Cette structure, qui s'est ouverte en 1975, et qui, au départ, se dénommait « Centre de recyclage et de reclassement professionnel » nous apporte des renseignements précieux sur le devenir à moyen terme des malades qui l'ont fréquenté grâce à un travail d'évaluation [129]. Ainsi, on peut noter que 36 % des malades reprennent le travail à la sortie du Centre Mogador alors que 21 % retournent vers des filières de soins et que 33 % désinvestissent la question du travail.

Les auteurs ont également relevé que ce sont les personnes qui ont l'activité professionnelle antérieure la plus importante qui trouvent le plus souvent du travail, par contre, celles qui ont eu un arrêt de travail supérieur à deux ans, virent de façon préférentielle vers le soin.

A notre connaissance, c'est la seule enquête de ce type qui montre clairement l'intérêt de ce dispositif mais comme le rappelle un des intervenants de ce centre, « on ne reclasse pas un malade mental, il se reclasse avec notre aide ».

— Si *le projet de réadaptation* existe dans tous les ateliers thérapeutiques, il nous paraît plus particulièrement marqué dans celui qui est géré par la Société vendéenne d'aide à la santé mentale de la Roche-sur-Yon. Installé dans une zone industrielle, il accueille 45 personnes pour une durée maximum de deux ans et offre des activités de couture, de cuisine-restauration, de fabrication de meubles. Une des originalités de cet atelier est de fonctionner avec des éducateurs techniques, et, il est d'emblée question de réadaptation, de réinsertion socio-professionnelle s'appuyant sur un appareil de production qui permet d'acquérir une expérience professionnelle. Le travail est un peu organisé comme un travail en usine et l'équipe est particulièrement attentive à la procédure d'évaluation qui va servir à l'attribution du pécule [179]. Les promoteurs sont attachés à ce que le niveau de rémunération puisse donner au stagiaire une image réelle de sa capacité professionnelle.

Il est intéressant de savoir que cet atelier thérapeutique qui existe depuis 1976 a été précédé par une autre formule qui, au départ, a fait suite à un CAT en milieu ouvert devenu atelier thérapeutique à caractère ambulatoire [136]. C'est redire combien la naissance des ateliers thérapeutiques a pu se réaliser à partir de tous les horizons…

Certains proposent un séjour de durée non limitée. C'est le cas, nous semble-t-il, chaque fois que les ateliers thérapeutiques s'inscrivent dans un dispositif de soins sectorisé qui a pour vocation de répondre aux besoins de soins psychiatriques d'une population urbaine définie. Dans ce cadre, l'atelier thérapeutique se trouve pris dans les problématiques du long cours avec les risques de l'enlisement dans une chronicisation institutionnelle. Dans cette optique, il existe des points communs entre le fonctionnement de l'atelier thérapeutique mis en place par A. Certhoux (Atelier thérapeutique des Mares-Yvon) ou R. Hullin (Atelier thérapeutique de l'Elan) et celui du 13ème arrondissement de Paris [203-204-39].

L'atelier du 13ème arrondissement qui a déjà une longue histoire puisqu'il a été créé en 1964, montre les aléas d'une évolution difficile au cours des années. En effet, cet atelier, présenté au départ avec un objectif de réadaptation ou de réentraînement des malades au travail, s'adressait en fait à des malades chroniques pour lesquels C. Balier [20], considérait qu'un remaniement structural profond était ni possible ni souhaitable. « Nous visons à renforcer les potentialités d'adaptation, à développer la partie saine de son psychisme, à lutter contre ses fantasmes par le développement de relations contrôlées avec le monde réel... Nous cherchons toujours le renforcement du moi ». Les perspectives de réentraînement au travail sont très fortes, elles sont prévues pour une durée limitée, l'accent est mis sur les contraintes du travail, le respect des horaires, la régularité, le rendement. Une rémunération est calculée selon le taux horaire et le rendement.

Quelques années plus tard, un constat d'échec de ces perspectives est établi, et l'atelier d'origine va se scinder : une partie rejoint l'hôpital de jour, une autre fonde l'atelier thérapeutique tel qu'il fonctionne encore actuellement. Cette structure sera soumise à de nombreuses critiques portant sur la chronicisation des malades dans un dispositif qui se voulait le plus désaliénant possible.

L'équipe soignante a pu cependant affronter cette crise profonde en cherchant à élaborer sa pratique autour du travail. J. Frecourt considère que « l'ergothérapie est de nature purement narcissique à usage interne alors que le travail professionnel opère comme contre-investissement des symptômes ». Il pense également que la rétribution du malade pour le travail fourni le met partiellement à l'abri du besoin et que ceci lui permet de mieux élaborer ses désirs. Il rappelle les travaux de Freud de 1919 dans la *Technique psychanalytique* : « Les pauvres sont moins encore que les riches disposés à renoncer à leur névrose parce que la dure existence qui les attend ne les attire guère, et que la maladie leur confère un droit de plus à une aide sociale. Peut-être nous arrivera-t-il souvent de n'intervenir utilement qu'en associant au secours psychique une aide matérielle ». La rémunération est toujours maintenue dans cet atelier pour la valeur narcissisante du gain et la constatation que l'argent ainsi gagné n'est pas investi de la même façon que les revenus dus à l'invalidation. Ces tentatives d'élaboration seront complétées par d'autres approches [39] considérant, dans l'optique winnicottienne, l'espace du travail dans l'atelier comme une aire de jeu et de transition relationnelle, ou bien, reprenant les dimensions pulsionnelles que le travail peut créer une zone de pare-excitation, jouant un rôle d'apaisement dans la confrontation au concret.

Aujourd'hui cette structure, qui semble avoir trouvé son identité, cherche des ouvertures sur le monde social et professionnel ; un travail plus étroit avec une conseillère du travail, la mise en place de stages d'insertion socio-professionnelle et le renouvellement des activités proposées à l'intérieur même de l'atelier en sont les marques.

4. Place des ateliers thérapeutiques

Le fonctionnement de ces divers ateliers thérapeutiques nous montre combien il est difficile de décrire une telle structure sans considérer les multiples passerelles à jeter entre atelier thérapeutique, hôpital de jour, centre d'aide par le travail et centre de formation professionnelle. Les ateliers thérapeutiques, selon l'arrêté du 14 mars 1986, utilisent des techniques de soins particulières, groupes ergothérapiques notamment, en vue du réentraînement à l'exercice d'une activité professionnelle ou sociale. Ils correspondent à une prise en charge spécifique qui doit être distinguée de celle réalisée dans les ateliers d'ergothérapie existant dans chaque établissement d'une part, et de l'activité des CAT d'autre part. Les ateliers d'ergothérapie gardent du fait de leur histoire un double aspect occupationnel et thérapeutique en permettant au patient : de ne pas se couper des tâches pratiques habituelles qui lui assurent une activité manuelle et un contact avec la réalité et de découvrir d'autres activités artisanales ou artistiques, susceptibles de l'intéresser et de constituer un moyen d'expression et d'investissement. Ces ateliers intègrent le patient à une vie sociale protégée avant de le préparer à une nouvelle vie sociale extérieure. La présence et l'investissement du patient dans ces activités participent de son projet thérapeutique mais n'en constituent qu'un élément.

L'action des ateliers thérapeutiques s'inscrit, elle, dans une étape autre de la prise en charge où le projet thérapeutique est orienté principalement vers la réinsertion professionnelle et la réadaptation sociale (réadaptation à des rythmes réguliers de travail, aux gestes et relations du milieu de travail). Il peut y avoir conjointement des consultations en Centre médico-psychologique (CMP), ou même une hospitalisation de nuit. Mais l'atelier thérapeutique doit se distinguer très nettement de l'hôpital psychiatrique : implanté dans la ville ou le village, c'est un lieu de soins intégré au milieu naturel. Il se distingue également du CAT : ce dernier n'est plus un milieu de soins, une forme de post-cure, mais une entreprise protégée. Dans le CAT, on trouve des travailleurs avec une productivité sans doute réduite, mais qui fournissent un travail salarié. Le CAT n'a pas en principe de vocation à soigner et réinsérer.

Les ateliers thérapeutiques fonctionnent sous contrôle médical avec des infirmiers, des ergothérapeutes et des professionnels techniciens, qui doivent travailler avec les équipes soignantes et le milieu de travail. Enfin, ils ne peuvent être créés que par des établissements d'hospitalisation publics ou privés participant au service public de lutte contre les maladies mentales. Mais ainsi défini, l'atelier thérapeutique qui se veut à la fois lieu de travail et lieu de soins ne peut être que l'espace de toutes les ambiguïtés [voir 184].

Cette structure thérapeutique se tient en effet aux franges, aux marges du sanitaire et du social et nous avons pu constater qu'elle oscillait entre les limites d'un hôpital de jour et celles d'un centre d'aide par le travail. Dans cette position, l'atelier doit pouvoir représenter un maillon utile dans l'accompagnement des psychotiques, pour lesquels se pose la dimension d'une insertion socio-professionnelle. Comme nous l'avons vu, dans le cadre du Centre Mogador, certains malades utilisent ce type de structure pour désinvestir le travail, d'autres peut-être y découvrent des potentialités inexploitées. L'implantation de ces ateliers hors les murs, les échanges nombreux qui se déroulent au cours des stages chez des artisans ou dans les entreprises favorisent les mouvements psychiques du patient et l'assouplissement de certaines représentations sociales et professionnelles du malade mental au travail.

L'atelier thérapeutique est donc à même de jouer ce rôle de passage du champ sanitaire au champ social dans ce long processus d'accompagnement relationnel et thérapeutique qui dépasse tout programme purement adaptatif ou éducatif. D'un autre côté, le fait que le travail reste l'axe organisateur du soin constitue la différence essentielle avec l'hôpital de jour. Pour caricaturer, nous pourrions dire que l'hôpital de jour s'interroge beaucoup plus sur le non-investissement, alors que l'atelier thérapeutique cherche à favoriser l'investissement d'une perspective professionnelle. Le travail devient un outil thérapeutique dans cet atelier tout comme la réalité quotidienne est support du soin dans d'autres dispositifs [308].

Nous sommes donc convaincus que l'atelier thérapeutique occupe une place originale et très utile pour les patients, en tant que maillon dans le processus thérapeutique d'insertion socio-professionnelle. Nous partageons volontiers les réflexions de J. Hochmann [184], qui fait en quelque sorte l'éloge de l'ambiguïté de cette structure en défendant trois propositions qui nous concernent au plus haut point :

— « le soin psychiatrique est une activité : ce qu'on fait compte plus que ce qu'on dit ;

— le soin est une activité symbolique : ce qu'on ne fait pas compte plus que ce qu'on fait ;

— le soin est un acte parlé : c'est seulement de l'alliance entre l'acte et la parole que des effets de sens peuvent surgir ».

LE TRAVAIL COMME FIN EN SOI

En tout premier lieu, nous devons nous poser, avec Reynaud [299], les deux questions fondamentales suivantes :

— « Lequel vous paraît guéri ? Celui qui passe sans délire ni symptômes apparents, vingt ans de sa vie dans un CHS ou celui dont le délire intime permet une vie professionnelle et une vie familiale (avec femme et enfants et petits-enfants ou tous autres attributs de la normalité...) ?

— Lequel vous paraît le mieux soigné ? Celui qui vit dans le cocon protecteur d'une institution sans trop de souffrances, et sans rien demander d'autre, ou celui que l'on pousse à des expériences existentielles entraînant des résurgences anxieuses massives ou de franches rechutes délirantes mais qui, à ce prix-là, réussira peut-être à s'aménager une vie plus personnelle ? »

En d'autres termes, que faut-il valoriser ? La « guérison sociale » ou la « guérison mentale » ? Naturellement, se pose une question de choix autour de laquelle ont pu débattre partisans et adversaires de la loi de 1975. Mais la loi a été votée, elle est appliquée. Alors, que pouvons-nous en retirer pour les patients ? Cette distinction peut se formaliser selon les deux propositions suivantes :

— Seul un individu suffisamment guéri peut accéder à un travail en dehors de tout soin.

— Le travail est symbole de guérison et réinsérer un malade mental n'est pas nécessairement mettre la charrue avant les bœufs.

1. Le soin est un préalable

Cette proposition peut être ainsi formulée : l'équipe thérapeutique s'occupe du soin et l'organisation de la vie sociale du malade n'est pas de son ressort. Seul l'individu lui-même peut, s'il est guéri, faire des choix, éventuellement se trouver du travail ; il sera alors un individu normal, et non un « réinséré social », c'est-à-dire un individu pour lequel une équipe de soin aurait aménagé un espace social — car dès lors qu'il est aménagé il n'est plus normal. Un lieu de vie créé pour soigner l'incapacité de vivre en milieu ordinaire est, par-là même, de nouveau, un lieu marginal. « La seule alternative à la psychiatrie qui n'engendre pas la marginalisation chronique de la réinsertion au titre de marginal ou la guérison sociale au titre de malade, est celle de la vie ordinaire, et non pas celle d'une psychiatrie dans la vie ordinaire » [374]. Ainsi, il n'y a d'alternative à la psychiatrie que la non-psychiatrie et, par là, l'insertion sociale aura un passage obligé : la sortie de la psychiatrie.

Par sortie de la psychiatrie, il faut entendre bien sûr sortie de l'hôpital, mais aussi de tous ses appendices extérieurs, tant il est vrai qu'alors qu'on a parlé de chronicisation asilaire, on parle aussi aujourd'hui de « néo-chronicisation sectorielle » du psychotique « suivi » au titre de la « file passive » du dispensaire [299]. Si, à terme, on peut penser que la guérison mentale passera par l'abandon de toute démarche soignante, on imagine mal à qui reviendra ce rôle d'accompagnement vers l'insertion sociale en dehors de l'équipe thérapeutique. Car si le but de l'insertion est « un accompagnement soignant de plus en plus léger permettant au malade de retrouver sa place (ou au moins une place) dans la société, s'il est vrai que c'est une phase de démédicalisation progressive au fur et à mesure que seront tissés, pour le patient, des liens sociaux suffisamment solides pour lui permettre de réduire au minimum voire de se passer du soutien soignant » [299], ce serait faire bien peu de cas de la psychose que d'imaginer le malade capable de s'individuer, et de prendre de lui-même les distances nécessaires vis-à-vis de toute organisation institutionnelle. Car si tel était le cas, s'agirait-il d'un malade psychotique ? Il semble donc qu'en l'occurrence, il faille toujours composer et avancer à petits pas entre soin et réinsertion car y a-t-il un moment (et peut-on le repérer) où le soin pourra s'effacer pour laisser progressivement place à la réinsertion sociale ?

« C'est tout ignorer de la thérapeutique qu'espérer l'adaptation sociale et professionnelle d'un malade en évolution », dit Audisio [13] qui insiste sur le fait que tout projet pour un malade doit être marqué du sceau de la thérapeutique. En ce sens un placement en un lieu social, en un lieu d'assistance, qu'il soit hospice ou CAT, ne peut représenter une perspective de soin tant « le monde de l'assistance, la mieux intentionnée soit-elle, reste celui de l'incurabilité, de la résignation et du désespoir » [13]. Cette priorité du soin est exprimée différemment par Augeyrolles [14] pour qui toute stratégie de réadaptation psychosociale, dont le travail est éventuellement la fin ultime, devra passer par plusieurs niveaux : le rétablissement premier d'un système relationnel, le réentraînement progressif à l'effort, la liquidation du contentieux affectif inhibant, la réhabilitation du vécu corporel. Le but est alors d'arriver à un « compromis existentiel » préalable pour envisager travail ou reclassement professionnel. On peut naturellement s'interroger sur ce que cet auteur entend par « liquidation du contentieux affectif inhibant ». Comprenons-le simplement comme action psychothérapique au sens large, mais dans ce cas, cela signifierait-il que le travail ne peut s'imaginer qu'au terme échu d'une psychothérapie couronnée de succès ?

Soyons plus modestes, et la psychose étant ce qu'elle est, arrêtons-nous sur ce terme qui semble opératoire de compromis existentiel, même si son évaluation est, comme nous l'avons dit, sujette à caution.

2. *Le travail comme guérison sociale*

Tout professionnel ayant exercé en milieu hospitalier psychiatrique a été confronté aux questions des sorties des malades. D'une manière générale, un patient sort soit pour reprendre son travail, soit pour bénéficier d'un placement en milieu protégé. La double justification d'un logement et d'un travail est le laisser-passer social demandé à tout malade stabilisé pour pouvoir sortir « dans de bonnes conditions », c'est-à-dire pour éviter un retour trop rapide, autrement dit un échec des soignants.

Mais l'orientation vers des formules de travail protégé, comme le CAT, représente bien souvent, outre la bonne conscience des soignants, un simple externement du patient, un changement d'affiliation, un passage d'une équipe à une autre. La crise aiguë du malade résorbée, l'équipe médicale ne fonctionne alors plus qu'avec des critères sociaux, et dans ce cas, il ne s'agit que de reculer le problème d'un cran en transformant une hospitalisation en chronicisation extra-hospitalière. En effet, la « sortie » ne veut rien dire si elle consiste à prolonger en pointillés le territoire hospitalier pour y englober facilement un appendice nommé CAT, appendice dans lequel les soignants retrouvent une nouvelle impasse, cette fois sans « ailleurs à rêver » [340]. Cette insatisfaction des équipes de CAT tient au sentiment de représenter une espèce de cul-de-sac au-delà duquel toute évolution est bloquée. Mais le processus de chronicité peut se jouer aussi sans qu'il y ait orientation en milieu protégé. Qui ne connaît ces cas remarquables par les allers et retours nombreux entre l'hôpital et la vie normale — c'est-à-dire professionnelle mais soutenue par une collaboration étroite entre équipe de secteur et environnement de travail qui vise à maintenir coûte que coûte une insertion pourtant si souvent mortifère ? Le patient n'est dans ce cas qu'un pion à qui l'on souffle ce qui est bon pour lui : fais semblant d'être guéri (travaille) et tu seras guéri.

Dans ce sens il ne nous semble pas excessif de parler parfois de véritables fuites en avant de la part d'équipes faisant bien peu de cas du désir du patient. Cette fuite en avant peut recouvrir deux significations : la négation de la pathologie ou le souhait de maintenir un *statu quo*. Dans le premier cas, on pensera à l'expérience italienne de fermeture des hôpitaux psychiatriques ayant projeté tous les malades dans le milieu social, réalisant ainsi l'amalgame entre externement et soin, changement et traitement. On évoquera aussi l'expérience américaine de réduction considérable de l'accueil hospitalier psychiatrique n'ayant réussi qu'à transformer un statut de malade mental en un statut d'exclu social (clochardisation). Ce n'est pas en externant les malades, vers un milieu social aménagé ou non, qu'on supprime leur pathologie mentale. Dans le deuxième cas, s'inscrivent les milieux protégés créés bien souvent par des familles de malades (et l'UNAPEI a été la grande instigatrice de la loi de 75) qui permettent de concilier chez leurs enfants le maintien acceptable d'une activité sociale de travail, la reconnaissance du statut de handicapé à la place de celui de malade et la mise à distance des remises en cause socio-familiales douloureuses.

Pour Pascal, l'expérience de Basaglia en Italie mettant en avant « négation de la pathologie en tant que problème clinique, affirmation de l'inefficacité actuelle des soins, reconnaissance d'une causalité essentiellement économique et sociale aux problèmes psychiatriques » [269] a eu pour effet essentiel de faire basculer toute la thérapeutique psychiatrique vers l'assistance. Pascal constate et s'interroge : « Ni la chimiothérapie, ni les techniques psychothérapiques voire psychanalytiques, n'ont permis un réel progrès du traitement des psychotiques dans ces dix dernières années ; l'aménagement du cadre de prise en charge des psychotiques n'est-il pas lié en fait à une certaine désillusion ? ». Il propose même de définir tout cela sous la forme du postulat suivant : « Plus la capacité thérapeutique est désinvestie, plus les techniques d'assistance se multiplient, se perfectionnent » [269]. Mais entre isolement social angoissant et hyperprotection aliénante, quelles solutions subsistent ?

La législation actuelle reconnaît trois types de structures proposées aux malades mentaux dans un but d'insertion sociale : le centre d'aide par le travail (CAT), l'atelier protégé (AP) et le centre de réadaptation professionnelle. Tous trois sont axés sur le travail défini comme « critère, outil et motif de la réinsertion » [297]. Ceci dit, le travail n'intervient pas au même niveau, dans ces trois types d'établissements, bien qu'il reste une fin en soi et le symbole de la réadaptation.

a) Les centres d'aide par le travail

Il s'agit d'institutions sociales et médico-sociales définies par le code de la famille et de l'aide sociale et des décrets de 1953 et 1954. Elles ont été remises au goût du jour par la loi de 1975 et redéfinies par la circulaire du 8 décembre 1978. Pour les détails de fonctionnement, on se reportera à un numéro spécial de la revue *Réadaptation* consacrée au travail protégé (n° 259, avril 1979) ou à l'ouvrage de Zribi [377, p. 37 à 52]. Un de leurs promoteurs l'Abbé Oziol, affirme : « Le travail n'est pas une fin en soi, il s'agit d'un moyen d'intégration sociale, d'épanouissement et de promotion individuelle » [263, p. 19]. Est-ce le cas ?

Le CAT se définit comme une structure sociale, ce n'est pas un lieu de soin à proprement parler. Il a une double fonction : l'aménagement d'une vie sociale et professionnelle pour les sujets qui sont dans l'incapacité d'exercer une activité professionnelle dans le secteur ordinaire de production et l'accompagnement des sujets qui en manifestent la capacité vers une accession au milieu ordinaire de travail. Il faut bien le reconnaître, cette seconde voie est très rarement possible puisque le rapport d'un groupe de travail sur le travail protégé au Ministère des Affaires sociales, en 1984, estime à 1 % le nombre de personnes qui parviennent à se réinsérer professionnellement après un passage au CAT. Le risque est alors grand d'une évolution chronique de telles structures dont l'effectif varie très peu. Les patients sont souvent peu motivés pour sortir des CAT, dans la mesure où le souci de productivité étant très secondaire, chacun peut travailler à son propre rythme pour un revenu compris entre 70 et 110 % du SMIC. La somme ainsi perçue est supérieure à n'importe quel salaire non qualifié offert dans le monde normal du travail (en 1989 le revenu maximum atteignait 4.528 francs par mois). Tel est le déprimant constat parfois énoncé : peu de dynamisme car peu de possibilités de sortie et participation iatrogène à la ségrégation des malades mentaux. Est-ce général ?

« Les structures de travail protégé sont souvent à l'heure actuelle des circuits ségrégatifs, qui assurent et maintiennent le handicap et l'inadaptation » [285, p. 76]. En effet, les CAT sont souvent « des lieux gardant, leur vie durant, les travailleurs et maintenant la coupure entre les handicapés et le monde extérieur » [362] et pourtant, certaines études indiquent que 10 % au moins des travailleurs de CAT seraient aptes à occuper un emploi en milieu normal de travail. On peut encore alourdir la critique en citant Zribi [377] pour qui le développement important des CAT — 60.000 places actuelles et 2.500 places en création — ne correspond pas à l'augmentation des indications thérapeutiques mais à une déviation de fonctionnement qui drainerait dans les structures protégées, initialement prévues pour malades psychotiques, un nombre important d'inadaptés sociaux. Il faut dire que de nombreuses dispositions réglementaires ont incité, parfois indûment, à la création de CAT ; trop souvent cette structure est comparativement trop attrayante et représente un frein à l'insertion en milieu ordinaire. Cependant les CAT restent les établissements de travail protégé qui accueillent le plus de malades mentaux puisqu'ils représentent 80 % de leurs ouvriers.

Les commissions chargées de l'orientation (COTOREP) destinent au CAT des sujets qui sont « dans l'impossibilité de se trouver un emploi », sans préciser si cette impossibilité est liée à un handicap personnel ou à la situation de l'emploi. Dans les CAT se retrouve donc, en plus des psychotiques, toute une frange de population qui s'insérait traditionnellement dans les emplois sous-qualifiés des petites entreprises. Ainsi un rapport au Conseil économique et social du Pas-de-Calais datant de 1986, cité par Zribi (p. 43) indique que l'ANPE oriente systématiquement les enfants de section d'éducation spécialisée (SES) vers les COTOREP alors que, dix ans auparavant, 80 % d'entre eux parvenaient sur le marché du travail. La distorsion qui s'opère dans les orientations COTOREP est celle-ci : « Il ne s'agit pas, contrairement à la thèse de Zafiropoulos, d'un mouvement des déficients mentaux "de l'asile à l'usine", mais bien plus généralement de l'usine vers des espaces économiques marginaux dans lesquels la grande majorité des travailleurs est exclue de la législation sociale » [377, p. 51-52]. Le CAT serait donc une structure cul-de-sac. Il constitue souvent « le maximum des possibilités d'insertion professionnelle de la grande majorité des travailleurs handicapés » [22]. De plus en plus, d'ailleurs, il est porté attention aux personnes inaptes au travail en CAT, en particulier les ouvriers vieillissants, car les CAT se sentent obligés d'être de plus en plus performants (ce qui écarte ceux qui sont les moins productifs). Un adulte qui avait sa place en CAT il y a dix ans peut être considéré maintenant comme inefficient. C'est ainsi que de nombreux CAT ont ouvert des sections différenciées dites CITL (Centres d'initiation au travail et au loisir) qui proposent des activités occupationnelles avec des tâches d'entretien, de préparation des repas, du sport, un travail de sous-traitance pour le CAT. Le plus souvent, il est question de préserver des acquis, d'éviter la psychiatrisation, de soulager les familles [52]. C'est aussi une structure « attrape-tout » [377, p. 45]. Mais elle répond certainement, au moins dans sa définition originelle, à un certain besoin et l'insatisfaction des équipes contribuera sans doute à ce qu'elles inventent du neuf et de l'original, en privilégiant tel ou tel aspect de la vie sociale des individus qui leur sont confiés.

Le CAT se définit comme une structure de caractère social qui dispose d'un certain nombre de moyens dans la démarche d'autonomisation. Il peut s'agir de soutiens social, médical, éducatif, psychologique. De ce fait même, le but de chaque équipe d'encadrement peut se déplacer sur un front relativement large privilégiant soit l'aspect professionnel purement productif, soit l'aspect psychologique d'autonomisation personnelle. Comme l'indique M. L. Cros [93] dans son article, ces ouvriers de CAT sont des travailleurs à part « ils ne semblent pas avoir conscience d'appartenir à la classe ouvrière et demeurent en marge de la collectivité des salariés et de leurs organisations représentatives ». Il faut préciser que le travailleur de CAT ne perçoit pas un salaire (contre-partie du travail fourni) mais une rémunération. Il n'y a pas vraiment un contrat de travail mais plutôt, comme le dit cet auteur, « un contrat de louage de services et un contrat d'assistance puisque le CAT offre aux personnes à la fois la possibilité d'exercer une activité professionnelle et un soutien médico-social-éducatif ». Ainsi le choix même des activités est généralement sous-tendu par la politique éducative de l'équipe. Traditionnellement, les activités des CAT peuvent se regrouper selon quatre axes différents :

— travaux à façon, souvent petit conditionnement, relativement stéréotypé et de bas niveau, ou plus compliqués : montages électroniques... ;

— fabrications originales : meubles, jouets. La qualité des réalisations est souvent reconnue ; c'est ainsi que le CAT de Tonnerre dans l'Yonne a été estampillé NF ameublement par le centre technique du bois (40 % du marché français bénéficie des normes NF) ;

— prestations de services : jardinage, travail de bureau, restauration... ;

— ateliers de CAT en détachement individuel ou collectif au sein d'entreprises. Ces projets sont actuellement particulièrement encouragés par les pouvoirs publics. Ils permettent un rapprochement plus facile entre les structures du travail protégé, l'ensemble des partenaires sociaux et le monde des entreprises. On peut espérer que la logique de la sous-traitance fera place à une préoccupation réelle pour les personnes handicapées ; l'entreprise jouera alors un rôle « comme lieu de socialisation et non simplement lieu de production et de richesse » [126]. Les ouvriers restent rattachés administrativement au CAT ce qui, pour certains, a fait parler de CAT sans murs.

Si le CAT a une orientation professionnelle prévalente bien que recevant par définition des individus de faible capacité productive, il peut :

— s'orienter vers un créneau original susceptible d'offrir d'éventuels débouchés pour les patients : c'est le cas de la restauration, certains CAT offrent un service de traiteur, ou de la blanchisserie. Par exemple en Vendée, dans l'île de Noirmoutiers, un CAT gère un centre de séjour où 40 travailleurs handicapés assurent l'intendance, la blanchisserie, l'entretien des espaces verts ;

— ou bien encore travailler sur la reconnaissance par le handicapé de son statut de travailleur, c'est-à-dire en participant à une chaîne de production qui dépasse l'horizon de l'atelier.

« En ce qui concerne le CAT, il ne peut remplir son rôle de réinsertion pour ses travailleurs que s'il a pu déterminer précisément de quelle façon son activité peut s'intégrer à la vie socio-économique régionale, nationale, voire internationale » [274]. Il y a lieu, dit Vaillant [351], d'établir de vraies relations entre le CAT et les entreprises avec qui il travaille, qui dépassent les simples échanges commerciaux de services rendus et payés, pour s'enraciner dans une dynamique réelle de partenariat économique où chaque partie a un rôle unique et reconnu : le travail protégé, nécessairement sous-traitant de l'industrie, doit assumer et revendiquer ce rôle. Dans une telle conception, l'idéal serait que « l'objet soit reconnu comme création individuelle et/ou collective, s'originant dans une demande, celle du client, et aboutissant à un marché potentiel » [198]. Kammerer insiste ainsi sur l'importance pour le CAT de bien choisir la production à réaliser de façon à ne pas rendre l'insertion impossible car : « Si l'on produit de façon concurrentielle, on gêne les entreprises, on développe l'image d'un travail protégé destructeur ayant la prétention d'usurper la place des industriels dans une aventure financée par des fonds d'état ».

Pour certains le CAT se définirait davantage comme l'accompagnement d'une démarche thérapeutique. La prise en considération du mode de relation et l'attitude au travail de la plupart des malades mentaux agissent sur la productivité aussi bien que sur l'ambiance générale. Ceci a conduit de nombreux CAT à admettre préférentiellement les travailleurs handicapés par maladie mentale qui se trouvent refusés ou rejetés ailleurs. Ces perspectives nécessitent une organisation particulière des ateliers en prévoyant les évolutions des processus psychopathologiques tout autant que les interférences des traitements médicamenteux et de leurs effets secondaires. Tout ceci suppose de bonnes articulations avec un dispositif sanitaire. Ainsi, certains ont pu considérer que le CAT pouvait jouer un rôle dans le traitement des psychoses chroniques [321]. Il nous semble possible de reconnaître trois axes essentiels dans ce type de démarche, à la limite de la thérapeutique :

— *La valorisation narcissique*

Le travail peut être ici doublement investi : comme denrée rare et comme choix de vie. En effet, « rien n'oblige un malade à travailler puisque les mesures d'assistance en place sont telles qu'il ne s'agit pas d'une nécessité matérielle » [139]. Ce travail, en tant que choix personnel du patient, constitue donc un élément de valorisation possible. « Nous avons quand même conservé le signifiant travail ; c'est un signifiant porteur, comme le définit le Docteur Jolivet. dans la mesure où, pour le sujet, ce n'est pas tant à sa réalité concrète que nous nous référons, encore que ce soit le plus utilisé dans notre action, qu'à ses ramifications dans l'inconscient de chaque sujet en tant qu'individu et en tant que partie du corps social. Sur le plan social, l'image de la représentation du travail est une image forte d'autant plus que la denrée est rare. Et même si nous estimons que le candidat a peu de chances d'être inséré professionnellement, au nom de quel droit le dépouillerions-nous de ce signifiant, qui nous paraît être un moment fécond d'un possible changement ? » [67]. Ce dont il est question, dit Escudero [135], ce n'est pas tant d'un reclassement professionnel aléatoire que d'un positionnement personnel. Il ne s'agit rien de moins que de reconquérir l'espace du « Je ».

— *Le deuil de la maladie*

Le CAT peut être considéré comme un lieu de transition entre le statut de malade et celui d'homme social au travers de celui de travailleur. Ce CAT est le lieu d'émergence d'un nouveau statut, différent de celui de malade. Sa constitution sera ainsi soutenue par l'équipe éducative au travers d'un nouveau lieu, d'un nouveau statut, de nouvelles activités.

— *L'accès aux soins*

Enfin, si le CAT n'est pas un lieu de soin, ce peut être un lieu qui libère les occasions de paroles, permettant l'émergence d'une demande spécifique. C'est un lieu « permettant et exigeant à la fois d'aller se faire soigner ailleurs » [198]. Tel est le but que se donnent de nombreuses équipes : représenter pour le patient le lieu de maturation et d'instauration d'une demande personnelle de soins.

En conclusion, on peut dire que le CAT est un lieu de travail protégé, c'est-à-dire aussi, un lieu qui protège ses usagers du milieu extérieur. Le CAT n'est pas un lieu qui réinsère professionnellement dans la grande majorité des cas. Rappelons le taux extrêmement bas de sujets pour qui le CAT a représenté un tremplin professionnel. Partant de ce constat, le but des équipes médico-sociales est de faire progresser leurs patients : progrès personnels grâce à l'autonomisation sociale, la revalorisation narcissique, l'accès au soin. « Il ne s'agit pas de structures de travail, mais de structures de formation professionnelle, donc il y a nécessairement progrès, grâce à un soutien actif et continu » ont pu dire certains [165, p. 6]. Cette définition semblerait être la bonne à condition de supprimer le terme « professionnelle » qui est ici accolé à celui de formation. La formation professionnelle dispensée par les CAT est en effet pratiquement inexistante. Bien que de nombreuses équipes soient très compétentes, on ne peut pas, en terminant sur les CAT, laisser de côté quelques motifs de grincements concernant tant l'orientation des malades que certains programmes de travail :

— En ce qui concerne l'orientation, Zribi [377, p. 35] a bien montré que c'est le « marché » des institutions qui décide de l'orientation bien plus que les critères médicaux et individuels. Il faut peupler les institutions qui existent. Or, celles-ci se sont bien souvent créées de façon tout à fait anarchique, sans planification. De nombreuses associations ont tenu à avoir « leur » CAT ; ce qui explique que certaines régions soient suréquipées en CAT et sous-équipées en ateliers protégés, par exemple. Dans ce type de région, il est bien évident que les orientations se feront surtout vers les CAT, au détriment d'autres orientations plus adaptées à certains types de malades.

— Par ailleurs, il ne faut pas négliger l'aspect financier des différents modes de prise en charge, qui n'est pas forcément compatible avec le pur intérêt du malade. Un article récent intitulé « Centre d'aide au travail pour malades mentaux, le meilleur soin au meilleur prix » [278], estimait que sur un an et pour 38 malades, la fréquentation d'un CAT permettait, par rapport à une hospitalisation, de réaliser une économie d'un demi-milliard de centimes.

— En ce qui concerne le travail des malades, certains CAT acceptent que leurs travaux soient sous-payés : cela n'est pas très valorisant pour le patient, s'il sait à quel niveau son travail est reconnu, mais, de plus, introduit un effet pervers. L'entreprise qui sous-traite avec le CAT bénéficie ainsi d'un travail bon marché, flexible, sans revendications. On sait aussi que les chefs d'entreprise apprécient particulièrement la disponibilité des CAT qui leur permet, notamment en période de surchauffe, de tenir leurs engagements à l'égard de leurs clients. Il y a lieu de parler, dans certains cas, d'exploitation. Le rapport du groupe de travail ministériel, déjà cité, évalue l'ampleur de ces transferts de valeur à une somme située entre 140 et 487 millions de francs. Ainsi, conclut Zribi, « il est paradoxal d'observer que des personnes rejetées des espaces ordinaires de production sous le motif qu'elles sont peu performantes sont utilisées pour accroître la marge de rentabilité d'un certain nombre d'entreprises ». Il faut remarquer que ceci est vrai, tant pour des emplois sous-qualifiés, pour lesquels les entreprises n'embauchent pas, que pour des emplois très qualifiés : il nous a été donné par exemple de visiter un CAT dans lequel les ouvrières, mongoliennes, réalisaient, de A à Z, les maillots de bain signés d'un très grand couturier parisien.

Certaines équipes d'encadrement de CAT, conscientes de leurs limites de fonctionnement, acceptent de pratiquer un travail essentiellement occupationnel destiné à des malades placés pratiquement à vie. D'autres équipes, insatisfaites d'un tel type de fonctionnement, tentent d'introduire dans leurs établissements une dynamique de progrès, d'évolution, davantage orientée vers le soin. Cela a pour conséquences notamment de rejeter vers le bas les malades les plus chroniques, d'où la création d'ateliers occupationnels, type CITL. Ainsi, de façon détournée et non reconnue comme telle, semble se réaliser ici et là le souhait émis par Audisio [13] : « Une institution recevant des malades mentaux où la simple institutionnalisation du lieu de vie habituel d'un malade mental doit être une mesure thérapeutique ou ne doit pas être du tout ».

b) Les ateliers protégés

Créés en 1957, ils s'adressent à des travailleurs handicapés qui sont embauchés quand ils ont une capacité productrice supérieure à 33 %. Au départ, ils avaient été conçus (par les familles de handicapés) pour arracher au système d'assistance, le plus grand nombre possible de travailleurs n'ayant pas les moyens de s'insérer en milieu ordinaire. Il faut rappeler qu'il était alors important de mettre en œuvre un établissement de travail qui fonctionne avec une productivité suffisante. En effet, jusqu'à la loi du 13 juillet 1971, les CAT financés par l'aide sociale demandaient aux parents des handicapés de contribuer au paiement du prix de journée. Ces ateliers fonctionnent sous tutelle du Ministère du Travail et les salariés bénéficient des dispositions législatives réglementaires propres à tous les travailleurs.

Les travailleurs handicapés mentaux ont bien du mal à trouver un emploi dans les ateliers protégés puisqu'en effet, ils ne représentent que 18 % des salariés d'ateliers protégés alors qu'ils constituent globalement les trois quarts de la population bénéficiant de structures de travail protégées (fin 1988, il existait 7.500 places d'ateliers protégés et 65.000 places de CAT). Dans la mesure où le taux de passage de l'atelier protégé au milieu ordinaire de travail n'a jamais dépassé 5 % et certaines années 1 %, l'atelier protégé est une cible de choix pour tous ceux qui considèrent que c'est là une voie supplémentaire de ségrégation et d'exclusion. Il peut, dès lors, paraître contradictoire d'entendre tous les discours actuels concernant l'intégration dans le milieu ordinaire de travail et de constater que le dernier protocole d'accord entre les pouvoirs publics et différentes associations prévoit la possibilité de créer 900 places en ateliers protégés pendant quatre ans.

Le faible pourcentage d'insertion dans le milieu ordinaire de travail s'explique par les nécessités d'équilibrer le budget de ce type d'établissement ; l'atelier protégé, dans cette logique, cherche à faire travailler les handicapés les plus productifs possible. Il faut aussi rappeler avec F. Montes [249] que, « si 30 % des effectifs quittent l'entreprise chaque année, elle ne peut pas garantir les délais, la qualité ni les prix. Ce qui n'est pas réalisable dans une entreprise de bien-portants, comment peut-on l'exiger d'une entreprise qui occupe des handicapés ? ».

La question de la productivité est donc centrale dans ce type de structure. Ces ateliers travaillent en général en sous-traitance avec les entreprises ; la présence concomitante de plusieurs commanditaires impose aux travailleurs handicapés une adaptation rapide d'une fabrication à une autre, faisant dire à certains que paradoxalement, on demande aux travailleurs bien-portants en milieu ordinaire moins de mobilité qu'aux travailleurs handicapés en ateliers protégés. Ces établissements de travail protégé ne possèdent pas de service technico-commercial et certains se sont regroupés à un niveau régional pour renouveler leur marché, rechercher d'autres activités, écouler des productions spécifiques (groupement d'établissements de services et travaux : GEST). On voit donc que le poids exagéré de la pression économique que supportent les ateliers protégés les empêchent de jouer un rôle efficace de passage du milieu protégé au milieu ordinaire, il leur interdit bien souvent de se séparer de leurs meilleurs éléments pour pouvoir continuer à fonctionner.

Malgré toutes ces difficultés, certains ateliers protégés cherchent à jouer un rôle majeur dans le processus de réinsertion de leurs travailleurs handicapés. Nous pensons par exemple au restaurant-atelier protégé *Le Littoral* dans l'Essonne ouvert par l'équipe de Tony Lainé, décrit comme un lieu de réinsertion pour douze jeunes atteints de troubles sérieux de la personnalité, qui, selon l'auteur, n'avaient d'autre devenir que les services psychiatriques. Le bilan de cette entreprise est très positif sur le plan individuel pour chacun des travailleurs mais il est très défavorable sur le plan financier. Cette expérience a d'ailleurs eu les honneurs d'un grand quotidien du soir [212] avec l'annonce évocatrice et flatteuse « les cuisines de la déraison. Dans un restaurant de l'Essonne, les malades mentaux servent les repas. Une expérience réussie de psychiatrie ouverte ». Il est intéressant de relever que les travailleurs handicapés prennent les habits des malades mentaux et que le champ social d'assistance devient celui du champ sanitaire innovant. Il est d'ailleurs davantage question, dans cet article, de lieu thérapeutique et de réinsertion (comme un atelier thérapeutique) plutôt que de travail protégé. On y apprend également que les promoteurs du projet espèrent dépasser leurs difficultés budgétaires en faisant appel au dispositif de la loi du 10 juillet 1987, c'est-à-dire en s'éloignant du travail en milieu protégé pour se rapprocher du travail en milieu ordinaire et bénéficier d'accords de programme d'embauche, d'insertion et de formation avec de grandes entreprises. C'est dire combien il est difficile de faire fonctionner ces ateliers protégés, ce qui explique que certains gestionnaires associatifs tels que l'UNAPEI tendent à privilégier les créations de sections d'ateliers protégés, annexes de CAT. On observe ainsi la constitution d'entreprises de travail protégé où le CAT est une sorte de plaque tournante avec deux types d'annexes, d'un côté les ateliers protégés qui s'adressent aux plus productifs, et de l'autre les sections occupationnelles ou CITL, qui accueillent ceux qui vieillissent ou les moins productifs. Le travailleur handicapé est amené à monter ou descendre les escaliers de la productivité sans jamais aboutir au palier de l'insertion...

Il faut enfin préciser que de nombreux promoteurs d'ateliers protégés ont le souci de la formation des travailleurs handicapés, que ce soit pour leur permettre d'accéder au milieu ordinaire ou bien pour éviter la diminution de leurs capacités. En effet, les ouvriers d'ateliers protégés sont, eux aussi, pris dans la course de l'évolution technologique qui nécessite des adaptations techniques permanentes.

c) Les centres de rééducation ou de réadaptation professionnelle

Partant du constat qu'il est bien difficile pour un malade psychiatrisé, le plus souvent psychotique, d'accéder directement à un emploi après une hospitalisation, des centres se donnent pour mission d'assurer un pont entre le soin et l'insertion professionnelle. De nombreuses structures s'inscrivent dans cette démarche quelles que soient leurs références administratives dans le champ sanitaire ou le champ social. On peut généralement les considérer comme « lieu d'évaluation, d'orientation et de remise dans la réalité » [36]. Leur fonction serait de faire passer les stagiaires d'un état de post-soin à un état de non-soin, d'un statut de convalescent à un statut de citoyen. Cette évolution se fait au travers de plusieurs paliers que Got, évoquant le Centre de Billiers (Morbihan), définit comme soins, réadaptation et réhabilitation [174] :

— *Les soins* représentent le premier temps, pendant lequel l'établissement assure essentiellement une fonction contenante. Il s'agit d'une prise en charge à plein temps qui comprend hébergement, activités, loisirs et travail. La différence avec une hospitalisation est un changement de statut de l'individu qui de malade devient stagiaire, c'est le début du mouvement de deuil par rapport au statut de malade ; c'est aussi pour l'équipe de soin un temps d'évaluation des possibilités du stagiaire à s'inscrire dans une démarche de réadaptation. Le stagiaire est encore, à ce moment, largement dépendant d'une structure qui est à la fois lieu de vie et lieu de soin. « Ainsi, le malade est appelé à se responsabiliser dans un autre lieu, où l'accent est porté vers d'autres exigences, mais sans que lui soit interdit dans un premier temps la possibilité d'en être dépendant » [216]. Cette première étape est centrée sur l'aménagement d'un lieu de vie différent des structures psychiatriques et donc souvent inhabituel pour le stagiaire. Un rythme de travail est proposé par des moniteurs spécialisés.

— *La réadaptation* consiste ensuite à « placer le pensionnaire devant la réalité de ses possibilités de travail et de création. Ce qui entraîne la mise en place d'ateliers où s'accomplit une activité professionnelle progressive et toujours dirigée vers la finalité de l'objet ou du travail fini » [309]. Là où certains parlent d'ateliers, d'autres, plus nombreux, préfèrent parler de stages professionnels effectués directement dans un milieu de travail tolérant mais réel, seul vrai révélateur des possibilités du stagiaire. Il s'agit d'une « mise en situation professionnelle et sociale chez un employeur pour éviter le leurre de cette même situation en institution où ne rentre pas en compte la confrontation à la hiérarchie, aux transports, au travail en milieu ordinaire de production ».

Ces stages peuvent se réaliser grâce à un contrat de rééducation financé conjointement par la sécurité sociale et l'employeur. La part de celle-là diminue au fur et à mesure que l'insertion et la productivité du stagiaire s'accroissent. En tout état de cause, il convient sans doute à ce niveau de manifester par des changements de lieux (lieu de travail à la place de lieu de soin) et d'encadrement (équipe de réadaptation à la place d'équipe de soin) cet accès à un nouveau statut d'être social (et non plus de malade).

Parallèlement à cette remise dans le bain d'activités professionnelles s'effectue un travail de réflexion sur la nouvelle place sociale du stagiaire et l'importance du signifiant-travail. Rambaut, cité par Bertin [36], se présente comme « spécialiste des relations d'amour avec le travail », alors que Leguay [216] parle de réintroduire auprès des stagiaires « les paramètres actualisés du travail et de ses implications sociales » pour rompre avec une certaine idée du travail ergothérapique vidé de son sens et devenu purement occupationnel. Toutes les fois où cela est possible, la reconnaissance sociale de la réadaptation passera par l'obtention officielle d'un stage FPA ou d'un CAP, symboles tangibles de l'accession au statut de travailleur. Enfin, plusieurs expériences notent qu'il est important, dans toute réadaptation, de prendre en compte les facteurs culturels de l'environnement : être implanté dans la région des stagiaires et proposer des activités en prise directe avec l'économie ou la tradition locales [155-175].

— *La réhabilitation* constitue le dernier but de ces centres : aider le malade à retrouver une identité, une place sociale, un avenir comme le dit Got. C'est le rôle du service de suite qui se donne trois fonctions : aider le malade dans sa recherche d'insertion professionnelle, éventuellement continuer à le rencontrer et à le soutenir après sa sortie et lui permettre de faire progressivement son deuil d'un centre qu'il aura fréquenté parfois pendant plusieurs années.

Par rapport aux institutions de travail protégé, les taux de réinsertion professionnelle sont différents, ce qui est logique si l'on considère le public accueilli et les priorités choisies. Got parle pour le centre de Billiers [175] de 40 % de reclassement dans des conditions normales de vie et de travail, 15 % de rechutes et 30 % de stabilisés non réinsérés à orienter vers d'autres structures sociales. En fait, la réussite sera concrétisée par un changement de statut intériorisé par le stagiaire. Abandonnant le statut de malade ayant des difficultés pour se remettre au travail il adoptera celui de travailleur ayant des difficultés psychologiques [155].

Si comme nous venons de le voir, certains de ces centres peuvent faire état de résultats très encourageants, il faut cependant savoir que, globalement, les centres de rééducation professionnelle (CRP) permettent seulement à une formation sur deux d'aboutir à un emploi. D'autre part, les établissements qui assurent la rééducation professionnelle des travailleurs handicapés sont soit les centres « banalisés » de l'AFPA, soit des centres spécialisés ; dans les deux cas, les frais de fonctionnement incombent à l'assurance maladie et c'est la COTOREP qui désigne l'établissement vers lequel sera orienté le travailleur handicapé (qui bénéficie d'une rémunération pendant le stage). Les orientations vers les CRP ne sont pas toujours très adéquates mais il faut dire que les COTOREP ne disposent que de peu de moyens d'exploration (par le biais de la pré-orientation) et de suivi (par les équipes de préparation de suite et de reclassement — EPSR). Ces erreurs d'orientation ont été relevées dans le rapport de l'IGAS [77] de 1988 sur les CRP : sur 1.777 dossiers étudiés, c'est seulement dans 53 % des cas que la présence du travailleur handicapé était justifiée. Si on ajoute à cela le fait que 50 % des dossiers des handicapés mentaux sont exclus avant l'admission, on peut conclure que les CRP ne sont pas actuellement en mesure de répondre aux demandes de formation des personnes qui nous concernent dans cet ouvrage. Le rapport cité souligne que, d'une manière générale, existe « une distorsion entre le niveau socio-culturel extrêmement réduit de la majorité des populations traitées par les COTOREP et l'ambition croissante et indispensable des formations ». En pratique sur les 19 CRP répertoriés dans l'annuaire de la FAGERH de 1991, la très grande majorité exclut les malades mentaux, les caractériels, les personnes présentant des troubles du comportement. La durée des stages varie de six mois (reprographie) à trois ans (facture de pianos). Quelques centres sont particulièrement spécialisés pour l'accueil des malades mentaux : le Centre Jean Arnaud de Bouffémont, le Centre Vivre d'Arcueil, le CRP de Saint-Amant Tallende, La Tour de Gassies à Bruges.

En tentant de cerner les différentes structures de travail proposées dans le tissu social aux malades mentaux, nous nous apercevons que, malgré les textes et les directives officielles, nous sommes en présence de structures aux contours assez flous, malgré des dénominations souvent semblables, variant considérablement dans les politiques mises en œuvre.

En nous limitant aux quatre structures officielles étudiées, et sans mentionner les innombrables expériences postérieures dites intermédiaires ou transitionnelles, nous relevons déjà une assez grande variété de dénominations :
— Centre d'adaptation et de formation au travail [154]
— Centre de réentraînement et de réadaptation au travail [193]
— Centre de postcure et de réadaptation sociale [175]
— Centre d'adaptation et de réadaptation au travail [310]
— Centre de réadaptation et de resocialisation [292]
— Centre de réadaptation et de sociothérapie [112]
— Centre de réadaptation et de réinsertion sociale [309]
— Centre de réadaptation socio-professionnelle [358]
— Centre de recyclage et de reclassement professionnel [193]
— Centre de réadaptation professionnelle [25]
— Centre de réinsertion et de reclassement professionnel [196]
et d'autres existent encore très certainement. Nous en tirerons les enseignements suivants :

— La dénomination des centres, qu'ils soient finalement à caractère sanitaire ou social, a moins d'importance que les visées des équipes qui y travaillent. Ainsi avons-nous constaté que certains CAT pouvaient offrir davantage de débouchés professionnels que des structures de réinsertion plus spécialisées [303] ou encore participer à un projet de soin plus dynamique que certains ateliers thérapeutiques [198] ; que des ateliers thérapeutiques fonctionnent essentiellement comme structure d'assistance, qu'un atelier protégé peut se transformer en CAT sans changer ses options fondamentales [362], etc.

— Le travail se situe au centre de tous ces dispositifs, comme fin ou comme moyen. Cependant, en raison de la situation économique et technologique actuelle, les perspectives réelles de réinsertion en milieu professionnel normal sont objectivement de plus en plus faibles. Un véritable déphasage s'est institué entre la raison d'être de ces centres et leurs possibilités réelles ; d'où la multiplication des activités dites de préformation ou de préparation au travail visant à mettre les stagiaires en situation psychologique de possible recherche d'emploi. Elles excluent, de fait, une vraie formation professionnelle en se repliant sur des activités sociothérapiques traditionnelles. Ne s'agit-il pas d'un simple transfert de responsabilités ? Nous ne prenons plus la responsabilité de vous former puisqu'une formation ne débouche plus sur un emploi, nous vous préparons psychologiquement à une recherche d'emploi, à vous ensuite de vous débrouiller... On peut toutefois se demander si adapter des stagiaires à un statut de demandeur d'emploi plutôt qu'à celui de travailleur constitue réellement un progrès. Ce tour de passe-passe sent, c'est vrai, l'hypocrisie ; cela explique que d'autres structures se soient orientées davantage vers l'insertion sociale que professionnelle, prenant en considération d'une part la situation de l'emploi, d'autre part le fait que tant le bonheur que la survie matérielle ne passent peut-être plus nécessairement par un emploi.

Mais là, ce sont parfois les stagiaires qui rechignent tant la justification de la réinsertion professionnelle est encore chargée de sens et de représentation positive. Sans ces objectifs de réinsertion professionnelle, les stagiaires ont souvent le sentiment de ne rien faire, et ceci pose problème à de nombreuses équipes évoluant entre l'hypocrisie d'une éventuelle réinsertion professionnelle et une réinsertion sociale au quotidien en porte-à-faux avec les demandes des stagiaires et la fonction annoncée de l'établissement.

— Chaque structure peut choisir ses stagiaires puisque le nombre de places disponibles est sensiblement inférieur à celui des demandes. La sélection s'opérera sur des critères intellectuels, pathologiques et d'adaptabilité, et, les CAT reçoivent actuellement, sous peine de se chroniciser rapidement il est vrai, des patients de meilleur niveau et moins atteints d'un point de vue pathologique. La conséquence en est l'augmentation du nombre d'exclus pour qui sont créées des structures de niveau inférieur, du type ateliers occupationnels. Chaque structure crée donc ses propres exclus et le risque qui menace est le retour de la distinction du XIXe siècle pour lequel le travail avait deux fonction : le soin pour les curables et l'occupation pour les incurables.

— Mais y a-t-il réellement d'autres alternatives que de passer d'institution à institution quand on sait que l'insertion professionnelle est aléatoire, que 60 % des travailleurs handicapés sont au chômage — pour une durée deux fois plus importante que pour les travailleurs valides — et que la réduction d'un projet de vie à la seule autonomie sociale heurte nos habitudes ? Nous sommes confrontés à l'image du serpent qui se mord la queue si, à aucun moment, la question de la sortie des circuits de soin, d'assistance et de formation n'est posée. Got, parlant des sortants du centre de postcure et de réadaptation sociale de Billiers, estime à 30 % le nombre de sujets qui ne relèvent ni d'une structure de soin, ni d'un reclassement direct : il envisage pour eux CAT ou atelier protégé, structures de transition « où ils pourront encore progresser » [175]. Mais de quel progrès s'agit-il ? Amélioration de la santé mentale ? Le CAT n'est pas un lieu de soin... Progrès dans l'autonomisation ? Le centre de réadaptation aurait dû le mener au maximum des possibilités du patient. Alors, que signifie cette nouvelle orientation ?

— Il est sans doute nécessaire, avant tout, de considérer chacune de ces structures dans sa dynamique propre. Refuge ou tremplin ? Comme nous l'avons vu, la réinsertion professionnelle des malades mentaux est la plupart du temps une utopie, surtout en ce qui concerne ceux qui ont derrière eux une longue évolution psychotique. Les centres confrontés à ce problème s'orientent donc de plus en plus vers un travail d'autonomisation et d'insertion, hors travail, dans la vie quotidienne. Leur objectif est alors plus global : est visée une « réhabilitation au sens où il s'agit pour le sujet d'acquérir une identité sociale, acceptée par le socius qui reconnaisse alors l'autonomie de ces sujets mais aussi leur dépendance » [198]. Ainsi la proposition tend à se renverser : n'est plus maintenant recherchée coûte que coûte une insertion professionnelle qui serait le symbole d'une identité sociale — comme cela était le cas en période de plein emploi — la réinsertion dans le socius est devenue le but à atteindre qui débouchera, le cas échéant, sur une insertion professionnelle. Cette primauté de l'insertion sociale pour étayer une activité professionnelle était déjà mise en avant par certaines équipes, il y a vingt ans. « C'est une expérience en pleine évolution et nos liaisons qui ne se voulaient que sur le plan de l'insertion “professionnelle” ont vite évolué vers une insertion beaucoup plus “sociale” », dit Col en 1973 [79]. Becache remarque ailleurs que l'équipe de son centre de réadaptation professionnelle, après une période consacrée à l'utopie de la remise au travail « pense avoir fait un travail psychiatrique et participé à l'autonomie du stagiaire lorsque celui-ci réalise dans l'indépendance, un acte même simple de la vie courante. L'accent est mis sur la réadaptation à la vie, le caractère professionnel pouvant n'être qu'accessoire » [25].

Mais les structures protégées de travail ont été créées, la situation économique s'est modifiée et il faut faire avec. Le phénomène est constant : quand une structure se met en place, la situation a évolué et s'observe un déphasage. C'est déjà ce que nous avions repéré avec la création des ateliers médicaux au sein des hôpitaux psychiatriques après la circulaire de 1958.

Le bilan actuel de la politique menée en faveur des travailleurs handicapés n'est pas très satisfaisant si l'on compare les résultats avec les objectifs fixés par le législateur. Nous ne disposons pas de chiffres concernant les handicapés mentaux mais il faut savoir que globalement 50 à 60 % seulement des handicapés aptes à exercer une activité professionnelle sont effectivement insérés en milieu de travail. Pour la moitié d'entre eux, il s'agit d'un emploi en milieu protégé.

d) Le travail en milieu ordinaire (*Loi du 10 juillet 1987)*

Complétant la loi d'orientation du 30 juin 1975, la loi du 10 juillet 1987 en faveur de l'emploi des travailleurs handicapés vise à l'efficacité par le biais du réalisme. En substituant une obligation de résultat à une obligation de procédure, elle apporte aux entreprises à la fois davantage de souplesse et de possibilités vis-à-vis de leur obligation d'emploi de personnes handicapées.

Le milieu de travail se trouve désormais dans une situation favorable pour jouer pleinement son rôle dans le processus d'insertion professionnelle et sociale. Des aides financières sont prévues pour promouvoir l'intégration des travailleurs handicapés, sous forme de prime d'apprentissage, d'aide à l'aménagement des postes de travail, de compensation des charges supplémentaires d'encadrement ou d'abattement de salaire. Cette loi concerne tout autant les employeurs du secteur privé que du secteur public occupant au moins vingt salariés, ceux qui ne respectent pas leurs obligations peuvent être sanctionnés, même si pour certains, comme M. Lévy, il s'agit toujours d'une « obligation bien tempérée » [226].

Les employeurs peuvent proposer un emploi direct en entreprise, ou conclure des contrats de sous-traitance avec le secteur protégé, ou bien encore verser une contribution annuelle au fonds de développement pour l'insertion professionnelle des handicapés. Celui-ci est géré par une association administrée par des représentants des salariés, des employeurs et des personnes handicapées ainsi que par des personnalités qualifiées : Association nationale pour la gestion du fonds pour l'insertion professionnelle des handicapés (AGEFIPH). Ses ressources sont destinées à financer toutes les formes d'insertion professionnelle des personnes handicapées en milieu ordinaire de travail.

Ce dispositif législatif est encore récent, mais, cependant, les premiers bilans montrent que si les entreprises ne cherchent pas à esquiver leur devoir, elles ne favorisent pas non plus l'insertion. En effet, les employeurs préfèrent s'exonérer de l'obligation d'emploi en passant des contrats de sous-traitance avec les structures de travail protégé ou bien versent directement leur contribution annuelle à l'AGEFIPH. C'est ainsi que pour l'année 1988, 13 % de l'ensemble des établissements privés, publics et commerciaux assujettis à l'obligation d'emploi ont eu recours aux contrats de sous-traitance avec les structures de travail protégé. Pour la même année, 33 % de ces établissements ont effectué un versement au fonds de l'AGEFIPH. Ceci illustre parfaitement la formule utilisée par M. Royez dans un article du *Monde* qui, à notre sens, résume bien le bilan actuel : « On attendait des emplois, on a eu des chèques » [306]. Il faut dire que les sommes versées représentent un capital important puisque l'AGEFIPH a reçu 1,2 milliard de francs en 1990 (beaucoup plus que le Téléthon...) : cet argent reste encore peu utilisé et les employeurs trouvent là bien évidemment des justifications pour demander un allègement de leur contribution, alors que d'autres souhaitent l'élargissement des interventions de l'AGEFIPH pour mobiliser cet argent plutôt que pour le thésauriser (par exemple favoriser l'adaptation de travailleurs handicapés du milieu protégé vers le milieu ordinaire).

Outre le poids des contraintes économiques et sociales qui sont généralement mises en avant, plusieurs arguments expliquent ce relatif échec. Selon une étude spécifique [178] les obstacles majeurs tiendraient à la nature des postes de travail qui, le plus souvent, seraient incompatibles avec l'existence d'un handicap (68,8 %), au niveau de formation insuffisant (26,3 %), à la crainte de l'absentéisme (20,4 %), à la moins bonne rentabilité (18,8 %), aux coûts supplémentaires (12,9 %). Il est bien certain que l'entreprise d'aujourd'hui cherche à accroître sa productivité et devient de plus en plus exigeante à l'embauche en éliminant tous ceux qui n'ont pas un profil conforme à la norme. Le recrutement du travailleur handicapé est donc dépendant de l'image de la personne handicapée dans le milieu de travail. L'évolution des représentations et des mentalités reste tributaire de nombreux facteurs que nous ne pouvons pas aborder ici.

Il ne faut cependant pas négliger quelques résultats prometteurs, même si le plus souvent l'intérêt est porté avant tout aux handicapés physiques et sensoriels. On peut espérer que ce mouvement qui valorise les actions entreprises et dédramatise les risques encourus par les entreprises créera également des retombées favorables pour les travailleurs handicapés mentaux. Les actions les plus spectaculaires résultent d'adaptations des postes de travail et de préparation du milieu d'accueil : le télé-travail pour les handicapés moteurs est souvent cité comme permettant à des tétraplégiques d'occuper des postes d'ingénieurs, les mal-voyants peuvent bénéficier d'aides optiques électroniques diverses leur permettant d'assumer des tâches multiples... Certaines entreprises ne manquent pas non plus d'utiliser sur un plan marketing les accords qu'elles ont signé prévoyant des programmes annuels en faveur des handicapés. Parmi elles, IBM, ECCO, ACCOR, Dior Parfums, COGEMA... Les PTT également sont souvent mis en avant comme étant l'administration pilote avec 3 % de travailleurs handicapés en 1989. N'oublions pas également de préciser que les entreprises sont en mesure de s'appuyer, dans ce processus d'insertion, sur deux organismes : les équipes de préparation et de suite du reclassement qui, en contact avec l'équipe technique de la COTOREP, peuvent informer les entreprises du profil du travailleur handicapé et assurer son suivi dans l'entreprise, et le groupement interprofessionnel régional pour la promotion de l'emploi des personnes handicapées (GIRPEH). Ce sont des associations régionalisées interprofessionnelles et tripartites (collège employeur, collège salarié, collège de personnalités qualifiées en matière de handicap) qui ont pour objet d'aider les entreprises à la réinsertion et à la gestion de leurs salariés handicapés, de promouvoir l'insertion professionnelle des personnes handicapées à la recherche d'un emploi et enfin de développer les liens entre les entreprises et le secteur du travail protégé.

Cette loi, qui mobilise de gros moyens, présente aussi quelques faiblesses. Nous regrettons en particulier l'absence de protection en cas de licenciement économique. Les statistiques de l'année 1988 restent décevantes puisque sur les 224.000 personnes handicapées employées, seulement 25 % ont été reconnues par la COTOREP alors que la grande majorité est représentée par les accidentés du travail (58 %),les pensionnés d'invalidité

(7 %), les mutilés de guerre et assimilés (6 %) ; nous ne connaissons pas encore les chiffres concernant spécifiquement les handicapés mentaux, mais il est vraisemblable qu'il y aurait matière à se désoler encore plus.

Aujourd'hui, quelle place pour le travail ?

LE SIGNIFIANT TRAVAIL

La représentation sociale du travail est-elle, dans les années 90, suffisamment mobilisatrice pour pouvoir servir de moteur à une meilleure intégration sociale des malades mentaux ? Y a-t-il encore une spiritualité du travail ? Peuvent-ils encore aujourd'hui « aspirer » à une situation de travail, et parallèlement, nous autres, soignants, sommes-nous en mesure d'utiliser le travail comme signifiant réellement positif dans notre démarche de soins ?

La représentation du travail n'a jamais été univoque et, comme le dit Cohen, « la civilisation occidentale a fait l'héritage ambigu de l'idée que le travail est à la fois une malédiction et une bénédiction, bien qu'à travers les siècles, la malédiction soit, de façon inébranlable, restée dominante par rapport à la bénédiction » [78, p. 66]. C'est peut-être la conception d'un mal nécessaire qui est encore ancrée dans les esprits d'aujourd'hui, comme elle l'était dans celui de Saint Thomas d'Aquin, il y a plus de sept cents ans : ni pure joie, ni vraie peine, le travail est un devoir, une nécessité de la nature. Il reste pourtant une différence fondamentale qui est que, de nos jours, dans notre pays, le travail n'est plus réellement condition de survie matérielle. En effet, la mise en place de prestations telles que l'allocation aux adultes handicapés en 1975 ou le revenu minimum d'insertion en 1988 permet à des individus exclus du champ du travail, de pouvoir survivre matériellement.

Pour être symbole d'un désir d'insertion, le travail doit avoir un certain nombre de connotations considérées comme positives dans notre société française de 1991.

1. Le travail comme accès à l'autonomie

C'est sans doute vrai pour certaines catégories de personnes, en particulier les jeunes qui s'individualisent ou les femmes qui désirent quitter leur statut de femmes au foyer. L'autonomie est ici vécue avant tout dans sa dimension financière et sans doute la feuille de paye représente la plus grande satisfaction car l'autonomie commence avec elle. « Soyons réalistes : le drame du chômeur n'est pas celui de la privation d'emploi, ni celui de l'oisiveté ; c'est bien plutôt celui de la privation de revenu, le drame de la misère et de la pauvreté » [48].

Il faut bien convenir toutefois que cette autonomie financière débouchera sur d'autres contraintes si le contenu du travail est sans aucun intérêt. « Le travail parcellaire et répétitif éloigne le travailleur du produit de son travail et accroît sa dépendance » [160].

2. Le travail comme passe-temps

Nous l'avons déjà vu, c'est le rôle principal que les patients hospitalisés accordent au travail intra-hospitalier [9], mais c'est aussi une des fonctions du travail dans la vie quotidienne que d'offrir, de façon plus ou moins imposée, des occasions de se lever, de sortir de chez soi et donc d'éviter l'ennui qui constitue, avec la solitude, une des principales difficultés des patients qui vivent à l'extérieur. Là encore, il s'agit naturellement d'appréciations individuelles — certains ne supportent pas d'avoir à remplir par eux-mêmes des journées qui s'annoncent vides. Dans ce cas, la fréquentation régulière d'un hôpital de jour, par exemple, peut occuper la même fonction de remplissage qu'un véritable travail.

3. Le travail comme condition d'accès au temps libre

De même qu'Ueberschlag considérait les loisirs comme le contre-point du travail, le temps libre peut se définir comme un temps qui ne se vit que par opposition au temps de travail. « Le temps libre n'est libre que parce qu'il est libéré du travail ; pas de travail, pas de temps libre non plus » [176, p. 10]. Quand un homme, en âge de travailler, n'a pas d'emploi, il parlera plus volontiers de son temps mort que de son temps libre. Il n'y a en effet de temps libre que quand il est délimité par un temps non-libre.

Quand un individu travaille, il aspire au temps libre, et bien souvent son travail n'est orienté que dans l'optique d'un maximum de loisirs qui deviennent alors objets de consommation. Dumazedier a ainsi pu parler à une époque récente de civilisation du loisir [124]. Dans la mesure où, de plus en plus, les loisirs proposés par l'environnement social s'achètent, l'individu va devoir travailler davantage pour y accéder financièrement. Et plus il travaillera, moins il aura de temps libre ; on en arrive à une situation paradoxale. Une enquête réalisée, il y a une dizaine d'années, montrait par ailleurs que si on proposait à tout le monde de travailler à mi-temps pour le même salaire, la majorité des personnes interrogées choisirait de travailler à plein-temps pour un double salaire plutôt que de profiter de la situation et d'organiser des loisirs à mi-temps. Les enquêtes successives de la SOFRES indiquent qu'à la question : « Si vous aviez le choix entre une augmentation de salaire et une réduction du temps de travail, que choisiriez-vous ? », les Français répondent de plus en plus par la première proposition :

	Augmentation de salaire	Réduction du temps de travail
1978	50 %	39 %
1987	55 %	36 %
1991	61 %	30 %

Ces chiffres semblent confirmer que l'individu ressent actuellement le besoin d'occuper son temps à une activité organisée en dehors de lui, à laquelle il puisse souscrire relativement passivement. L'imagination au pouvoir a des lendemains amers. Dans le même ordre d'idées, le professeur Cohen [78], se basant sur l'exemple américain traditionnel, n'est pas loin de penser qu'à un maximum de temps libre correspond un maximum de pathologie sociale (alcoolisme, toxicomanie, criminalité...) signe de malaise fondamental. Ainsi parle-t-il de la « névrose du dimanche », et fait-il le pronostic suivant : « Supposons que la semaine de travail soit réduite par un décret du gouvernement à vingt heures par semaine avec la même paie. Nous pourrions, entre autres, prédire deux conséquences : une élévation substantielle de la consommation d'alcool et une augmentation des jeux de hasard et d'argent : l'alcool comme défense contre l'ennui et le jeu pour le frisson et comme moyen d'augmenter les revenus pour une consommation plus ostentatoire » [78, p. 70].

On retrouve de façon étonnante le même argument qu'utilisait Guiraud dans son manuel d'hygiène en 1922 ; pour lui, la limitation de la durée de travail ne pouvait qu'inciter les ouvriers à mal occuper leur temps libre : « Les hygiénistes qui ont le souci de l'amélioration du bien-être de l'ouvrier ne pourraient qu'approuver cette loi [1] si l'ouvrier utilisait ses heures de loisirs pour le maintien de sa santé et le développement de son instruction. Malheureusement, il n'en est pas ainsi et il est à craindre que les législateurs n'aient abouti qu'à amener une recrudescence de l'alcoolisme chez beaucoup d'ouvriers. De trop nombreux exemples nous montrent déjà que cette crainte n'est pas illusoire » [181, p. 968].

Le travail est ainsi pris dans un double mouvement : le travail est la seule condition d'accès au temps libre, mais le temps libre ainsi libéré ne doit pas être trop important pour pouvoir être rempli avec efficacité.

1. Du 23 avril 1919 portant la durée du travail de l'ouvrier à 48 heures par semaine.

4. Le travail comme accès à la consommation

Pour être en phase avec notre société, il faut consommer : celui qui ne consomme pas est un exclu. Pour consommer suffisamment, ce qui est un modèle d'adaptation, il faut disposer de moyens financiers, mais la quantité d'argent varie davantage avec le niveau de qualification qu'avec la quantité de travail fourni, et on sait qu'à une sous-qualification, ce qui est le lot de nombreux malades, correspond un bas niveau de consommation.

De plus, quel avantage aurait un malade à quitter un statut de handicapé travaillant en CAT et touchant mensuellement jusqu'à 4.500 francs par mois, pour un statut de travailleur beaucoup plus pénible et payé seulement au SMIG ? On voit bien, dans ce cas, que le travail ne correspond pas à des possibilités de consommation plus importante, cela ne constitue donc pas une motivation à ce niveau.

5. Le travail comme accès à un statut social

Actuellement, cela semble toujours vrai. Même si on assiste à une certaine désacralisation du travail — « Il est facile de définir la place que doit occuper le travail physique dans une vie sociale bien ordonnée. Il doit en être le centre spirituel », disait S. Weil [368, p. 380] —, il est exact que le travail est et donne une « situation ». Quand on a une situation, on est un homme, on peut se marier, on peut vivre et faire vivre : la situation sociale dépend directement de la situation professionnelle. C'est toujours essentiellement par le travail que l'homme s'individualise, prend statut et rôle social, se lance dans la vie comme dit l'expression populaire, et ainsi s'inclut dans une communauté. « C'est en tant que personne que l'homme est sujet du travail, c'est en tant que personne qu'il travaille, qu'il accomplit diverses actions appartenant au processus du travail ; et ces actions, indépendamment de leur contenu objectif, doivent toutes servir à la réalisation de son humanité, à l'accomplissement de la vocation qui lui est propre en raison de son humanité même : celle d'être une personne » [190].

La valeur du travail se définit également *a contrario*. Comme le dit Abribat [2], même si on peut rejeter intellectuellement le travail comme étant une obligation sans intérêt, force est de constater que son absence est, la plupart du temps, vécue comme une catastrophe. Par ailleurs, nous savons bien que les malades qui fréquentent les milieux protégés éprouvent de graves difficultés à se (re)constituer des réseaux de relations dans la cité hors de ce milieu ; le travail reste donc le lieu privilégié des rencontres sociales.

Il semble donc que les signifiants du travail sur lesquels peuvent s'appuyer les soignants, soient essentiellement définis en termes négatifs : le travail, ce n'est pas bien, mais si on n'en a pas, c'est pire. Le chômage actuel révèle cruellement que le travail était l'organisateur de toute la vie, le grand ordonnateur du temps. Ainsi les cités-dortoirs étaient organisées pour l'aprèstravail mais aujourd'hui que les chômeurs y passent leurs journées, ils s'aperçoivent de l'inadaptation de telles structures à une vie sans travail. La meilleure formulation sur l'image actuelle du travail nous est fournie par Linhart [228, p. 14] : « Le travail est recherché, valorisé non pas tant pour ce qu'il représente en lui-même (son contenu, ses caractéristiques et les conditions dans lesquelles il s'effectue sont le plus souvent mal supportées) mais d'une part pour ce à quoi il permet d'échapper et d'autre part pour ce qu'il procure indirectement. Ce à quoi il permet d'échapper, c'est le vide, la solitude, la perte de sens. On n'aime pas le travail, on en a besoin parce qu'il n'y a pas d'alternative dans une société entièrement structurée autour du travail. Ce qu'il permet d'obtenir indirectement ce sont les objets et des services qui jouent dans notre société un rôle bien particulier... car les gens ont besoin des objets pour communiquer entre eux et structurer leur identité, prendre place dans le groupe social de référence ». On retrouve d'ailleurs les mêmes arguments quand on interroge les malades eux-mêmes travaillant en atelier protégé. Une enquête de 1979 (*Réadaptation*, n° 259) indique que l'accès à la consommation (un meilleur gain), à un statut social (sentiment de participer, de ne pas être un poids mort), et à une meilleure gestion du temps (avoir une vie occupée), sont, dans l'ordre, les trois avantages qu'ils trouvent à participer à des activités de travail.

Enfin, il ne faut pas oublier que le signifiant travail ne se confond pas avec le travail lui-même : l'emploi réel ne résume pas tout ce que ce terme véhicule comme représentation sociale et fantasmes individuels et collectifs. Tabary [330] remarque que c'est la représentation fantasmatique du travail (accentuée par la toute puissance de l'ergothérapie érigeant en dogme le concept du travail comme seul moyen de guérir) qui est à l'œuvre dans bon nombre de pathologies liées au travail. Si le travail est plutôt un gage de stabilité, il note que la perte de l'emploi n'entraîne qu'exceptionnellement des décompensations dépressives objectives. Dans le cas où cela arrive, la régularisation de la situation sociale et le retour à un emploi n'entraînent pas la stabilisation des troubles. Par contre, il relève la fragilisation liée à l'incertitude tant chez les travailleurs qui se sentent rarement totalement et définitivement insérés (augmentation de la pathologie et des délires centrés sur le travail) que chez les non-travailleurs. « La culpabilité ou du moins l'insatisfaction qui entoure la non-activité, majorée chez les personnalités fragiles se traduit par d'autres types de résistance : la recherche de l'emploi à tout prix, y compris chez les retraités ». L'idée d'un non-travail chez l'actif comme chez le non-actif, serait donc plus pathogène que le manque réel de travail.

LES NOUVELLES DONNÉES DE L'EMPLOI

Le travail n'est pas uniquement dépendant des choix et des possibilités personnelles. Entre le réadaptateur et le réadaptable existe un troisième terme qui est le marché de l'emploi, élément de réalité auquel il faudra se confronter. L'importance du chômage est en effet une donnée tout à fait récente que l'histoire de France n'avait jamais connue. Au plus fort de la crise de 1929, le nombre des chômeurs n'était en effet « que » de cinq à six cent mille pour une population de 42 millions d'habitants [50].

En 1979, Montes [249] remarquait déjà que l'emploi en milieu ordinaire se heurtait à une triple difficulté pour les handicapés :
— Une difficulté d'ordre pathologique dans la mesure où les progrès de la médecine ont permis à de nombreux handicapés physiques et mentaux de survivre, augmentant par-là même le nombre de personnes ne pouvant avoir accès à une activité productive.
— Une difficulté d'ordre technologique : les mutations dans l'industrie et l'agriculture ont supprimé bon nombre d'emplois non qualifiés. De nombreux débiles autrefois employés dans les fermes se sont trouvés exclus par la mécanisation du monde rural.
— Une difficulté d'ordre économique : rythmes, adaptabilité, spécialisation sont les critères d'embauche sur lesquels de nombreux handicapés ne peuvent pas être compétitifs.

Il concluait à l'époque son analyse de la façon suivante : « Le secteur productif de demain connaîtra, d'un côté, les entreprises industrielles agricoles et commerciales, capables de soutenir la compétition et la concurrence et, d'un autre côté, une foule d'entreprises agricoles et industrielles économiquement protégées. Les handicapés n'échapperont pas à ce contexte et à cette évolution ; c'est pourquoi il n'y a pas d'autre solution que celle d'organiser, sous des formes adaptées, la protection de leur emploi ». Si cette dernière conclusion peut sembler pessimiste, les éléments d'analyse, eux, se sont confirmés. On assiste, en effet, depuis les années 70, à la récession d'un système issu du taylorisme, pour lequel les individus étaient interchangeables et peu qualifiés mais dont le nombre restait fixe. Aujourd'hui, « à la durée d'utilisation des machines comme impératif de productivité correspond une certaine durée d'utilisation des hommes » [176], autrement dit, c'est le temps-machine qui décide du travail humain nécessaire et les entreprises qui ont besoin d'un nombre important d'ouvriers à certains moments, n'ont pas nécessairement besoin du même, six mois plus tard, quand le marché est moins fort. Ainsi cette caractéristique nouvelle de l'emploi a tendance à favoriser une partition en trois groupes d'individus :
— des travailleurs stables, très formés et très qualifiés, assurant l'encadrement et représentant une technologie avancée,
— des travailleurs mobiles, alternant chômage et emplois à durée déterminée, pris et rejetés en fonction des conditions de l'emploi local,
— enfin, un « noyau dur » de chômeurs dans lequel se retrouvent majoritairement les vieux travailleurs déqualifiés et les jeunes débouchant sans formation sur le marché du travail. Ces derniers sont exclus avant même d'avoir été inclus.

En 1985, B. Schwartz prévoyait que « plus de huit cent mille jeunes de faible qualification seraient définitivement écartés du monde du travail à l'orée du troisième millénaire » [188]. Ce sont d'ailleurs les données à partir desquelles travaillent les experts de l'OCDE pour envisager les années à venir tant du point de vue économique que social et de la formation. « Des catégories se profilent : les uns sont appelés à travailler, d'autres à faire des allers-retours entre activité et inactivité, les derniers restent rejetés à l'écart de toute vie active ».

Cette situation dont les entreprises s'accommodent n'est, à terme, pas acceptable sans graves dangers. C'est ainsi que ces quinze dernières années ont vu, en France, à défaut de solution globale, un formidable empilage de plans d'urgence, de mesures et de dispositifs devenus « un système complexe qui exige une maîtrise de techniques administratives et une connaissance des administrations elles-mêmes, qui dépassent le niveau moyen des élus, des agents de développement et surtout des intéressés eux-mêmes » (H. de Varine, cité par Courtois [91]).

Ces plans d'urgence ont souvent promu des solutions baroques : contrats d'emploi-solidarité, travaux d'utilité collective, stages d'insertion à la vie professionnelle, etc., en même temps qu'ils gonflaient la catégorie des travailleurs à temps partiel ou à durée déterminée :
— En 1971 : 92 % des offres d'emploi représentaient des temps pleins à durée indéterminée.
— En 1984, ce taux n'était plus que de 46 % [176]. Il est en 1989 de 32 % [296].
— En ce qui concerne les jeunes de moins de 25 ans, entre 1980 et 1986, les contrats à durée déterminée ont triplé (cité par [10]).

Devant l'urgence qu'il y a à créer des emplois en quantité (le Ministre du Travail, J. P. Soisson, estimait en présentant son plan anti-chômage en décembre 1990, qu'il faut créer au moins 150.000 emplois nouveaux chaque année pour répondre à l'augmentation de la population active), la qualité n'est pas toujours au rendez-vous d'où ce marché de l'emploi à deux (voire trois) vitesses dont les moins qualifiés font les frais. « Alors que les ouvriers et les employés qualifiés sont recrutés avec un contrat à durée indéterminée, la proportion chute vertigineusement dès qu'il s'agit de non qualifiés. Le rapport passe généralement à un emploi définitif pour sept ou huit contrats à durée déterminée et on atteint parfois des sommets. Dans la région Centre, tous les employés non qualifiés ont été embauchés sous contrat à durée déterminée ; en Picardie, il y a eu une embauche définitive d'ouvrier non qualifié pour 19 contrats à durée déterminée... », constate A. Lebaube en 1990 dans *Le Monde*. La multiplication des emplois épisodiques ou à temps partiel augmente l'angoisse, le sentiment d'échec ou d'inutilité de ceux qui y émargent. Le risque est alors que ces individus ne se retrouvent dans la troisième catégorie de notre typologie, celle des chômeurs de longue durée, pour qui les spécialistes ont créé le terme d'inemployabilité qui les renvoie à l'échec et à l'exclusion sociale. Or sur deux millions et demi de chômeurs, un million sont manœuvres, ouvriers spécialisés ou employés non qualifiés [214], pour ceux-là le risque est particulièrement grand de franchir le pas. Et si, pour les plus anciens, on peut penser à un règlement social du chômage, il n'en va pas de même pour les plus jeunes. Ceux-là représentent un chômeur sur trois [352]. Il leur a été proposé des emplois à durée déterminée dans 79,3 % des cas en 1989 ; c'est dire que là, particulièrement, devra porter l'effort, aussi coûteux soit-il. En 1986, le plan d'urgence pour l'emploi des jeunes a débloqué neuf milliards de francs pour la création de 20.000 emplois, ce qui revient à une subvention de 450.000 francs par emploi [188], somme considérable que tous les gouvernements venus ou à venir ne sont sans doute pas prêts à payer, même si cette priorité semble tout de même se décider à l'échelon européen. En 1990, la Commission des communautés européennes a ainsi attribué à la France une aide de six milliards de francs destinée à l'insertion professionnelle des jeunes et à la lutte contre le chômage de longue durée [92].

Cent mille jeunes quittent chaque année l'école sans formation. C'est à une partie d'entre eux qu'est destiné le dispositif « nouvelles qualifications » mis en place par B. Schwartz, responsable de la délégation interministérielle à l'insertion professionnelle et sociale des jeunes ; celui-ci, à la différence des nombreux dispositifs qui l'ont précédé, semblerait davantage, par le biais d'un contrat de qualification passé avec l'entreprise, mener à l'emploi.

Tous ces éléments confirment l'importance du travail comme reconnaissance d'un statut social. Nous parlons bien sûr d'un travail qui soit une réelle insertion dans une culture de travail, non dans un lieu interchangeable trouvé au gré des fluctuations du marché et dans lequel on ne peut réellement s'investir. Plus on est formé, plus on a de chance de trouver un tel travail en arrivant sur le marché de l'emploi. Par contre, pour ceux qui ont entamé un parcours cahotique où alternent chômage et travail précaire et où pointent perte de confiance et désillusion, il semble bien que la formation ne soit pas la meilleure démarche d'insertion. La qualification est importante mais sans doute le sentiment d'enracinement et de participation au collectif l'est plus encore. « On marche sur la tête lorsqu'on engage des chômeurs non qualifiés dans des formations censées déboucher sur un emploi. Un jeune et plus encore un adulte rejeté par le marché du travail ne demandent qu'une chose : un statut de salarié, même de très courte durée, même précaire, pour avoir à nouveau confiance en soi. Ces publics ont des souvenirs terrifiants de leur scolarité. En les plongeant sans préalable dans un processus de formation, on les replace dans une situation où ils ont connu l'échec. On ne leur donne pas de nouvelle chance. On ne remet pas les compteurs à zéro. Chez un non-qualifié, c'est l'emploi qui déclenche la demande de formation et non l'inverse » (Rossigneux).

On peut conclure provisoirement sur plusieurs points :

— Actuellement, il semble bien que le travail soit toujours le passage nécessaire pour l'accès à un statut social.
— A condition d'entendre par travail une activité pouvant avoir du sens au sein d'un collectif, de production ou non.
— En effet, on ne peut pas dire que les petits boulots ou emplois à durée déterminée représentent réellement, à long terme, une insertion véritable.

INCLUS/EXCLUS

Les progrès de la psychiatrie ont favorisé un mouvement d'ouverture des hôpitaux psychiatriques, en diminuant fortement la durée des hospitalisations. De nombreux malades dits stabilisés se retrouvent donc dehors. Ils ont été exclus des hôpitaux, ce dont il faut se féliciter, mais ne sont pas *ipso facto* inclus dans l'environnement social. Comme le disent certains, à l'hôpital on a un statut, on sait qui on est, un malade ; à l'extérieur il en va tout autrement, on flotte dans une espèce de non-identité anxiogène. C'est cette identité sociale que les malades sortants sont invités à conquérir ou à reconquérir. Quels sont les tenants de cette identité sociale hors de laquelle on est un asocial ?

Rappelons tout d'abord la définition de Lenoir [223, p. 10] : « Dire qu'une personne est inadaptée, marginale ou asociale, c'est constater simplement que dans la société industrialisée et urbanisée de la fin du XXe siècle, cette personne, en raison d'une infirmité physique ou mentale, de son comportement psychologique ou de son absence de formation, est incapable de pourvoir à ses besoins, ou exige des soins constants, ou représente un danger pour autrui ou se trouve ségréguée soit de son propre fait, soit de celui de la collectivité. Or les statistiques montrent qu'un Français sur dix, si on se limite à l'inadaptation sociale et un sur cinq si on y ajoute la débilité physique ou mentale, fait partie de cette “autre France” ». Cette définition ancienne n'est sans doute plus tout à fait d'actualité car elle lie directement et univoquement l'inadaptation à une incapacité personnelle. Le facteur économique est éludé. Or, depuis la crise, le phénomène d'exclusion a une signification essentiellement économique. Comme le dit Tabary [330], il ne suffit plus de dire à un malade : « Vous pouvez reprendre un travail » pour qu'il puisse effectivement en trouver un. La capacité à trouver un emploi n'est plus du seul recours du demandeur. Le travail n'est pas seulement symbole, il est aussi cause de l'exclusion car privé de ressources, l'individu va descendre avec une grande rapidité, la pente de la désocialisation et de la paupérisation aboutissant à une complète marginalisation sociale. L'exclus est celui qui est incapable au sens où l'entend Lenoir, mais aussi victime. Et le malade mental est de ceux qui cumulent les plus grandes difficultés d'adaptation personnelle et le plus grand rejet de la part de l'environnement social et professionnel. On a évoqué *les nouvelles pauvretés* pour signifier que le phénomène de marginalisation touchait, avec la crise économique, une population beaucoup plus vaste comprenant des individus anciennement intégrés mais parvenus par exemple en fin de droits au chômage à un âge où l'embauche surtout peu qualifiée pose de plus en plus de problèmes. L'importance première des facteurs exogènes l'emporte sur les facteurs endogènes auxquels se limitait Lenoir dans un autre contexte. Nous verrons plus loin que la prise en compte de ces difficultés dépasse largement le domaine de l'assistance caritative traditionnelle et débouchera sur la mise en place du revenu minimum d'insertion (RMI).

Il faut signaler des expériences locales visant à faire sortir les situations de plus grande pauvreté de la seule alternative : travailler ou tendre la main. La municipalité de Besançon, par exemple, dès 1967, fixe un seuil de revenu décent, un seuil de dignité (80 % du SMIG) en-dessous duquel la vie n'est que survie. Ce minimum social garanti (MSG) est alors considéré comme un droit, versé pour une courte période afin d'endiguer la spirale de l'échec et d'éviter que les individus en difficulté n'atteignent le point de non-retour de la pauvreté. Parallèlement, un suivi socio-éducatif se met en place pour accompagner le sujet vers la reconnaissance de son identité sociale à travers une relation personnalisée avec le travailleur social [180]. L'avantage d'une telle formule instaurée à petite échelle (ici une ville) est qu'elle est à taille humaine et promeut un réel partenariat entre les différents acteurs économiques, sociaux et éducatifs de la commune.

Les conditions économiques renforçant le chômage, ont montré que l'exclusion du système de production entraînait le rétrécissement de la vie sociale et à terme l'exclusion sociale. Pour venir à bout de ce phénomène, un double mouvement semble nécessaire : l'augmentation du nombre d'emplois et le maintien dans le circuit social de la population grandissante des exclus. Actuellement, il y a surtout lieu de « garantir aux personnes et aux familles victimes de la précarité les moyens de leur participation à la vie politique et sociale et à la vie économique » [373].

Y a-t-il insertion sociale possible sans participation au circuit de production ? La question se pose aussi bien pour les nouveaux pauvres que pour les malades mentaux dont les symptômes de désinsertion sont les mêmes. Le problème de l'insertion des malades mentaux est maintenant pris dans celui, plus vaste, de l'insertion d'une quantité de plus en plus importante d'exclus. L'exclusion qui, en période de plein emploi, n'était le lot que d'individus handicapés, touche maintenant, par l'évolution de la situation économique, un nombre considérable de personnes qui ne présentent pas, *a priori*, de troubles personnels. C'est en quelque sorte la fin (momentanée ?) de l'isolement des malades mentaux. Ils se trouvent aujourd'hui partie prenante de la cohorte des exclus et, par-là même, un petit peu moins anormaux.

Mais, est-ce normal de ne pas avoir d'emploi ? On peut imaginer que le nombre de sans-travail augmentant, le critère statistique de normalité va se déplacer. La réflexion simpliste « quand on veut on peut » est toutefois encore bien prégnante et il est temps de construire un signifiant non-travail, complétant le signifiant travail, qui vienne contre-balancer ce qui, dans l'inconscient collectif et individuel, est déstructurant ou plutôt structurant d'une certaine anormalité. De plus, nous l'avons dit, sans travail il n'est pas de temps libre, et le temps libéré par l'absence de travail ne permet pas l'adaptation nécessaire à tous les autres groupes humains qui fondent l'inclusion sociale ou l'enracinement. Comme le dit Le Guillant, l'individu doit participer « à ces groupes humains auxquels il appartient et continue d'appartenir : sa famille et ses amis, son village et son pays, son syndicat ou son parti. C'est là que s'est jouée et se jouera sa destinée. C'est là seulement qu'il cessera d'être aliéné et où toute notre action doit tendre à le réintégrer » [217, p. 569].

Ainsi la participation à l'activité productive ou à un emploi reconnu est pour une large part la condition qui fonde encore l'enracinement humain, au sens où l'entendait Simone Weil. « L'enracinement est peut-être le besoin le plus important et le plus méconnu de l'âme humaine. C'est un des plus difficiles à définir. Un être humain a une racine par sa participation réelle, active et naturelle à l'existence d'une collectivité qui conserve vivants certains trésors du passé et certains pressentiments d'avenir... Chaque être humain a besoin d'avoir de multiples racines. Il a besoin de recevoir la presque totalité de sa vie morale, intellectuelle, spirituelle, par l'intermédiaire des milieux dont il fait naturellement partie » [368, p. 61]. Là se situe, nous semble-t-il, un des nœuds du problème du travail dans sa fonction d'insertion. Alors qu'un certain nombre d'institutions, poussées par les nouvelles donnes de l'emploi et du chômage, abandonnent progressivement leur but d'insertion professionnelle pour s'orienter vers une insertion plus globalement sociale, on s'aperçoit que cet enracinement dans l'environnement social ne peut s'accomplir que par une adhésion réelle et active aux principes qui fondent cette société — et le travail en est un — et pendant un temps libre que l'on a défini comme temps gagné par son labeur et rendu libre par l'arrêt des horaires de travail. Seul le retraité peut donner l'image d'un individu qui est inséré sans travailler, mais la condition *sine qua non* de la retraite est le travail qui a précédé. Par ailleurs, l'âge auquel on accède à ce statut est précisé dans des textes réglementaires (l'autre image éventuelle, celle du rentier, tend à disparaître). Alors, peut-on inclure les sans-travail ? Y a-t-il une citoyenneté possible pour ceux qui sont exclus du marché du travail ?

LE REVENU MINIMUM D'INSERTION

Il y a lieu de traiter ici du RMI qui n'est naturellement pas une mesure destinée spécialement aux malades mentaux. Mais celui qui s'occupe de psychiatrie d'adultes est obligatoirement confronté à ce revenu, qui est moins « marqué » que l'aide aux adultes handicapés et qui, en proposant un contrat au signataire, lui redonne une certaine reconnaissance sociale. « Le contrat d'insertion manifeste la capacité à s'engager des bénéficiaires et la reconnaissance de leur dignité de citoyens, acteurs et non assistés » [76, p. 3212]. Par ailleurs, une grande convergence semble se dessiner entre l'insertion des malades mentaux telle que peuvent la vivre des équipes de psychiatrie et l'insertion des exclus au sens large, que propose le RMI. Elles présentent toutes deux une part de réinsertion professionnelle (le meilleur pourcentage de réussite concerne dans les deux cas des sujets à la désinsertion récente), une part de réinsertion sociale pour laquelle la perspective d'emploi est très éloignée et toute une frange d'expériences diverses (structures transitionnelles dans un cas, entreprises d'insertion dans l'autre) porteuses d'espoir mais aux résultats souvent décevants.

Le RMI doit assurer les ressources de subsistance, l'accès aux droits sociaux et favoriser l'insertion ou la réinsertion. Il s'adresse aux « personnes qui sont confrontées à d'importantes difficultés et conjuguent la plupart du temps des problèmes d'emploi, de formation professionnelle et d'éducation, de logement, de santé, voire, dans de nombreux cas, de vie sociale » [76, p. 3202], autrement dit à ceux que l'on appelle les exclus. S'inspirant d'expériences locales et du rapport Wrezinski, le revenu minimum d'insertion (RMI) est créé par la loi du 1er décembre 1988. Quatre cent mille dossiers ont été ouverts dans les trois premiers mois de sa création, sept cent mille au cours des deux premières années suivant sa mise en application. Il se compose d'un revenu minimum versé en même temps qu'est mis en place un parcours individualisé d'insertion. C'est une « mesure complétive et non substitutive » [367], celle-ci pouvant être comprise selon plusieurs axes : « Actions de différentes natures en vue d'aider ces bénéficiaires à retrouver ou à développer leur autonomie sociale » ; « actions de lutte contre l'illettrisme et actions de formations qualifiantes » ; « Activités et emplois » [75]. Nous retiendrons, pour ce qui nous concerne, trois points essentiels dans cette mesure :

— le souhait que le RMI ne soit pas une allocation, mais débouche réellement sur une insertion ;

— la mise au deuxième plan de l'insertion professionnelle — celle-ci reste à long terme l'idéal recherché mais n'est pas une priorité à court et moyen terme —,

— la prise en compte pour l'insertion, d'un emploi en milieu professionnel mais aussi d'activités d'intérêt général dans les administrations et associations.

Ceci dit, on peut classer les contrats d'insertion professionnelle selon plusieurs catégories :

L'insertion professionnelle directe

« La place de l'insertion professionnelle dans l'ensemble du volet insertion RMI doit être tout à fait essentielle : pour la plus grande part des bénéficiaires du RMI, la démarche d'insertion devra se fixer comme objectif, à plus ou moins long terme, l'insertion professionnelle, c'est-à-dire l'accès à un emploi. En effet, c'est ainsi que sont le mieux garanties une autonomie et une insertion sociale durable » [76, p. 3206]. Elle a concerné les trente mille RMistes en 1990 qui ont trouvé un emploi par eux-mêmes. On peut dire que, pour eux, le RMI n'a constitué qu'un plus et que leur emploi n'est pas directement lié aux mesures d'insertion mises en place par le RMI. Ces sujets sont ceux pour qui les services sociaux pensent qu'avec ou sans aide, ils peuvent (re)trouver un travail en milieu professionnel. Cettc catégorie correspond, dans la typologie proposée par le CREDOC, au terme de « boulimiques du RMI ». Dynamiques, jeunes, intéressés et motivés ils y croient et y arrivent souvent. Pour plus de la moitié des cas, le travail représente pour les RMistes la difficulté à résoudre en priorité. Parmi ceux-ci, plus de 80 % cherchent seuls un emploi. Ceux-là sont les branchés-emploi.

Sur environ deux cent mille personnes ayant eu accès à une mesure d'insertion professionnelle en 1990, trente mille seraient donc entrés sur le marché du travail de façon banale, et cinquante-deux mille auraient bénéficié de contrats de retour à l'emploi ou de contrats emploi-solidarité (14.400 + 37.600).

L'insertion sociale

Entendons par là celle qui ne concerne pas prioritairement l'insertion professionnelle, puisque, dans l'esprit de cette loi, la politique d'insertion doit s'effectuer à trois niveaux : l'emploi mais aussi la ville et le logement [255]. L'insertion avant tout sociale s'adresse sans doute à une population aux handicaps plus lourds, mais l'expérience montre aussi que certains contrats ne sont là que pour justifier le maintien d'une allocation-assistance. En effet, les organismes instructeurs, face à certaines situations sociales catastrophiques et au peu de temps disponible pour les prendre en charge ont parfois tendance à proposer des contrats de suivi social, qui cachent en fait, souvent, la demande d'une simple allocation d'assistance. Cela est d'autant plus vrai que ces organismes, surchargés de travail, ne disposent que de possibilités réduites de propositions. Ainsi les fameux stages qui servent davantage de justificatifs de la prestation que de tremplin d'insertion sont difficiles à obtenir, leur durée est courte et le candidat à l'insertion, à la fin du stage, se retrouve à la case départ. Face à cela, de nombreux organismes instructeurs ont tempéré leur ardeur en vue de l'obtention de stages de formation ; les contrats sont alors plus flous et ils sont ainsi acceptés par les commissions qui hésitent généralement à refuser les contrats et suspendre l'allocation.

Entre l'insertion professionnelle et l'insertion sociale de base qui sert souvent de justification au versement de l'allocation, quelle est la troisième voie ?

Les entreprises d'insertion

Ce sont des entreprises que l'on pourrait qualifier d'intermédiaires. Au nombre d'environ 250 en France, elles se proposent d'embaucher des personnes en difficulté pour une durée de six à dix-huit mois, pour ainsi interrompre un chômage chronique et installer ces sujets, de nouveau, dans le marché de l'emploi. Elles ont fourni trois mille emplois en 1990. Cette réinsertion par l'économique « s'adresse en priorité à des personnes, jeunes ou adultes, qui connaissent des échecs répétés, qui se trouvent en situation précaire : fin de droits, sans revenus, sans domicile fixe, n'ayant jamais travaillé, marginalisés ou en voie de marginalisation, en situation de désintoxication ou de postcure ».

Les entreprises d'insertion sont à 80 % des associations (12 % de SARL ; 5,5 % de coopératives ouvrières de production ; 2,5 % de sociétés anonymes). Aidées par l'Etat, ces entreprises annonçaient, lors de leur deuxième congrès national en 1990, que 38 % de leurs salariés avaient trouvé un emploi en entreprise classique après leur passage en entreprise d'insertion [70]. Chaque création, chaque projet porte son dynamisme mais dans le passage de l'assistance vers l'insertion, il semble y avoir beaucoup d'appelés et peu d'élus. Les « ateliers d'insertion du pays rennais » pour prendre un exemple, se présentent comme un nouveau type d'atelier destiné à des RMistes désinsérés. Ils ne peuvent, nous dit-on, « en rien se référer à ce qui existe ailleurs. Tels les centres d'aide par le travail (CAT), les ateliers protégés, les entreprises d'insertion, les associations intermédiaires... toute confusion serait le fait d'une ignorance manifeste » [327]. Pourtant le public concerné est bien comparable et le but poursuivi le même. Et il ne s'agit pas là, pour nous, d'une quelconque critique tant nous connaissons les difficultés de la vraie réinsertion.

Au XIXe siècle, la population psychiatrique se divisait en curables et incurables. Pour les premiers le travail représentait un soin et pour les seconds une occupation. Les préoccupations étaient thérapeutiques ou humanitaires mais aucun lien n'existait entre les deux. Dans un autre domaine, la visée des contrats d'insertion du RMI et l'existence d'entreprises d'insertion nous semblent absolument novatrices en ce qu'elles aménagent des passages possibles entre populations exclues et incluses, entre assistés et insérés, bref, entre curables et incurables.

De nombreux malades mentaux touchent le RMI au titre de l'exclusion sociale. Certains ont signé des contrats d'insertion mais se heurtent à des difficultés.

1. En effet, si le malade est connu comme tel par les organismes instructeurs, ceux-ci l'orientent fréquemment vers un dispositif sanitaire sectoriel ce qui justifie le contrat (suivi psychiatrique sur le secteur). Ainsi, ils renvoient ce malade à la case départ alors que l'équipe psychiatrique, de son côté, envisageait comme un progrès la confrontation du malade avec le dispositif social du RMI au même titre que n'importe quel exclu social non malade. « La santé ne risque-t-elle pas de servir d'alibi pour élaborer des contrats “poubelle” dans les cas jugés difficiles ? » interroge Sarazin [307]. Ceci

explique le souhait de divers services de clarifier d'emblée la situation en instaurant une collaboration plus poussée. Ainsi, à Poissy, des consultations spécialisées en psychiatrie et alcoologie ont été ouvertes aux RMistes à la condition expresse de ne jamais représenter une exigence du contrat d'insertion.

La situation est encore compliquée du fait que pour alléger les services sociaux polyvalents ou les bureaux d'aide sociale, des instructions récentes permettent aux équipes sociales de secteur psychiatrique, d'instruire et de suivre des dossiers RMI (à Paris, arrêté du 28 mars 1990 pris par le Préfet, suivi d'une note du 24 juillet 1990 rédigée par le Délégué général aux Affaires sanitaires et sociales). Même si elles soulagent les services municipaux, ces consignes n'en soulèvent pas moins un certain nombre de questions. Si le client est déjà suivi dans un centre médico-psychologique, on assistera à une centralisation, au niveau d'une équipe psychiatrique, de l'aide sociale qui peut lui être apportée, d'où risques de confusion des genres et de restriction de son horizon à la seule équipe psychiatrique. Par ailleurs, qu'en sera-t-il d'un contrat instruit et marqué par le sceau psychiatrique dans une perspective d'insertion ? C'est au travailleur social ayant instruit la première demande d'estimer si le cas est « lourd » et mérite d'être transmis au service de secteur psychiatrique. Dans le cas où le client n'est pas « encore » suivi, ce même travailleur social, s'il « détecte un problème de comportement », aura à assurer cette transmission au service de secteur, alors opposé au « circuit normal ». Les assistantes sociales polyvalentes ne seront peut-être pas loin, à ce moment-là, du diagnostic et de l'injonction... Cette opposition dans les démarches — la psychiatrie orientant vers le secteur social banal et le secteur polyvalent dirigeant des clients vers le secteur psychiatrique — ne représente-t-elle pas, en fait, un double rejet pour certaines personnes indésirables ?

2) De même qu'en ce qui concerne les dispositifs de postcure psychiatrique, nous nous étions demandé si le progrès n'était stigmatisé que par le passage d'une institution à l'autre, la dernière renvoyant éventuellement à la première, toujours sous la justification de faire progresser le malade, on a souvent l'impression ici qu'un dispositif débouche sur un autre qui, à son tour, etc. Il y a toujours un « projet suivant » possible mais le pas vers l'insertion professionnelle normale est difficilement sauté. Nous prendrons l'exemple d'une association intermédiaire [307] : elle propose des chantiers-écoles sous la forme d'un Contrat emploi-solidarité (CES) de six mois. Après celui-ci, il peut y avoir une Action d'insertion formation (AIF) qui peut déboucher sur une pré-qualification. On peut ensuite penser qu'un stage qualifiant pourra faire le lit d'un autre stage. Mais trouve-t-on du travail en sortant d'une telle série ?

3) En 1990, 38 % des bénéficiaires du RMI ont signé un contrat d'insertion mais si on supprime de cette proportion les contrats sans autre contenu

qu'une justification en vue de la poursuite de l'allocation, « les contrats bidons et les stages parkings » demande C. Euzeby dans *Le Monde*, quel est le taux de propositions efficaces d'insertion ? Les organismes instructeurs s'aperçoivent souvent que leurs possibilités d'offre sont relativement réduites dans le champ social normal, les seules ouvertures étant, en fait, liées aux créations de structures aidées par l'Etat. « La progression de l'insertion tient davantage à l'effort financier de l'Etat (trois milliards de crédits en 1990 au titre de l'emploi et du logement) qu'à la mobilisation des acteurs sociaux ». Les mesures d'aide subventionnées par l'Etat sont :
— le renforcement des moyens des associations intermédiaires ;
— la multiplication des activités locales d'intérêt public ;
— les schémas d'insertion dans lesquels le RMI est versé à une institution à charge pour elle de verser une rémunération minimum, fixée par décret, à la personne bénéficiaire du RMI ;
— le contrat de retour à l'emploi : il s'agit de véritables contrats de travail d'une durée minimum de six mois, pendant lesquels l'employeur reçoit une somme forfaitaire mensuelle de 1.500 francs et est exonéré de certaines charges sociales [255].

On peut se demander si ces emplois marginaux et aidés par l'Etat ne représentent pas davantage une assistance par l'emploi qu'une véritable réinsertion.

4) 52 % des bénéficiaires du RMI pensent que c'est l'emploi le vrai problème mais 24 % des contrats seulement sont centrés sur l'emploi. La commission nationale d'évaluation du RMI remarque qu'« on est encore bien loin du monde du travail ». C'est ce que constate aussi Lallemand : « Le pari de l'insertion va donner du grain à moudre à la commission qui devra bien, à un moment ou à un autre, poser la question de la crédibilité de l'insertion professionnelle et des moyens que la société se donne pour y répondre. Ses membres vont devoir en tous cas s'efforcer de mobiliser les partenaires sociaux de façon à inscrire davantage l'individu dans un monde du travail bien éloigné de la réalité du RMI » [209].

5) Enfin, on peut se demander, au vu de la marginalisation de nombre de contrats, de la dépression de certains organismes instructeurs et de la création d'emplois plus ou moins artificiels, pour ne pas dire protégés, si le RMI ne risque pas d'abandonner bientôt son rôle d'insertion pour ne devenir qu'une assistance stigmatisant l'exclusion en la salariant. « Le danger que représente, dans ses effets pervers, la mise en place d'un revenu minimum consiste donc à désigner ceux et celles qui, parmi nous, ne peuvent plus concourir à la création de richesses économiques, pour en faire des déficients sociaux vis-à-vis desquels il sera nécessaire d'engager des actions sociales de réparation. Le revenu minimum d'insertion présente donc, dans sa mise en place même, cette importante contradiction : il risque à travers des effets sociaux non maîtrisés, de stigmatiser et donc d'exclure un peu plus ceux qui

en seront les bénéficiaires. En cela, il peut devenir le nouveau marquage des pauvres en cette fin du vingtième siècle » [68]. En effet, l'assistance maintient souvent une certaine dépendance et partant, contribue à marquer des exclusions ; les références historiques ne manquent pas [4, p. 63] et l'idée de la contrepartie d'effort d'insertion est *a priori* bonne, mais les conditions politiques et économiques se prêtent-elles à une possible inclusion de tous les individus dans le même collectif social ? Le choix d'une stratégie est largement déterminé si l'on pense que l'insertion passe nécessairement par un emploi ou des activités de type professionnel. En effet :

— Soit la politique économique se donne comme objectif prioritaire la lutte contre le chômage, en visant le plus possible un plein emploi ; certains pays comme la Suède ou l'Autriche se démarquent assez nettement sous cet aspect.

— Soit l'Etat met en place une espèce d'assistance par l'emploi en subventionnant au maximum, entreprises et emplois dits intermédiaires.

— Soit encore, il fait surtout vibrer la corde de la sensibilité entre les personnes : à de nouvelles pauvretés, de nouvelles solidarités, partageons les emplois.

PERSPECTIVES D'AVENIR

Le chômage est-il un problème social ou économique ? Et par conséquent, les remèdes doivent-ils être sociaux ou économiques ? Deux millions cinq cent mille chômeurs en France, 11 % dans la Communauté européenne : devant l'importance du phénomène, les réponses ont été diverses mais il s'agissait, d'abord, de faire baisser les chiffres par un certain nombre d'artifices s'accompagnant souvent de mesures sociales — redéfinition du chômage, rapatriement des travailleurs étrangers, mises en retraite anticipées, élargissement des conditions d'accès aux pensions et aides diverses. Une telle politique accepte facilement le principe de la société à deux vitesses et Philippe Seguin pouvait déclarer, dans *Le Monde* le 8 août 1986 : « L'objectif n'est plus le plein emploi productif ». Cela signe une espèce de résignation devant une situation perçue comme inéluctable. C'est à la société de s'adapter aux conditions économiques. A terme, on assisterait alors à une répartition de la population en deux : une partie hautement qualifiée et productive, l'autre sans emploi et assistée.

Les instances politiques semblent, dans une bonne partie de l'Europe, s'accommoder de cette division, quitte à mettre en place des prestations sociales importantes pour les exclus, en argumentant que la croissance ne se décrète pas et qu'il y a lieu de s'adapter aux nouvelles donnes de l'emploi. Une société qui accepte l'exclusion de fait de certains de ses membres de son système économique, crée donc une catégorie d'exclus à assister. Il est à craindre, alors, que l'on instaure des filières ségrégatives comme il en existe pour les malades mentaux. A ce sujet, le parallèle qui se dessine entre certaines prestations sociales comme le RMI et le pécule hospitalier peut sembler inquiétant. Tous deux ont, en effet, de nombreux points communs : ce ne sont ni des salaires (leur montant est peu élevé, ils ne sont pas soumis à l'impôt), ni un don charitable (il y a réciprocité, échange de service), ni un pourboire (il y a codification et indexation), ce sont des prestations marginales codifiées, permettant d'assurer une certaine survie et supposant un échange (contrat) basé sur des critères subjectifs d'effort. A ce titre, le RMI présente les mêmes difficultés et prête le flanc aux mêmes critiques que le pécule intra-hospitalier dont le devenir, on l'a vu, a souvent été la suppression ou la transformation en rente sans contrepartie.

A l'inverse, le rapport Kreisky stigmatise cet état de fait et dénonce le danger d'une telle politique privilégiant les réponses sociales par rapport aux réponses économiques. La société ne pourra pas gérer humainement une trop grande proportion d'exclus : la démoralisation d'une part importante de la population liée à son sentiment d'inutilité risquant même, à terme, de mettre en danger la démocratie. « Il est à craindre que de nombreux jeunes n'auront jamais l'occasion, grâce à un emploi régulier, de participer pleinement à la vie de la société, ils se retrouveront donc en marge des forces vives de la nation. C'est tout simplement inacceptable politiquement, économiquement et matériellement » [205, p. 38-39]. « Une société qui n'offre pas en permanence des possibilités d'emplois intéressants, productifs et rémunérateurs à tous ceux qui désirent travailler, ne réussira pas à éviter l'instabilité sociale. Les indemnités de chômage et les prestations sociales, bien que nécessaires, ne peuvent compenser les sentiments de vide, d'inutilité, d'insécurité et d'isolement qui résultent d'une recherche de travail infructueuse, avec entre autres conséquences, la polarisation et l'éclatement de la société » [205, p. 43, 44]. Le rapport Kreisky ne s'appuie pas sur la seule relance économique pour résorber le chômage mais indique un certain nombre de domaines porteurs d'emploi, en particulier, l'enseignement et la formation, la protection de l'environnement, les activités culturelles, l'information, etc.

Au point de rencontre de ces différents couples inclus/exclus, actifs/inactifs, domaine économique/domaine social, on peut voir poindre quelques lignes de force pour les années à venir, à défaut de pouvoir imaginer ce que sera l'évolution de la situation économique souvent soumise à des aléas imprévisibles [247].

— Tout d'abord au niveau des malades mentaux : ceux-ci ont rejoint dans un premier temps l'ensemble plus vaste des handicapés, avant d'être assimilés aujourd'hui à la grande confrérie des exclus sociaux. On peut naturellement regretter que la taille de cette dernière augmente à grande vitesse mais aussi considérer que, pour les malades mentaux, cela représente une assimilation au sein d'un groupe plus important de personnes ne présentant pas nécessairement de handicap individuel.

— La discussion entre social et économique, la séparation entre assistance et insertion — comme le prône Euzeby et comme cela se fait dans d'autres pays européens — ne doit pas éluder l'analyse de leur relation dialectique. « Réencastrer l'économique dans le social » [4, p. 62], selon l'idée fondatrice du RMI est une réelle nécessité. « La signification profonde du revenu minimum garanti ne tient pas à son contenu technique intrinsèque dont on a vu qu'il faisait un quasi-consensus ; elle tient plutôt à sa place dans la politique économique. C'est moins l'élément que la structure dans laquelle il s'insère qui compte. Suivant que priorité est accordée ou pas à la lutte contre le chômage, et donc à la croissance, on aura un RMI de gauche ou de droite [...]. Si on entend par revenu ce qui revient à chacun par suite de son intégration à l'ensemble, alors l'objectif d'une politique économique de gauche se décline par le slogan : chômage minimum et revenu maximum ! » [4, p. 63].

— Il y a lieu, par ailleurs, de tenir grand compte des conséquences psychologiques de l'absence d'emploi quand on envisage pour certains une simple assistance. Revenu individuel et travail individuel ne semblent pas pouvoir être entièrement déconnectés dans l'état actuel des choses. Actuellement, comme le dit Adémart, « le chômage est plus qu'une sanction, c'est une condamnation à la mort sociale qui frappe le plus souvent des "innocents" transformés en victimes émissaires ; et à supposer qu'il y ait des "paresseux", la "peine" est injuste parce qu'elle est disproportionnée avec la faute » [4, p. 64]. Il suggère donc pour chacun un salaire plus polymorphe dont une partie seulement serait indexée sur la performance individuelle, les autres termes du binôme ou du polynôme était représentés par des activités sociales ou socialisées d'intérêt plus général, et par la formation continue. Ce qui n'est encore qu'une vue de l'esprit, cette insistance sur le caractère social de la production et de la consommation, fait déjà cependant l'objet de prospectives nombreuses, en particulier de la part de l'OCDE.

— « En termes sociaux et politiques, une société à deux vitesses, composée d'inclus et d'exclus, est tellement contraire aux normes acceptées dans nos démocraties industrialisées, qu'il ne peut s'agir là d'un choix réaliste à long terme. La société active correspond à une autre hypothèse selon laquelle les mesures gouvernementales seront conçues pour aider autant d'individus que possible à jouer un rôle positif, les amenant à être perçus comme utiles à la vie économique et sociale » [255, p. 123].

L'OCDE considérant que « le plein emploi associé au chômage à temps plein et une certaine forme de protection sociale, est un modèle qui semble aujourd'hui mis en question », envisage pour l'avenir un marché de l'emploi dont les maître-mots seront souplesse, adaptabilité, capacité à évoluer et surtout diversification. Certains emplois seront fixes mais nombreux seront les individus qui alterneront chômage, emploi et activités. C'est une adaptation à la nouvelle « commande sociale » dont il est question dans cette

« société active » qui verra peut-être une nouvelle désacralisation du travail associée à un meilleur partage de ce dernier et à une augmentation des activités annexes.

— Dans cette perspective, les efforts devront porter vers la formation en termes de savoir-être ou même de savoir-devenir, plus que de savoir-faire mais n'assistera-t-on pas alors à un désinvestissement de ces activités à géométrie variable dans lesquelles le sujet ne se sentira pas vraiment inséré ? Par ailleurs, ce risque d'instabilité permanente ne sera-t-il pas trop déstructurant ? Quant à la solidarité, est-ce quelque chose que l'on peut décréter ? N'y a-t-il pas de contradiction flagrante à parler d'insertion sociale dans la cité (Développement social des quartiers — DSQ — ou encouragement au bénévolat) à un moment où justement l'individualisme frileux est au top niveau et le secteur associatif au plus bas ? De lutte contre la solitude et de relations de proximité quand l'ambiance générale est à l'isolement et à la psychose sécuritaire ? L'insertion par le social est-elle possible alors que, nous l'avons vu, le travail reste le lieu privilégié d'échanges et de rencontres et que les chômeurs, dans leur ensemble, souhaitent du travail plus que du temps libre associé à une allocation ? « Certaines personnes font valoir que le chômeur devrait puiser sa satisfaction dans le travail volontaire et être le héraut d'une nouvelle culture dans laquelle le travail rémunéré n'occuperait plus une position centrale. C'est de l'utopie. Des études effectuées auprès des chômeurs ont montré que sans travail, beaucoup d'entre eux perdent toute raison de faire quoi que ce soit » [205, p. 47].

Quelles sont les conséquences de la situation actuelle et à venir, pour les malades mentaux ? Même si on peut douter d'un certain nombre de points de vue et de mesures en ce qui concerne l'insertion des exclus, nous pensons qu'au niveau des malades mentaux, il y a là quelques éléments sur lesquels nous pourrons nous appuyer de façon positive.

1. Tout d'abord, nous l'avons vu, ces malades rentrent maintenant dans le cadre plus global des exclus sociaux. Ils pourront à ce titre, et se sentir moins seuls dans le ghetto de la psychiatrie, et tirer parti de mesures d'assistance et d'insertion prises en faveur de la population globale des exclus.

2. Tous les malades dans l'incapacité de travailler vont sans doute « bénéficier » de la banalisation du non-travail salarié. L'intérêt de la nouvelle donne du marché de l'emploi, nous dit Tachon [332] est qu'on ne peut plus actuellement « attacher le statut social de la personne à la place occupée sur le marché du travail ». Même s'il y a lieu de se montrer réservé vis-à-vis de cette affirmation, une personne qui ne travaille pas n'est pas actuellement montrée du doigt, comme en période de plein emploi. L'absence de travail, par sa fréquence, est peut-être moins vécue comme un manque fondamental par le malade, sa famille et l'environnement social. « Il n'est pas évident qu'il soit nécessaire pour tous les tempéraments et tous les caractères de travailler,

d'être inséré dans un réseau d'échanges professionnels, de participer au processus de production et d'échanges commerciaux pour bénéficier du soutien et de la stimulation d'un réseau de relations sociales. Il y a de si nombreuses possibilités de culture, de jeux, de sports, d'actions bénévoles dans lesquelles la personnalité peut s'épanouir pour que nous ne fassions pas du travail rémunéré une condition *sine qua non* de l'autonomie, de la formation et de l'équilibre de la personnalité » [165]. Si le but de la réhabilitation est « la restitution du sujet dans l'estime de soi et dans la considération d'autrui », comme dit Garrabé [164], au moins la deuxième partie de la proposition sera-t-elle plus acceptable dans un milieu où l'absence de travail ne sera plus considérée comme une tare. La réhabilitation serait ainsi libérée du poids accordé au travail dans la représentation familiale et sociale traditionnelle. « Bien plus importante nous paraît être la capacité d'investissements divers de vie, de plaisir [...], et il est possible qu'au bout du chemin, il y ait le renoncement au travail et l'acceptation d'un autre mode de vie » [98,p. 923].

3. Les petits boulots sont un leurre : cela est souvent vrai. Pour nombre de malades mentaux, c'est pourtant une chance dans la mesure où il s'agit habituellement d'occupations peu qualifiées et à durée déterminée, c'est-à-dire que de nombreux malades sont susceptibles d'effectuer. La multiplication et la banalisation de ces petits boulots a permis à des malades de trouver une place sociale et (presque) reconnue. De la même manière, cette marginalisation de l'emploi a souvent autorisé des marginaux de l'insertion à se forger place et réussite.

4. Faute d'emploi, on insère dans le social et des mesures sont prises dans ce sens (logement, santé, développement social des quartiers, lutte contre l'illettrisme, etc.). Les malades mentaux, qui ne peuvent travailler ou pour qui « l'activité professionnelle n'apparaît pas comme une nécessité dans une démarche de réinsertion sociale » [336] bénéficieront ainsi des programmes sociaux mis en place pour tous les candidats à l'insertion. On peut en espérer la participation, à terme, à une meilleure citoyenneté.

5. Nous pensons à tout ce qui concerne le développement social, créneau actuellement porteur, né d'une volonté politique, de l'octroi d'un budget *ad hoc* et de la création, par décret du 28 octobre 1988, de structures administratives comme la délégation inter-ministérielle à la ville (DIV) et au développement social urbain (DSU). L'objectif est, par le développement local et l'animation, d'agir pour l'insertion et la citoyenneté. Ce dernier terme se rapporte non plus à la nationalité, mais à un modèle plus convivial, plus local, animé par des formes de participation communautaire ; il signifie en quelque sorte un enracinement local. « Aujourd'hui c'est davantage à l'échelon du quartier ou de façon sectorielle que peut se vivre sa citoyenneté si l'on veut retisser des liens sociaux » [370]. Or, la participation à la vie locale et associative constitue depuis longtemps le projet des soignants pour

les malades. Si la volonté de développement local est une priorité nationale, les malades participeront alors à ce mouvement.

Reste toujours le facteur humain. L'évolution des mentalités ne se décrète pas. La mise en place des structures nécessaires ne signifie pas que la chaleur humaine y habitera et que les individus s'y sentiront partie prenante. Décréter le développement local, est-ce une vue de l'esprit ? Une réalisation purement formelle ? « Un fourre-tous très œcuménique avec une pincée d'économique, un peu de culturel, une dose de social, un brin de citoyenneté » ? [301]. En tous cas, c'est une préoccupation commune à tous les pays européens. La création et le soutien financier par la communauté européenne elle-même, d'ELISE en est une preuve tangible. ELISE se définit comme le « réseau européen d'échange d'informations sur le développement local et les initiatives locales d'emploi » [296]. Son but est « de voir se consolider l'Europe sociale, à travers une volonté et des dispositifs clairs d'intégration de tous les citoyens ».

L'appel aux solidarités est, en effet, un compromis se profilant entre l'acceptation d'un chômage très important qui pourrait, à terme, mettre en danger les démocraties, et une relance économique dont la mise en route est bien aléatoire. L'impulsion d'initiatives locales d'emploi (ILE) a trouvé un certain écho, au moins dans le secteur associatif français. Et puisqu'il s'agit de solidarité avec les chômeurs, pourquoi la solidarité ne se tournerait-elle pas aussi vers les malades mentaux ? Voici quelques exemples de cette nouvelle solidarité :

— La création en 1985 de l'association « Solidarités nouvelles face au chômage » [1], dont la formule est « un partage de revenus pour créer un emploi temporaire ; une entraide personnalisée et durable ». Il s'agit en effet pour quelques volontaires, de réunir une partie de leurs revenus pour créer un emploi adapté à un chômeur particulier. Cet emploi consiste généralement en travaux destinés à aider d'autres exclus. La question, qui demeure, est que cet emploi n'est que temporaire et que le « vrai » marché du travail n'est toujours pas élastique.

— Le manifeste contre l'exclusion : Appel aux initiatives [2] qui souhaite qu'un débat s'instaure à tous les niveaux et que des initiatives multiples se mettent en place afin « d'assurer la pleine utilisation des ressources humaines et la place de chacun dans l'échange social ». Cet effort pour davantage de solidarité et de créativité a déjà permis, au cours des dix dernières années, la création de plus de deux mille associations œuvrant avec et pour les demandeurs d'emploi. « Nous estimons que chacun doit être en mesure de pouvoir exercer une activité génératrice de lien social et de revenu, sources de sociabilité et d'autonomie, qui sont deux dimensions essentielles de la personne humaine et de la citoyenneté ». Ici encore, les malades mentaux,

1. 99, rue des Couronnes - 75020 Paris.

2. 62, boulevard de Sébastopol - 75003 Paris

sortant d'un certain isolement, pourraient bénéficier de cette dynamique sociale d'accueil et de solidarité.

6. Enfin, l'amélioration de l'accueil dans la communauté et la sensibilisation au problème de l'exclusion, autre volet des mesures d'insertion concerne naturellement les malades mentaux.

Même si le but de la réinsertion est de préparer le malade à utiliser les structures telles qu'elles existent et non telles qu'elles devraient être, plutôt que de sensibiliser le milieu ambiant à l'accueil des malades mentaux (ce qui différencie une démarche sanitaire d'une démarche sociale), même si on approuve la démarche du Centre Mogador, « ce n'est plus alors en tant que malade mental réductible à sa maladie, mais en tant qu'individu que celui-ci doit devenir capable d'évoluer dans le circuit ordinaire des demandeurs d'emploi » [264, p. 29], on ne peut que se féliciter d'une meilleure réceptivité et d'une plus grande tolérance du milieu ambiant à tout ce qui concerne le hors-norme ou le marginal. Si une rencontre est aménagée entre l'exclu et le milieu social, elle concernera à la fois l'un, l'autre et leur adaptation réciproque. « C'est au niveau de cette relation entre l'individu et le corps social que se situe notre action, relation qui englobe : le vécu du monde extérieur par le candidat, le vécu du "fou" par la société, et bien sûr la manière dont chacun fantasme son propre être dans le monde social » [246]. Bruckman et Aubert [56] vont plus loin. Utilisant un modèle winnicottien, ils expliquent que la démarche éducative consiste à permettre à l'enfant de tirer profit des qualités de son entourage familial et éducatif ; une des conséquences éducatives est donc la nécessité impérative de restaurer ou d'améliorer autant que possible les qualités de cet entourage afin de le rendre suffisamment bon. Ce double effort, seul, permet ce « mouvement solidaire de relation à l'environnement social » dont parlent les auteurs.

Qu'est-ce qu'un environnement suffisamment bon ? C'est celui qui est susceptible « d'accommoder son mode de fonctionnement suivant la pression représentée par cette demande nouvelle » [157, p. 598] sans rejet mais également sans négation du handicap. Il ne s'agit plus alors de se demander si c'est au sujet de s'adapter ou au milieu d'accueillir mais de promouvoir une osmose en amenant le milieu à « élaborer une représentation du sujet qui, au-delà de la maladie ou de sa déviance, est producteur d'une différence, source d'apport positif pour le milieu » (p. 604).

Ici, sans doute, l'expérience d'insertion de minorités autres que les malades mentaux, axant son effort autant sur l'environnement d'accueil que vers la personne à insérer, sera profitable ; toute minorité, par définition hors des normes d'un groupe, est appelée dans son désir d'insertion, à bousculer l'équilibre statique du groupe — ceci est vrai pour toute minorité (homosexuels, étrangers, handicapés, etc.). Telle était la conclusion par exemple, d'un colloque récent consacré aux analphabètes. « Nous avons constaté que le principal obstacle à leur insertion ou à leur réinsertion, n'est pas prédominamment leur incapacité à lire et à écrire, mais l'incapacité où se trouve la société... à leur donner leur chance dans des fonctions sociales adaptées, qui reconnaissent les savoirs dont ils sont porteurs et qui peuvent être développés par des moyens appropriés. Ceci n'est pas une affirmation gratuite, c'est une leçon tirée des expériences concrètes » [95, p. 8].

Ainsi comprend-on la fortune actuelle du terme de « réseau » ou plus précisément de « réseau de proximité » ou de « réseau de support social », termes empruntés à l'Amérique du Nord. Ils désignent les supports qu'un individu est susceptible de trouver dans son environnement proche pour faire face à ses difficultés. Ces outils conceptuels, fruits du double mouvement de désinstitutionnalisation et de désengagement financier de l'Etat, ne peuvent que faire appel aux solidarités [27]. Des études visent à montrer que, peu ou prou, un bon réseau relationnel, symbole d'insertion sociale, était chez les psychotiques, un élément favorable qui se manifestait entre autres par la diminution du nombre de réhospitalisations [134]. Partant de là, certains ont travaillé sur la mise en place de tels réseaux afin d'améliorer l'insertion des malades mentaux. Par réseau, il faut entendre l'ensemble des personnes, agissant dans des domaines divers, connues du malade et vers lesquelles celui-ci sait qu'il peut se tourner de façon personnalisée et être reconnu. Cette reconnaissance d'une différence et aussi d'une valeur propre, est à la base d'expériences tout aussi intéressantes que celles des réseaux d'échanges de savoirs promus par C. Heber-Suffrin [183], ou de formations réciproques qui ne sont pas *a priori* destinés à des malades psychotiques. Il s'agit pourtant de la même démarche : reconnaissance et optimisation d'une différence à travers un ensemble socialisé de taille humaine. « Le réseau apparaît alors comme un système structuré qui joue le rôle d'intermédiaire entre la société globale et l'individu [...] et dont la fonction est d'établir des relais entre les membres d'une communauté, en leur procurant des moyens qu'ils ne peuvent ou ne pourraient que difficilement obtenir par d'autres voies » [314].

IV

BILAN ET PERSPECTIVES

Bilan

Les années 68-70 ont marqué un tournant dans la représentation du travail, mais, à l'époque, ce tournant ne s'est manifesté qu'au niveau des idées. Le mouvement alternatif en France s'est éteint assez rapidement après cependant quelques expériences intéressantes d'une « autre » insertion tant pour les malades mentaux que pour ceux qui ne l'étaient pas [voir 131]. Toutefois une rupture nette s'est opérée en ce qui concerne la représentation du travail et du non-travail. C'est, en effet, au cours des années 60 que le chômage apparaît pour la première fois de façon chronique. Auparavant, dans l'histoire de France, les périodes de chômage étaient toujours suivies de périodes de reprise au cours desquelles le chômage se résorbait à peu près complètement. Depuis 1960 (quatre cent mille chômeurs) il n'en est plus de même et l'évolution qualitative des emplois y est naturellement pour beaucoup : diminution importante du nombre d'artisans, d'ouvriers agricoles, de domestiques, etc. L'idée d'une évolution nécessaire du couple emploi/chômage et d'une redistribution des richesses face au fossé qui se creuse entre riches et pauvres, tant au niveau national qu'international, était déjà dans l'air. R. Riesman ou R. Dumont dans le domaine économique [125], P. Goodman dans celui de l'éducation [172] et, plus largement, I. Illich [186-187] illustrent cette période et apparaissent aujourd'hui comme des pionniers.

Pour Illich, la société actuelle conditionne l'individu aux besoins qu'elle fabrique, les amputant par-là de toute initiative, de toute confiance en ses valeurs propres, et de toute capacité à agir et à créer. « Une fois ancrée dans une culture, "l'addiction" à la paralysante abondance engendre la "pauvreté modernisée" » [187, p. 22]. C'est ce qu'Illich appelle la « richesse frustrante » : la création de besoins et de services vers lesquels tout individu va tendre augmentent encore l'inégalité initiale. Par ailleurs, la normalisation des professions a un double effet paralysant sur la création individuelle :

d'une part, elle transforme les postes de travail qui n'ont plus rien à voir avec la création de valeurs d'échange — « Le travail, ce n'est plus la création d'une valeur perçue comme telle par le travailleur, mais avant tout "une place", c'est-à-dire quelque chose qui nous situe socialement » [187, p. 76] — ; d'autre part, elle rend illégitime tout travail effectué par quelqu'un dont ce n'est pas l'état — « Le pouvoir qu'ont les professions d'étalonner ce qui est bon, juste, légitimement faisable, fausse chez "monsieur-tout-le-monde" la faculté de vivre à sa mesure » (p. 75) — on assiste alors à une « perte successive des libertés d'être utile ailleurs que dans un "poste de travail" ou hors d'un contrôle professionnel ». Le résultat de tout cela est, pour Illich, que « plus un pays est riche et plus semble urgent le devoir de rationner l'accès aux places et d'entraver l'activité utile des sans-travail qui porterait préjudice à l'emploi » [187, p. 78]. Ainsi disparaissent toute une série d'activités immédiatement utiles telles que les travaux domestiques, l'artisanat, l'agriculture de subsistance, la technologie radicale, l'enseignement mutuel.

La crise aidant, cette analyse revient au goût du jour puisque l'idée d'une société de pleine activité plus que de plein emploi est à la une des propositions et des initiatives actuelles en faveur de l'emploi. Décloisonner emploi (rôle social) et activité (création personnelle) en permettant à chacun d'avoir accès aux deux, inciter chacun à choisir son temps dans une double logique économique et socio-culturelle, tels sont les axes qui se dégagent actuellement et qui nous semblent intéressants pour la réhabilitation des malades mentaux. « Les appuis de l'Etat au développement local, au partenariat pour lutter contre l'exclusion sociale ; ses encouragements aux groupes sociaux, associations et collectivités territoriales à prendre en charge divers services du tertiaire relationnel ; une politique développant de nouvelles synergies entre économie monétaire et non-monétaire, entre travail rémunéré et bénévolat, devraient permettre de recréer un tissu social, de remédier à la prééminence excessive de l'échange marchand, d'assurer une synergie entre l'Etat et la société. Alors qu'on avait plutôt l'habitude jusqu'à présent que l'Etat se substitue à la société » [305, p. 23]. Ne retrouve-t-on pas dans ce souhait de créativité retrouvée, dans ce souci de retour au qualitatif plus qu'au quantitatif la notion même de convivialité introduite par Illich pour qui l'outil convivial est justement « celui qui me laisse la plus grande latitude et le plus grand pouvoir de modifier le monde au gré de mon intention » [186, p. 44]. La question que nous laisserons ici en suspens est celle de savoir si de telles modifications peuvent avoir lieu dans un type de société qui reste structurellement le même (pour ce développement, nous renvoyons à Roustang [304]). Illich distingue cinq menaces portées à la planète par le développement industriel avancé :

1. La surcroissance menace le droit de l'homme à s'enraciner dans *l'environnement* avec lequel il a évolué.
2. L'industrialisation menace le droit de l'homme à l'*autonomie* dans l'action.

3. La surprogrammation de l'homme en vue de son nouvel environnement menace sa *créativité*.
4. La complexification des processus de production menace son droit à la parole, c'est-à-dire à la politique.
5. Le renforcement des mécanismes d'usure menace le droit de l'homme à sa tradition, son *recours au précédent* à travers le langage, le mythe et le rituel [186, p. 74].

Or, enracinement, autonomie, créativité et citoyenneté sont justement les points limites que nous avons retrouvés quant à la réhabilitation des malades mentaux par l'activité. Peut-on alors proposer aux malades des modèles d'insertion qui resteraient des idéaux et tiendraient peu compte des caractéristiques économiques de la société dans laquelle ils évoluent ? Tenter de promouvoir chez eux des valeurs d'enracinement ou de citoyenneté, est-ce les mettre en porte-à-faux par rapport à leur environnement ou considérer qu'ils prennent de l'avance vis-à-vis d'un type de société que l'on peut espérer, si l'optimisme nous soutient ? En tout état de cause il n'est pas acceptable d'imaginer pour eux l'exclusion pure et simple d'une société duale.

En ce sens, la réhabilitation des malades mentaux présente, de certains points de vue, une expérience originale et peut servir parfois de modèle pour l'insertion des exclus. Car si Illich semble avoir fait des émules dans le tissu social des années 90, dans le domaine de la psychiatrie, des applications ont commencé à voir le jour il y a une quinzaine d'années avec la fortune du « transitionnel » et de l'« intermédiaire », vocables signifiant bien la nécessité d'un aménagement, d'un lieu mitoyen entre le normal et ce qui ne l'est pas. Depuis longtemps, les secteurs de santé mentale créent donc des lieux qui, sans être totalement inclus dans la société normale, ne demeurent pas en marge de celle-ci et permettent des allers et retours entre inclusion et exclusion tolérables, tant pour les malades que les soignants et le tiers social. Dans le domaine du travail, on parle depuis longtemps de structures de travail intermédiaire [11] et il y a certainement là modèles à prendre pour les entreprises d'insertion qui sont, elles aussi, des structures de passage entre exclusion et inclusion sociale, axant leurs efforts sur la réappropriation d'une confiance personnelle, la reprise en main de sa propre destinée et la récupération d'un rôle propre au sein du groupe social.

Pour les malades, comme nous allons le voir avec quelques exemples pris dans les domaines sanitaire et social, la notion d'intermédiaire est devenue passage obligé, entre le soin et la réhabilitation sociale, entre l'intérieur et l'extérieur de la structure soignante, entre l'activité et le travail, pour tout dire, entre la maladie et l'absence de maladie puisque les limites ne semblent plus aussi franches entre les exclus malades et les exclus non-malades. Comme le dit M. Riebstein, les patients eux-mêmes ont changé : « Il y a ce que j'appellerais "les nouveaux psychotiques" qui sont un mélange d'un peu de psychose, plus un peu de désarroi devant le chômage, etc. avec un peu de démission, plus un peu de contestation vis-à-vis de la loi du père, plus un peu de neuroleptiques, plus un peu de drogue éventuellement ; et tous ces éléments concourent à une espèce d'apragmatisme de désaffection de la vie » [300, p. 70].

Comment pouvons-nous utiliser ces réflexions et ces expériences dans notre pratique psychiatrique en cernant mieux la place de l'activité et du travail pour le malade mental ? Il nous semble déjà fondamental de situer le cadre des soins dans un dispositif qui permet comme le dit Racamier, « le long voyage relationnel avec le psychotique ». On sait que celui-ci passe par un collectif soignant, petit groupe d'intervenants dont l'action s'inscrit dans la durée et qui, aujourd'hui, prend diverses dénominations : groupe thérapeutique, équipe de santé mentale, constellation soignante, etc. Les débats du groupe de Sèvres sont maintenant dépassés et chacun considère que tout soignant peut jouer une fonction psychothérapique et qu'il est à même de s'aventurer dans une rencontre avec un patient. Ceci doit pouvoir se poursuivre quelle que soit la situation de la personne, qu'elle soit hospitalisée ou non, travaillant ou invalidée...

Dans le processus thérapeutique, chaque intervenant du collectif soignant devient acteur de l'histoire qu'il vit avec le patient et c'est dans les échanges de ce groupe que s'élaborent les divers mouvements qui se jouent dans la relation. C'est là que se mettent en marche d'autres façons de penser au patient et que des ouvertures se créent pour laisser place à l'imprévisible, à la surprise. Ceci a été remarquablement bien développé dans le dernier ouvrage de Diatkine [120]. Nous pensons également qu'il est souvent important de proposer des rencontres collectives avec le patient. Cette pratique dont nous avons pu évaluer la pertinence dans l'équipe d'hospitalisation à domicile du 13ème arrondissement de Paris, constituée par M. Woodbury, permet au patient de faire l'expérience d'une rencontre vivante avec ce collectif, de s'assurer de son indestructibilité, d'y trouver la possibilité d'échanger fantasmes, représentations, affects, dans les inter-relations mises en jeu dans des modalités qui se rapprochent souvent du psychodrame.

Quelle place peut donc prendre l'activité ou le travail dans l'itinéraire de vie d'un psychotique dont on sait qu'il est le plus souvent cahotique ?

DANS LE CHAMP SANITAIRE

Nous pensons qu'il ne sera jamais possible de priver certains patients d'un lieu d'accueil spécifique, particulièrement dans les moments de grande désorganisation nécessitant un contenant pour ces sortes d'hémorragies psychiques. Il est cependant souhaitable que ces malades puissent être traités dans de petites structures dont l'implantation dans la communauté, à notre avis, se dégagera progressivement des territoires hospitaliers traditionnels, qu'ils soient centre hospitalier spécialisé ou centre hospitalier général. Dans ce temps d'hospitalisation, une approche diversifiée du patient sera toujours promue dans des rencontres qui utilisent le nursing, les soins infirmiers, les médiations corporelles, expressives, ergothérapiques, ou autres... Nous sommes aussi convaincus que cette structure d'accueil doit être vivante, véritable tissu d'échanges relationnels avec des rencontres régulières du collectif soignants-soignés. Cela constitue pour nous un des enseignements de la P.T.I. Dans ce contexte, les pratiques ergothérapiques sont en passe de se renouveler. Elles peuvent désormais englober « tout ce qui concerne la participation à une activité dans un but thérapeutique » ; ainsi les ergothérapeutes se proposent « d'aider les malades à retrouver une relation aux objets tout en les encourageant à travers leur phantasmatique et leur délire à retrouver et relier les éléments de leur histoire, de leur dynamique pulsionnelle et de leur moi éclaté » [313].

1. Du travail à l'activité

Dans les services de soins psychiatriques, le travail se trouve le plus souvent englobé dans le vaste concept d'activité. Ceci recouvre, dès lors, tout ce qui amène un hospitalisé à participer à une action d'ordre thérapeutique, que ce soit dans le champ culturel, de l'expression, de la création, du loisir, du sport.

Les activités thérapeutiques s'inscrivent directement dans le processus de soins, que ce soit dans un travail individuel ou en petit groupe. Il s'agit de temps soignants déterminés avec des supports diversifiés selon les intérêts, les formations et les dons de chacun de ceux qui s'engagent dans ce type de médiation. Ces ateliers doivent pouvoir accueillir des patients après le temps d'hospitalisation et à ce titre, il peut être intéressant que certains de ces temps d'ateliers se déroulent hors de la structure même. Bien sûr, aucune recherche de production ne répond à une demande extérieure à la relation malade-ergothérapeute ; les malades ne sont pas des « péculiers », ils réalisent des objets, des créations que leurs auteurs peuvent parfois garder ; parfois, elles sont considérées comme propriété du groupe. Nous sommes donc loin « d'un travail aliénant où gagner sa vie serait la perdre, mais dans le cadre d'une activité dans l'axe créatif de désir du sujet » [337]. Dans ce champ élargi de l'ergothérapie, les activités d'expression et de création connaissent un grand succès. Les expériences sont très diverses, d'autant que, quand on se souvient des propos de Winnicott [369, p. 95], « une création, c'est un tableau, une maison, un jardin, un vêtement, une coiffure, une symphonie, une sculpture... ». Il nous semble possible de reconnaître trois axes principaux dans ces stratégies thérapeutiques qui se différencient en fonction du modèle théorique sous-jacent :

Les ateliers thérapeutiques d'expression de J. Broustra

S'inspirant de la technique du pédagogue Stern [328] et des théories de Winnicott et de Bion, il propose d'utiliser « des espaces de production en tension vers la parole » où les médiations expressives sont représentées par l'ensemble des matériaux qui deviennent incitateurs d'induction langagière. Il utilise divers matériaux : l'argile vivante qui permet d'aborder de façon privilégiée les représentations du corps et la vie phantasmatique, le collage, source de créativité propice à l'exploration de l'imaginaire, l'expression picturale, la sculpture du bois... Il considère qu'il s'agit là d'une psychothérapie par médiation expressive où « le malade peut analyser ses conflits, éventuellement les dépasser dans la dynamique d'un petit groupe ; ceci suppose l'analyse des relations engagées dans le groupe et tout particulièrement des relations qui s'engagent et se développent avec l'animateur ». Selon lui, les thérapeutiques par médiation expressive mettent en œuvre « la fonction alpha de Bion à la recherche non pas d'une réparation traumatique qui pourrait avoir valeur magique, mais véritablement d'une reconstruction créatrice » [54, p. 201].

Les ateliers d'expression esthétique (Y. Thoret)

L'intérêt de cette formule [169] ne tient pas au cadre ou aux matériaux utilisés, puisqu'il s'agit là d'un atelier somme toute assez banal : il est proposé avant tout, au patient, une atmosphère paisible, calme, où les participants doivent parler doucement dans une sorte de climat de recueillement et utiliser les moyens d'expression disponibles. Par contre, la tentative de théorisation centrée sur la satisfaction esthétique est originale. A partir des travaux de D. Meltzer qui suppose que l'enfant qui ne compte pas parmi les objets esthétiques appréciés par sa mère, vivra une angoisse amenant une réaction défensive qui, dans un second temps, conduirait à la phase schizoparanoïde, Y. Thoret considère comme très importante cette expérience de satisfaction esthétique « dans la reconnaissance ou la retrouvaille d'un style, d'une manière propre à chacun de ressentir et d'exprimer la beauté qui renvoie à ce que nous avons perçu quand notre premier objet, notre mère, nous a trouvé beau ». L'auteur précise que l'objectif de cet atelier « est que le participant puisse par sa création d'un produit personnel », peinture, sculpture, masque, poterie, retrouver son identité en retrouvant son style personnel. Il n'y a pas de travail d'interprétation des thérapeutes.

L'art thérapie

Ce mouvement s'est développé dans les pays anglo-saxons et donne lieu à des formations et à une qualification professionnelle reconnue par un diplôme (ce qui n'est pas encore le cas en France). L'art thérapie a connu un grand essor dans les années cinquante et, ce en partie, grâce à l'exposition d'art psychopathologique qui s'était tenue à Sainte-Anne à l'occasion du premier congrès mondial de psychiatrie. Ces activités artistiques constituent un moyen de communication dans une relation transférentielle avec le ou les thérapeutes ainsi qu'un effet de catharsis dans l'action thérapeutique de l'expression plastique. Le patient peut, par ce biais, évoquer des conflits anciens et des événements traumatiques, ce qui se rapproche de l'évocation des souvenirs à partir des rêves chez les névrosés. Dans la mesure où le psychotique se mobilise et dessine pour son thérapeute, cette activité, comme le précise M. Schweich [313], « n'est pas au service d'un repli narcissique, mais d'un renforcement du narcissisme primaire par l'intérêt que le thérapeute porte à son œuvre et par l'estime qu'il porte au patient lui-même. Ce renforcement narcissique concourt à la restauration du moi qui a perdu sa cohésion chez le schizophrène ». Cet auteur rappelle les propos de Freud qui, dans l'*Introduction à la psychanalyse*, en 1917, écrivait : « L'art présente à l'artiste un chemin de retour qui conduit du phantasme à la réalité tout en se rattachant au rêve et au narcissisme ». Il insiste aussi sur l'importance du plaisir qui accompagne l'accomplissement de l'œuvre et qui est un facteur thérapeutique important.

Certains restent très critiques quant à cette conception de l'art thérapie considérant que, dans ces ateliers, se développerait une conception adaptative de l'art, renforcée par la formation des animateurs soumis à une pédagogie des techniques artistiques. Ceux-là [54] soulignent par contre « l'extrême intérêt pour certains patients de participer à des expériences de création artistique sous la responsabilité d'artistes qui ne se prétendent pas thérapeutes. Ces expériences gagnent à être engagées dans la cité, vers l'appréciation du public en dehors d'un alibi thérapeutique ».

2. Des pratiques ergothérapiques renouvelées

Ces formules se développent dans le cadre d'une activité plus manuelle tout autant au cours d'une hospitalisation que dans le temps d'une réadaptation à l'atelier thérapeutique. Ce dernier peut offrir un repère essentiel pour les patients qui se posent la question d'une activité professionnelle. Il ne nous semble pas légitime de réduire les perspectives de vie d'un patient au renoncement à une activité professionnelle et l'atelier thérapeutique doit constituer ce carrefour où le malade peut rencontrer : évaluation, préformation, rencontre du monde du travail... L'atelier thérapeutique, comme les diverses activités envisagées jusque-là, écarte, pour nous, toute rétribution des malades. Parmi plusieurs expériences qui sont susceptibles de retenir notre intérêt, nous rapporterons ici des pratiques plus particulièrement organisées :

Autour du jardinage

Deux psychologues exerçant dans un service de soins psychiatrique en hôpital général nous livrent leur expérience de jardinage en tant que médiation dans une relation thérapeutique avec des patients psychotiques [122]. Un groupe est constitué et fonctionne deux fois par semaine à heures fixes dans un jardin sous les fenêtres du service hospitalier animé par les deux psychologues avec trois infirmiers. Les auteurs s'inspirent des travaux de P.C. Racamier et P. Aulagnier sur les soins institutionnels de la psychose à partir de médiateurs utilisés en groupe. Ils considèrent que pour le psychotique hospitalisé, il s'agit d'enkyster un délire envahissant, « le médiateur n'est pas choisi comme moyen d'expression pulsionnelle mais comme inducteur de refoulements et de clivages vitaux » (p. 115). Le médiateur s'impose comme chose réelle et parlée, créatrice de liens et de limites ; un espace de réalités partageables, par soignants et soignés est ainsi créé. Les auteurs précisent que ce groupe jardin « est soumis aux lois de la nature qui ne sont pas les lois des pulsions » et ils prennent soin de ne pas s'enfermer dans la théorie winnicottienne en précisant que le jardin n'est pas un jeu, que produire de la nourriture est un élément important pour le groupe, que le jardinage permet une symbolisation mettant en jeu le nourrissage, la vie, la mort.

Comme nous le voyons, l'activité elle-même n'est pas originale dans le champ des soins psychiatriques, mais elle apparaît véritablement comme un moyen thérapeutique, grâce à l'usage qui en est fait.

Autour de l'archéologie

Dans le développement de cette activité qui se poursuit depuis 1980, le projet ergothérapique a été totalement infléchi par les efforts d'une équipe soignante pour travailler dans la communauté. A partir du C.H.S. de Bassens [62] l'archéologie a été utilisée comme activité ergothérapique sous forme de séances à la journée puis comme camp thérapeutique en été. Soignants et soignés se livrent à la plongée, à la collecte de vestiges archéologiques à l'extrémité nord du lac du Bourget. Cette activité aboutit à la reconstitution d'un atelier de potier proposant au patient la réalisation de reproductions antiques revendues ensuite aux touristes. Cet espace ergothérapique au sens large vient s'inscrire dans les inter-relations avec le monde socioculturel et des contacts divers avec les multiples organismes intervenant dans le cadre des activités archéologiques d'un département. Garda et ses collaborateurs précisent qu'il s'agit là d'une démarche thérapeutique, « c'est la relation qui soigne, dans la qualité d'écoute et de parole du soignant qui est responsable de cette activité ». Ils considèrent également que « terminer un ouvrage et le soumettre à l'appréciation de l'autre est fondamental ».

Autour du bricolage

Nous ne développerons pas l'intérêt de l'expérience conduite par J. Constant [86] à partir du bricolage de modèles réduits car elle s'adresse à des enfants de huit à seize ans qui n'entrent pas dans notre champ de réflexion. Cependant, il faut relever l'intérêt du modèle théorique qui se réfère aux travaux de Lévy-Strauss, pour qui « le propre de la pensée mythique, comme du bricolage sur le plan pratique, est d'élaborer des ensembles structurés en utilisant des résidus et des débris » [227]. Pour l'auteur, l'enfant expérimente avec l'objet fabriqué sa capacité « de mettre en acte sa pensée intuitive pour reprendre ensuite goût à fonctionner dans le registre de la pensée abstraite ».

Autour de la vie quotidienne

Parmi d'autres, nous avons retenu l'exemple rapporté par une équipe du Centre hospitalier de Bayonne, animé par une ergothérapeute [1]. L'activité se développe non pas dans l'hôpital, mais au niveau du centre social implanté dans la communauté. Il y est question dans le cours de la journée d'effectuer des achats alimentaires, de confectionner un repas, de répondre à certaines questions concernant plusieurs démarches de la vie sociale... Il est intéressant de relever que ce type d'activité amène à des coordinations et des coopérations avec d'autres intervenants, particulièrement conseillers en économie sociale et familiale, aides-ménagères, assistants sociaux, et prépare la mise en place de relais après la sortie de l'unité de soin.

3. De l'intérêt d'une gestion associative des activités thérapeutiques

Si les activités sont thérapeutiques, c'est parce qu'elles permettent d'aménager pour certains patients un espace relationnel où, comme l'écrit Winnicott [369], « là où le jeu n'est pas possible, le travail de thérapeute vise à amener le patient d'un état où il n'est pas capable de jouer, à un état où il est capable de le faire ». Cette entreprise soignante doit se développer dans des conditions favorables. Nous ne parlerons pas ici des locaux ni du matériel nécessaire. Nous rappellerons par contre que si l'on désire favoriser les échanges dans le collectif, il est plus adéquat de choisir une gestion associative des activités : c'est là l'enseignement de la P.T.I.

Dans la procédure associative, chaque intervenant peut devenir véritablement cogestionnaire de ce qui est entrepris collectivement. Les nécessités de fonctionnement de l'association amènent à créer des réseaux d'échanges, de débats, de décisions. Des choix seront à effectuer entre toutes les dépenses à prévoir et on sait la passion qui anime certaines discussions quand il faut décider de l'investissement dans tel ou tel matériel. C'est dans cette optique que nous comprenons, au niveau collectif, la fonction de l'argent circulant et l'intérêt psychothérapique de sa gestion dans le groupe ; d'autant que toutes ces procédures d'échanges, dans le cadre de l'association, peuvent se dérouler au niveau de chaque sous-unité, mais aussi au niveau d'un ensemble plus large qui concerne, dans le secteur public, au minimum, l'ensemble de l'organisation sectorielle. Par ce biais, la structure associative liée par convention avec l'établissement public concerné est à même de devenir l'espace intermédiaire dont nous avons souvent parlé entre ce dedans de la psychiatrie et ce dehors du champ social. Elle permet ainsi le développement de tous les potentiels créatifs et de toutes les innovations qui peuvent germer dans ces échanges.

DANS LE CHAMP SOCIAL

Quand il est appelé à entrer dans le cadre de la législation pour handicapés, le patient risque de s'installer dans une forme de dépendance et d'invalidation. Lebovici a très bien résumé cet enjeu : « Il y a risque de faire payer les avantages sociaux du prix de la chronicité » [dans 129]. Il est alors important que se poursuive le processus thérapeutique et que le patient vive des échanges relationnels diversifiés dans son cadre de vie. Nous savons tous combien le milieu social cherche à se défendre contre tout ce qui lui paraît étranger, et nous avons tous constaté l'échec relatif de tentatives d'accueil de malades mentaux dans les groupes constitués, que ce soit dans une M.J.C., dans un centre de vacances, un club de loisirs, ou un groupe de boulistes... Quelque chose semble possible uniquement quand un soignant est présent, sorte de paratonnerre social ! Alors qu'il ne s'agit pas, comme certains ont pu le craindre, de psychiatriser l'ensemble de la société, il nous semble cependant tout à fait judicieux de rappeler les propos de Jeanson [191] : « Il ne suffit pas de soigner les gens *in vitro*, en les mettant sous cloche, et on ne saurait les soigner *in vivo* dans des conditions réelles d'existence, qu'en faisant délibérément appel aux ressources de leur environnement social ». Pour nous, cette recherche nécessaire d'un lien avec le socius doit utiliser au mieux l'espace associatif dans sa fonction d'intermédiaire. Il ne peut y avoir de coupure entre ce qui serait une fonction psychiatrique et une action sociale. Ainsi, on retrouve dans l'espace associatif des soignants qui, comme le disent certains, sont capables de porter « la double casquette » de soignant et de citoyen.

Pour ce qui concerne plus précisément la question du travail, de très nombreuses structures socio-professionnelles sont actuellement traversées par le souffle de l'innovation. Ces tentatives sont fortement encouragées par les pouvoirs publics qui ont mis en place, ces derniers mois, un groupe de travail « sur la promotion des centres d'aide par le travail et ateliers protégés proposant des formules visant l'intégration des travailleurs en milieu ordinaire ». Certaines recommandations de ce groupe de travail se retrouvent dans le plan pour l'emploi des handicapés présenté par le Secrétaire d'Etat aux handicapés et accidentés de la vie au Conseil des Ministres du 10 avril 1991 [167].

Toutes ces formules innovantes répondent à un objectif essentiel qui est celui de la plus grande insertion possible dans la communauté. Nous avons repéré quatre grandes rubriques de moyens utilisés par les acteurs sociaux dans ce domaine.

1. L'intégration des travailleurs handicapés en milieu ordinaire

C'est là le champ de recherche des établissements de travail protégé, mais aussi des instituts médico-professionnels (IMPro). En effet, les IMPro sont très directement concernés par l'entrée dans la vie professionnelle de leurs jeunes stagiaires. Les efforts de ces établissements entrent d'ailleurs dans une problématique plus large puisque l'on sait que la machine éducative sécrète environ cent mille jeunes non-qualifiés chaque année.

Le dernier plan pour l'emploi recommande de rechercher les moyens qui permettent l'accueil de ces jeunes dans l'enseignement technique, ou qui leur apportent une qualification professionnelle ou un savoir-faire pratique débouchant sur un emploi. Est également prévu l'accueil des jeunes sortant sans qualification d'IMPro ou des SES (sections d'éducation spécialisée) dans des stages de formation alternée délivrant une qualification de niveau 5 et favorisant un contact direct avec les entreprises [167]. Certains IMPro en France sont déjà bien engagés dans cette dynamique et nous pouvons témoigner en particulier des efforts qui sont entrepris à Palaiseau où l'établissement n'a pas hésité à organiser une grande rencontre avec des chefs d'entreprises, des élus locaux, sur le thème « Je travaille et je vis », ce qui a permis de sensibiliser plusieurs intervenants sur la situation des jeunes de l'IMPro et de leur ouvrir les portes de nouvelles entreprises. A Gènes, en Italie, est menée depuis 1977 une expérience d'apprentissage et de mise au travail de jeunes handicapés psychiques [252]. Ceux-ci, placés directement dans les entreprises à la sortie de l'école, et au terme d'un contrat précis, sont embauchés et restent dans les entreprises qui les ont formés. Selon Montobbio, Directeur de cette initiative connue sous le nom de « Défi gènois », cette pratique a permis « d'instaurer un temps intermédiaire correspondant à une phase d'intégration graduelle et supervisée dans l'entreprise qui est apparue comme essentielle, d'une part pour protéger le handicapé, d'autre part pour surmonter l'inévitable méfiance de l'entreprise ».

Ces expériences confortent certains dans leur conviction qu'il est essentiel d'être embauché dans une entreprise à cet âge-là plutôt que de s'engager dans un processus de formation qui ne fait qu'accentuer la ségrégation et aggraver l'incapacité d'adaptation aux conditions normales de production.

Si certains CAT et ateliers protégés se sont déjà engagés dans cette dynamique de l'accompagnement des travailleurs handicapés dans le milieu de travail normal, ils attendent avec une certaine impatience la concrétisation des mesures du dernier plan pour l'emploi, déjà évoqué, pour conforter leurs projets. Chacun a d'ailleurs bien conscience que les premières dispositions à prendre doivent s'inscrire sur les lieux mêmes des établissements de travail protégé. Il est souhaitable, en effet, d'utiliser les moyens qui permettent à ces travailleurs d'exprimer et d'exercer leur citoyenneté en participant à des instances où se débattent les questions relatives à la vie quotidienne. Avec un certain détour, on voit qu'à ce niveau un des principes essentiels de la psychothérapie institutionnelle est repris ; c'est dire combien certaines de ces entreprises de travail protégé ont pu devenir des lieux enfermés dans une production aveuglante. Beaucoup insistent également sur les nécessités d'organiser un soutien à l'insertion en milieu professionnel car on constate que l'un des freins au passage en milieu ordinaire de travailleurs handicapés issus de CAT est l'absence de sécurité qu'offre le suivi d'une équipe, et cela est particulièrement vrai pour les malades mentaux. Le plan pour l'emploi souligne l'importance d'aligner la garantie de ressources en milieu ordinaire sur l'ensemble de la grille des garanties de ressources applicables aux ouvriers relevant d'ateliers protégés ; il était en effet curieux de constater que financièrement le travailleur handicapé pouvait être pénalisé par son passage en milieu ordinaire. D'autres mesures sont prévues concernant la formation, les abattements de salaire, l'accueil du travailleur handicapé dans des centres institutionnels de bilan.

Nous avons déjà évoqué l'intérêt de l'initiative du CAT « Les quatre vents » à Noirmoutier qui, dans son projet d'intégration à une entreprise hôtelière, utilise les facteurs positifs qui peuvent assurer une insertion sociale et professionnelle proche de la normale grâce à la diversité des postes offerts, l'obligation de communiquer, les possibilités d'apprentissage au contact d'ouvriers professionnels, la prégnance et la notion de service à rendre. Nous citerons aussi le service de réinsertion professionnelle de Lille qui emploie depuis 1977 des travailleurs handicapés mentaux classés en catégorie C par la COTOREP et leur assure un travail à mi-temps essentiellement dans le secteur du nettoyage industriel.

D'autres entreprises cherchent à s'adresser à la fois à des travailleurs handicapés et non handicapés, cette tendance s'observe dans de nombreux pays où les structures d'accueil pour travailleurs handicapés sont ouvertes également à des handicapés sociaux.

Le CAT de Champigny-sur-Marne a mis sur pied, quant à lui, un service d'intégration professionnelle de personnes présentant des handicaps mentaux et psychiques. Cette entreprise de type associatif sert d'intermédiaire entre les handicapés et l'entreprise. Ceux-ci ont le statut d'ouvrier de production (avec abattement de salaire) et sont recrutés comme salariés ordinaires du CAT sur des postes d'aide-cuisinier, d'aide-jardinier, d'ouvrier dans le cartonnage... Cette formule a permis de créer huit emplois [378].

2. *Les coopératives*

De telles entreprises sont anciennes mais sont toujours restées limitées, que ce soit dans les années 50 (cité par H. Bonnet en 1963 dans un article sur « L'aide par le travail aux handicapés psychiques dans le milieu social »), ou dans la mouvance du mouvement alternatif des années 70 (exemple : « Le collectif-travail » de Genève, voir 131). Elles se sont surtout développées en Italie où elles sont les plus nombreuses et les plus connues. Le mouvement coopératif italien, coordonné par un organisme qui siège à Turin, a joué un rôle essentiel dans les réussites du processus de désinstitutionnalisation en psychiatrie, particulièrement à Trieste.

La première coopérative de Trieste est constituée en 1972 par les malades travailleurs de l'hôpital psychiatrique avec le concours de certaines personnes du monde du travail, du monde culturel, d'élus locaux. Elle prend le nom de « Travailleurs-Unis-Franco-Basaglia » et après plusieurs mois de négociation, avec l'administration provinciale, cette dernière passe commande à la coopérative des travaux de nettoyage de l'hôpital, que les malades devenus membres de la coopérative assuraient déjà. Ceux-ci bénéficient alors de toutes les lois du travail en vigueur et progressivement la coopérative est chargée du nettoyage de certaines écoles de la ville, du théâtre. Plus tard, des chômeurs sont embauchés et elle obtient la gestion d'un atelier de reliure pour les documents de l'administration provinciale. Actuellement fonctionnent quatre coopératives regroupant près de 250 personnes qui exercent un travail à temps plein, à mi-temps, ou à la journée. Elles touchent près de trente secteurs commerciaux : transport, rénovation d'appartements, gestion d'un bar, d'un restaurant, d'un hôtel, salon de coiffure, imprimerie, maison d'édition, publication d'un journal, organisation de congrès, traduction et interprétation, atelier de couture et boutique en ville, bijouterie et boutique en ville, voilier, photo-vidéo, radio libre, groupe théâtral, travail des champs et jardins avec boutique... [88]. Elles offrent de nombreux avantages en permettant une souplesse dans les horaires, une responsabilisation des intéressés et le développement de liens entre les membres du groupe, en particulier avec les travailleurs non-handicapés.

Ces coopératives italiennes ont été décrites comme « instrument de réhabilitation » [18] et il est effectivement intéressant de relever qu'elles réunissent des travailleurs d'horizons très divers : malades mentaux, toxicomanes, ex-détenus, handicapés physiques, assistés... Mais Balduzzi n'est pas entièrement satisfait et demande pour ces structures « des législations particulières pour les rendre plus efficientes ou pour permettre le dépassement de l'impasse de l'assistance ». Les débats ne sont donc pas finis sur le thème des coopératives qui, au moment de leur conception à Trieste, ont été prises dans des opinions très contradictoires : certains considéraient qu'il ne fallait pas mettre en place ces structures dans la mesure où les risques de condamner les malades à un rôle social subalterne étaient trop grands, d'autres favorables au projet pensaient qu'il fallait tout faire pour changer la condition des malades, objets de l'institution, en leur permettant de négocier leur force de travail et aussi peut-être de développer leur conscience politique d'exploité et d'exclus.

3. Pour ceux qui sont considérés comme inaptes au travail

De nombreuses équipes expérimentent des tentatives destinées à offrir à ces personnes les moyens de participer à une activité. L'objectif essentiel est de lutter contre l'isolement et contre l'exclusion ; ces perspectives s'adressent à une population lourdement marquée par des séjours institutionnels prolongés et qui a, bien sûr, le plus grand mal à s'insérer dans une vie qui les exclut, et les conduit parfois à s'interner véritablement à leur domicile. Il s'agit donc de se donner les moyens de poursuivre un travail de désaliénation en agissant à la fois au niveau de la personne elle-même et au niveau de la communauté sociale dans l'espoir d'une mobilisation des non-professionnels pour instaurer d'autres types de rapports sociaux et culturels. Certes, demeure une certaine part d'utopie dans ces projets, mais il faut mesurer l'importance des actions entreprises dans ce domaine et le bénéfice que peuvent en tirer certains patients, pour considérer que ces efforts ne sont jamais vains.

Toutes les pratiques sociales mises en œuvre sont en quelque sorte des tremplins vers l'insertion ; certains développent leurs actions plutôt dans le champ des loisirs — par le biais d'organisation de séjours de vacances, d'activités sportives... —, d'autres s'appuient sur le domaine culturel en utilisant les ressources d'une M.J.C., d'un club de théâtre..., enfin certains cherchent des réponses dans le registre du travail, de l'activité. Dans ce dernier domaine, les expériences sont très diverses ; nous avons connu par exemple une expérience intéressante d'intégration de patients dans des stages de restauration de châteaux, avec l'Association Etude et Chantiers. Ce type de formule a permis à certaines de ces personnes de vivre une expérience de travail dans un groupe diversifié ; chacun pouvant formuler autrement, par la suite, des projets d'insertion sociale et professionnelle. Nous évoquerons aussi l'intérêt de nombreuses équipes pour des formules dites de restaurants associatifs. Il faut préciser que cette procédure associative est le plus souvent utilisée en reprenant les ambitions de la circulaire de 1958. Nombre de ces associations loi de 1901 intra-hospitalières se sont ouvertes sur la communauté en même temps que s'instaurait la pratique de secteur. Aujourd'hui elles fonctionnent souvent sur le mode conventionnel avec les établissements psychiatriques et deviennent des terrains d'expériences et de créations. Les activités de restauration dont il est question sont animées et gérées par les patients qui y trouvent à la fois un lieu pour se rencontrer et participer à un service collectif. Certes, ces patients adhérents de l'association sont bénévoles, mais toute une dynamique sociale se joue, le fonctionnement du restaurant devenant progressivement leur affaire et ce, avec le concours d'une participation assez limitée en temps soignant [363]. Certaines réalisations de ce type se sont appuyées, quand cela était encore possible, sur la circulaire concernant les entreprises intermédiaires, des modalités de rémunération sont parfois possibles mais, en général, ces entreprises restent toujours « un complément à l'action faite en amont par les thérapeutes » [275].

Dans le domaine associatif, nous évoquerons également l'intérêt de certaines réalisations dénommées « chantiers associatifs » animées par Certhoux de l'Association essonnienne d'entraide et de réadaptation d'Etampes : une petite équipe de travail animée par un soignant est chargée de restaurer ou rénover des appartements d'adhérents de l'association ; dans ce cas, les patients deviennent salariés de l'association pendant la durée des travaux. L'Association IRIS qui fonctionne avec l'équipe du secteur de santé mentale animée par le Docteur Baillon, en Seine-Saint-Denis, gère plusieurs activités dont une boutique de dépôt-vente qui crée une situation d'échanges originale permettant des contacts avec la population du secteur. Ce type d'activité contribue à démystifier l'image traditionnelle du fou et à renverser le type de rapport avec la population.

La plupart de ces tentatives sont animées par des équipes soignantes psychiatriques qui utilisent le support d'une association pour créer un nouveau champ relationnel où le travail, le loisir, la culture sont des leviers de la prévention et du soin.

4. Les alternatives au travail rémunéré

Confrontés aux échecs d'une insertion professionnelle ou à une évaluation péjorative d'un tel processus, certains acteurs sociaux s'interrogent actuellement sur le plan éthique. Quelles sont en effet les limites éthiques de la réinsertion ? Quelle en est la finalité et l'utilité ? Il faut penser aux enfants en difficulté, pour qui, certains cherchent à repousser au maximum les limites de leurs possibilités pour leur faire ingurgiter « culture, connaissance et attitude sociale ». Condamner toute attitude pédagogique envers l'enfant est excessif, mais il est nécessaire de rester vigilant face aux méthodes éducatives outrageantes et répressives. D'un autre côté, on sait qu'on ne doit pas sous-estimer le potentiel éducatif de chaque enfant et abandonner les perspectives pédagogiques même si ces actions ne seront jamais rentables économiquement. Le même type de problématique se pose pour les adultes et plus particulièrement pour les handicapés graves pour lesquels le projet, qui est parfois une sorte de faire-semblant, est avant tout d'offrir les moyens d'un certain bénéfice psychologique, la production restant toujours un objectif accessoire. Ces questions fondamentales sont reprises par A. Labrégère : « A qui rend-on service et quel service rend-on quand on place dans un établissement un handicapé qui passe sa vie à faire des tâches répétitives, qu'une machine ferait bien plus vite ou qui procurerait à un chômeur non secouru des ressources indispensables et une revalorisation ? » [206, p. 153]. Cet auteur considère que les institutions ont un rôle principal de gardiennage et que leur rôle secondaire est de valoriser l'idéologie du travail en évitant aux handicapés l'isolement de l'enfermement à domicile pour les soumettre à un « rendement plus ou moins mythique » (p. 154).

Ceci prend le contre-pied des discours habituels dans lesquels sont affirmés que le non-emploi est une aliénation inadmissible et que tout doit être fait pour que la personne handicapée ne soit pas exclue du système de production. Nous entrons là dans un débat de société houleux... Nous tenons cependant à souligner que certains en Angleterre [206] ont cherché à employer des personnes handicapées à titre bénévole dans des entreprises associatives, en particulier dans des services de voisinage. Ces réalisations montrent que l'insertion et la valorisation sociales sont plus sûrement obtenues par ce biais qu'à partir d'une institution.

Conclusion

Au terme de ce que nous avons souhaité être un état des lieux sur le travail dit thérapeutique en psychiatrie, il nous semble que quelques grandes idées se dégagent. Elles concernent essentiellement la notion d'insertion et le décloisonnement des pratiques. Actuellement le travail thérapeutique dans les hôpitaux fait place aux activités et, plus généralement, les perspectives soignantes s'articulent autour de l'insertion globale plus que de l'activité professionnelle. L'insertion, que ce soit dans le domaine sanitaire de la maladie mentale ou le champ social global, depuis l'éducation jusqu'au marché de l'emploi, est une priorité de tous les acteurs sociaux et un pari de la fin de ce siècle. L'insertion, en effet, concerne chaque citoyen qui, menacé dans une société en mutation, peut être pris dans un processus d'exclusion qui commence souvent par la privation d'une identité professionnelle. L'idée que chaque citoyen est un exclu potentiel amène depuis peu les décideurs politiques de tous les pays d'Europe, à promouvoir des actions de solidarité, d'insertion et de développement social. Dans ce mouvement, les malades mentaux pourront bénéficier des mêmes dispositions que tout citoyen et, ainsi, peut-être, échapper à la marginalisation. Hier, le travail a permis aux plus performants de sortir de l'enfermement ; aujourd'hui, paradoxalement, c'est peut-être le sentiment qu'ils participent comme tout le monde à une société dans laquelle il n'y a plus de travail pour tous, qui rompra leur isolement.

On peut penser, par ailleurs, que les réponses sociales à l'exclusion trouveront des références dans les expériences imaginées par les équipes de santé mentale depuis trente ans :

— Les structures intermédiaires, mises en place en psychiatrie, en tant que lieu de transition entre champ du soin et champ social, ont déjà largement inspiré les promoteurs des entreprises d'insertion. A ces derniers de prendre aussi en compte les déviations possibles de tels dispositifs qui risquent de conduire à l'enfermement dans des lieux et des pratiques coupés du milieu social ordinaire.

— Comme le travail a été peu à peu englobé dans le champ général des activités thérapeutiques, de même aujourd'hui préconise-t-on une société de pleine activité plutôt qu'une société dans laquelle l'emploi se résumerait à l'exercice salarié d'un métier.

— Instauration de relations de proximité, utilisation d'un étayage par l'environnement social, mise en place de réseaux relationnels, sensibilisation du monde professionnel à l'accueil de travailleurs marginaux sont autant de modèles dont s'inspirent les acteurs sociaux de l'insertion. Or, depuis la circulaire de 1960 ces idées animaient déjà de nombreuses équipes de santé mentale qui cherchaient à s'appuyer sur les ressources humaines de l'environnement social.

— Même s'il s'agit de prestations fort différentes, AAH et RMI posent des questions similaires relatives aux incidences sur la personnalité des allocataires. On peut penser que la mise en place du RMI a tenu compte des risques de dépendance constatés lors du versement de l'AAH. Aujourd'hui, il est possible d'espérer que certains malades mentaux bénéficiaires de cette allocation pourront désormais sans dommage financier, se séparer de leur statut de handicapé pour s'inscrire dans les dispositifs sociaux d'accompagnement du RMI qu'il y a donc lieu de développer.

Si de nouvelles voies d'insertion s'ouvrent actuellement pour les malades mentaux, il ne faudrait pas que ces derniers trouvent leur inclusion uniquement dans le groupe des exclus. Il est donc important que de nouvelles pratiques sociales et psychiatriques amènent la société à se représenter autrement l'exclusion et à offrir des réponses en terme d'insertion sociale non spécialisée.

Bibliographie

1. Abadie C., Court H. & Coll., Création d'un groupe de réentraînement à la vie quotidienne, *Journal d'ergothérapie*, 11, 4, 1989, 160-161.

2. Abribat J. P., Attitudes devant le travail et motivations du travail dans le contexte d'aujourd'hui, *Revue pratique de psychologie de la vie sociale et d'hygiène mentale*, 4, 1986, 9-25.

3. Achaintre, Jacquelin, Le Guillant & Sourier, Organisation administrative et financière du travail thérapeutique, *L'information psychiatrique*, 8, 1957, 425-437.

4. Adamard R., Revenu minimum ou chômage maximum ?, *Esprit*, numéro hors série : L'extrême pauvreté et le RMI, 1989, 58-66.

5. Aichhorn, A., *Jeunesse à l'abandon* (1925), Toulouse, Privat, 1973.

6. Alain, *Propos sur l'éducation* (1932), Paris, PUF, 1976.

7. Amourous C., *L'homme de l'asile*, Paris, Le Centurion, 1985.

8. A propos de la participation des infirmiers à la psychothérapie (compte rendu de la journée du Groupe de Sèvres du 23.3.1958), *L'information psychiatrique*, 5, 1958, 383-466.

9. Arveiller J.P. & Bonnet C., Travail et argent dans un service de centre hospitalier spécialisé, *Perspectives psychiatriques*, 19, 1989, 278-284.

10. Arveiller N., & Veneau N., *Dossier chômage*, non publié, 1991.

11. Association Eteros, Ateliers transitionnels, *Revue pratique de psychologie de la vie sociale et d'hygiène mentale*, 41, 1990, 41-42.

12. Askenasi G., A propos de la réadaptation sociale et de la réinsertion professionnelle des malades mentaux, *Psychologie médicale*, 15, 11, 1983, 1895-1898.

13. Audisio M., Le Service public de psychiatrie face au problème de la réhabilitation sociale et professionnelle des malades mentaux, *L'information psychiatrique*, 3, 1982, 383-394.

14. Augeyrolles, Sociopsychiatrie et réadaptation des handicapés mentaux adultes, *Revue pratique de psychologie de la vie sociale et d'hygiène mentale*, 2, 1971, 201-208.

15. Auzouy, Des fermes-asiles ou de la colonisation des aliénés, *Annales médico-psychologiques*, 4, 1864, 407-425.

16. Avanzini G., *L'Echec scolaire*, Paris, Le Centurion, 1977.
17. Ayme J., La rémunération du travail des malades hospitalisés dans les hôpitaux psychiatriques, *Revue pratique de psychologie de la vie sociale et d'hygiène mentale*, 3, 1957, 102-114.
18. Balduzzi E., Les coopératives : instruments de réhabilitation, *L'Information psychiatrique*, 65, 7, 1989, 722-725.
19. Balier C., *Principes élémentaires pour la réadaptation des malades mentaux par le travail*, Thèse pour le doctorat en médecine, Paris, 1954.
20. Balier C., Les Ateliers thérapeutiques de réadaptation au travail, *L'Information psychiatrique*, numéro spécial, 7, 1965, 603-612.
21. Balvet P., Asile et hôpital psychiatrique. L'expérience d'un établissement rural, dans *Congrès des médecins aliénistes et neurologistes de France et des pays de langue française [...] 1942*, Paris, Masson et Cie., 42, 399-402.
22. Baptiste R., CAT et atelier protégé : duo ou duel ?, *Revue pratique de psychologie de la vie sociale et d'hygiène mentale*, 2, 1990, 29-30.
23. Baranger J.P., Intérêt de structures spécialisées pour la resocialisation des malades de longue durée, *Actualités psychiatriques*, 5, 1988, 51-55.
24. Barre M. & Coll., L'atelier des travaux extérieurs, *Revue pratique de psychologie de la vie sociale et d'hygiène mentale*, 3, 1990, 48-50.
25. Becache A., Salvador H. & Sicre E., L'évolution d'un centre de réadaptation professionnelle à l'hôpital psychiatrique, *Vie sociale et traitements*, 92, 1973, 5-6.
26. Beley, Naissance de l'ergothérapie à l'hôpital psychiatrique Montperrin d'Aix-en-Provence, *L'information psychiatrique*, 6, 1954, 205-210.
27. Bellot B. & Bilik M., Recherche autour du réseau, *Vie sociale et traitements*, 14, 1990, 28-29.
28. Benoit G., L'ergothérapie en fonction du milieu, *L'information psychiatrique*, 4, 1963, 225-232.
29. Beringer K., L'Importance de la thérapeutique d'occupation pour le traitement des maladies mentales, *Annales médico-psychologiques*, 3, 1938, 650-653.
30. Berlie M.A., Du Traitement de l'aliénation mentale dans les asiles d'Angleterre, *Annales médico-psychologiques*, 13, 1849, 224-244.
31. Bernard P., Organisation thérapeutique de la vie sociale à l'hôpital psychiatrique, *L'information psychiatrique*, 2, 1946.
32. Bernard P., *Manuel de l'infirmier en psychiatrie* (1947), Paris, Masson, 1974.
33. Bernard P., Les psychothérapies de groupe, *L'évolution psychiatrique*, 13, 3, 1948, 1-21.
34. Bernard P. & Bonnafé L., La rénovation médico-sociale de la psychiatrie, *Le concours médical*, 19, 1946, 277-278.
35. Berouti R., Quelques considérations critiques sur la thérapie dite occupationnelle, *L'évolution psychiatrique*, 33, 2, 1968, 265-290.
36. Bertin A., Vie et soins dans les établissements de réadaptation et d'insertion, *Revue pratique de psychologie de la vie sociale et d'hygiène mentale*, 1, 1990, 95-96.
37. Bertrand V., Le médecin en face des thérapeutiques institutionnelles à l'hôpital psychiatrique, *Annales médico-psychologiques*, 1, 4, 1956, 632-635.
38. Besse J., Le travail dans les prisons parisiennes, *Le monde moderne*, 9, 1889, 119-128.
39. Birck G., *L'Atelier thérapeutique ; évolution de l'approche psychiatrique*, document interne secteur du 13ème arrondissement de Paris, 1988, ronéotypé.

40. Blandin J., *Les phénomènes de vertige de la sortie. Contribution à l'étude des étapes dans la guérison des maladies mentales*, Thèse pour le doctorat en médecine, Paris, 1950.
41. Blandin J. & Gentis R., La formation du personnel infirmier des hôpitaux psychiatriques, *Revue pratique de psychologie de la vie sociale et d'hygiène mentale*, 2, 1964, 131-174.
42. Bleandonu G., Introduction à la communauté thérapeutique, *Revue pratique de psychologie de la vie sociale et d'hygiène mentale*, 2, 1969, 83-95.
43. Bleuler E., *Dementia Praecox oder Gruppe des schizophrenien* (1911), traduction résumée par H. Ey, Paris, Theraplix, 1964 (Coll. « Analectes »).
44. Bonfiglio, Importance de l'ergothérapie pour la guérison des maladies mentales, *Annales médico-psychologiques*, 2, 1938, 645-650.
45. Bonnafé L., Interprétation du fait psychiatrique selon la méthode historique de Marx et Engels, *L'évolution psychiatrique*, 3, 1948, 75-105.
46. Bonnafé L., Définition de l'hôpital psychiatrique, *Annales médico-psychologiques*, 4, 1956, 625-632.
47. Bonnet H., Les aliénés devant la société, *Annales médico-psychologiques*, 3, 1864, 157-180.
48. Bot Y., Travail et insertion sociale, *Points et lignes, Bulletin de l'action sociale en Ile-de-France*, janvier 1989, 7-9.
49. Bouchet, Du travail appliqué aux aliénés, *Annales médico-psychologiques*, 12, 1848, 301-322.
50. Boullet D., *Représentations du travail au 20ème siècle*, document non publié, 1990.
51. Bovier P., Evolution et place de l'ergothérapie dans une clinique psychiatrique, *L'information psychiatrique*, 54, 4, 1978, 399-407.
52. Breintenbach N. & Roussel P., *Les Personnes handicapées vieillissantes*, Paris, CTNERHI, 1990.
53. Brière de Boismont A., Exaltation maniaque chronique calmée par le travail ; réflexions, critiques sur ce puissant moyen, *Annales médico-psychologiques*, 4, 1852, 321-323.
54. Broustra J., *Expression et psychose : ateliers thérapeutiques d'expression*, Paris, ESF, 1987.
55. Broustra J., Les vitrines de l'art thérapie, *L'information psychiatrique*, 67, 2, 1991, 106-107.
56. Bruckmann S. & Aubert A., Espace d'insertion et pluridisciplinarité, *Revue pratique de psychologie de la vie sociale et d'hygiène mentale*, 3, 1990, 38-40.
57. Brunet D., Du travail agricole pour les aliénés, *Congrès annuel de médecine mentale [...] 1890*, Paris, Masson, 1891, 220-223.
58. Burner M., Muller C., Cantoni R. & Villa J.L., Traitement de la schizophrénie, *Encyclopédie médico-chirurgicale*, 37295, E 10, 1967.
59. Cabanis, *Œuvres complètes*, Paris, Bossange frères, 1824.
60. Calmels, Note sur le travail par petits ateliers à la 3ème section de l'Asile de Villejuif, dans *Congrès des médecins aliénistes et neurologistes de France et des pays de langue française [...] 1926*, t. 2, Paris, Masson, 1926, 381-387.
61. Calvet J., *Sur les origines historiques du travail des malades dans les asiles d'aliénés*, Thèse pour le doctorat en médecine, Paris, 1952.
62. Carda G. & Coll., Archéologie et psychiatrie, *Revue pratique de psychologie de la vie sociale et d'hygiène mentale*, 4, 1988, 36-42.

63. Carrere J. Discussion à la séance du 24.6.1957 de la Société médico-psychologique, *Annales médico-psychologiques*, 2, 2, 1957, 288-289.
64. Chaigneau H., Prise en charge institutionnelle des sujets réputés schizophrènes, *Confrontations psychiatriques*, 2, 1968, 157-172.
65. Chaigneau H. & Koechlin P., Le champ asilaire, Etude préliminaire à une psychothérapie de la situation carcérale, *L'évolution psychiatrique*, 4, 1957, 735-748.
66. Charte des internés, *Gardes-fous*, 8, 1976.
67. Chassang P., Le centre Mogador. Un espace de réadaptation, *Actualités psychiatriques*, 6, 1987, 45-47.
68. Chasseriaud C., Revenu minimum. Salarier l'exclusion ?, *Le Monde*, 13585, 1988, 2.
69. Chatagnon C. & Chatagnon P., La thérapeutique occupationnelle, *Annales médico-psychologiques*, 4, 1947, 361-369.
70. Chatain G., Les raisons d'espérer des entreprises d'insertion, *Le Monde (initiatives)*, 14215, 1990, III.
71. Chazaud J., *La psychiatrie infantile en pratique*, Toulouse, Privat, 1971.
72. Chazaud J., *Introduction à la thérapeutique institutionnelle*, Toulouse, Privat, 1978.
73. Cholvy G., *Mouvements de jeunesse*, Paris, Le Cerf, 1985.
74. Circulaire du 4 février 1958 portant organisation du travail des malades mentaux en traitement dans les hôpitaux psychiatriques, *Journal officiel de la République française*, 14 février 1958, 1645 et sq.
75. Circulaire du 14 décembre 1988 relative à la mise en place du revenu minimum d'insertion, *Journal officiel de la République française*, 17 décembre 1988, 15793-15809.
76. Circulaire du 9 mars 1989 relative à la mise en œuvre du revenu minimum d'insertion : dispositif d'insertion, *Journal officiel de la République française*, 11 mars 1989, 3201-3217.
77. Clerc R., *Les centres de rééducation professionnelle : un outil d'insertion pour les travailleurs handicapés*, Rapport d'enquête IGAS, 1988, ronéotypé.
78. Cohen J., Homo psychologicus, *Bulletin de psychologie*, 287, 24, 1, 2, 1-86.
79. Col P., L'association départementale pour la réinsertion professionnelle et le travail protégé, *Réadaptation*, 202, 1973, 37-44.
80. Colin H., Les habitués des asiles, *Bulletin de la Société clinique de médecine mentale*, 20 juin 1910, 212-226.
81. Colin H., Le quartier de sûreté de Villejuif, *Annales médico-psychologiques*, 2, 1912, 370-391 et 540-548 ; 3, 1913, 36-65 et 170-178.
82. Collange C., Vive le travail ! Sondage exclusif SOFRES/Madame Figaro, *Madame Figaro*, 14476, 1991, 39-43.
83. Commission de surveillance des asiles publics d'aliénés du département de la Seine, *Procès-verbaux des séances de l'année 1886*, Montevrain, Imprimerie typographique de l'école d'Alembert, 1886.
84. Commission de surveillance des asiles publics d'aliénés du département de la Seine, *Procès-verbaux des séances de l'année 1887*, Montevrain, Imprimerie typographique de l'école d'Alembert, 1887.
85. Commission de surveillance des asiles publics d'aliénés du département de la Seine, *Procès-verbaux des séances de l'année 1899*, Montevrain, Imprimerie typographique de l'école d'Alembert, 1899.

86. Constant J., Le groupe Kit. Action-recherche thérapeutique autour du bricolage, *Annales médico-psychologiques*, 2, 1989, 251-260.
87. Corban C.A., Remarques sur le traitement des maladies mentales par le travail (compte rendu de l'article de *The new Zealand medical journal*, octobre 1933), *Annales médico-psychologiques*, 1, 1935, 878.
88. Costantino M., *L'expérience italienne*, communication à la 3ème session de formation de Laragne, 1989, ronéotypé.
89. Courbon P., Un voyage d'études dans les asiles de Hollande, *Annales médico-psychologiques*, 1, 1928, 289-306 et 385-405.
90. Cournut J., Les institutions malades de la peste, *Interprétation*, 4, 1-2, 1970, 67-90.
91. Courtois G., Une génération sacrifiée ?, *Le Monde de l'éducation*, 165, 1989, 69.
92. Crédits pour l'emploi, *Travail social actualité*, 340, 1990, 12.
93. Cros M.L., Travail et handicap en droit français, *Cahiers du CTNERHI*, 44, 1988, 14-37.
94. Cullere, L'hôpital d'épileptiques de l'Etat d'Ohio, *Annales médico-psychologiques*, 1, 1911, 52-58.
95. Dalbera C., Exclusions de l'écrit et nouvelles dynamiques d'insertion, *Alpha-Promotion hebdo*, 98-99, 1990, 8-12.
96. Dalle B. & Coll., Une expérience d'ateliers thérapeutiques, *L'information psychiatrique*, 41, 1965, 341-376.
97. Danon-Boileau H. & Coll., Orthopédagogie de l'étudiant, *Psychiatrie de l'enfant*, 10, 2, 1967, 381-463.
98. Darmanin J., Galtier M. & Camplo J., Schizophrénie et travail aujourd'hui, *L'information psychiatrique*, 59, 7, 1983, 913-923.
99. Daumezon G., Les initiatives collectives dirigées, forme de psychothérapie collective, *Annales médico-psychologique*, 2, 1948, 220-226.
100. Daumezon G., Les fondements d'une psychothérapie collective, *L'évolution psychiatrique*, 3, 1948, 57-85.
101. Daumezon G., L'application des thèses nouvelles en assistance psychiatrique, *L'information psychiatrique*, 9, 1948, 239-246.
102. Daumezon G., Statuts de l'Association sportive des Bruyères, *L'information psychiatrique*, 4, 1949, 164-167.
103. Daumezon G., Le travail des malades à l'hôpital psychiatrique, son utilisation pour améliorer le vieil asile, *L'information psychiatrique*, 6, 1951, 164-168.
104. Daumezon G., A propos de la sociothérapie, *Revue pratique de psychologie de la vie sociale et d'hygiène mentale*, 1, 1957, 27-31.
105. Daumezon G., Bernhard H. & Zissmann H., Enquête sur le travail des malades dans les hôpitaux psychiatriques français, *Revue pratique de psychologie de la vie sociale et d'hygiène mentale*, 4, 1960, 177-197.
106. Daumezon G. & Koechlin P., Psychothérapie française institutionnelle contemporaine, *Anaïs portugueses de psichiatria*, 4, 1952, 271-312.
107. Daumezon G., Tosquelles F. & Paumelle P., Organisation thérapeutique de l'hôpital psychiatrique. Ergothérapie, sociothérapie, *Encyclopédie médico-chirurgicale*, 37930, A 10, 1955.
108. Decroly O., Principes généraux sur le traitement des enfants irréguliers, (résumé par C. Riby de l'article paru dans le *Bulletin de la Société de médecine mentale de Belgique*, avril 1908), *Journal de psychologie normale et pathologique*, 1909, 92-94.

109. Decroly O., Discussion sur la communication du Dr Van der Scheer, dans *Congrès des médecins aliénistes et neurologistes de France et des pays de langue française [...] 1928*, Paris, Masson, 1928, 393-394.
110. Dejours C., Psychopathologie et rapports sociaux au travail, *Revue de médecine psychosomatique*, 30ème année, 20, 1989, 21-29.
111. Delisle J.P., Propos sur le travail. Quelques considérations orientées, *Revue française de psychiatrie*, 6, 7, 1988, 3-11.
112. Demangeat M., Le centre de réadaptation et de sociothérapie de Bordeaux, *Revue pratique de psychologie de la vie sociale et d'hygiène mentale*, 1, 1963, 19-30.
113. Demay, Les conditions de la thérapeutique par le travail dans les asiles, *L'Hygiène mentale*, 2, 1929, 33-40.
114. Demourgues M.C., *Le travail humain*, Paris, Hatier, 1979.
115. Dermenghem J.F., Historique d'un atelier thérapeutique agricole, *Revue pratique de psychologie de la vie sociale et d'hygiène mentale*, 2, 1991, 33-36.
116. Deroubaix, La praxithérapie, *Bruxelles médical*, 17, 1929, 486.
117. Deroubaix, La praxithérapie, *Courrier médical*, 13, 1929, 175.
118. Desmons P., Un nouveau symptôme : la tentative de travail, *Vie sociale et traitements*, 3, 1988, 23-25.
119. Dewey J., *L'Ecole et l'enfant* (1913), Neuchâtel et Paris, Delachaux et Niestlé, 1967.
120. Diatkine R., Quartier-Frings F. & Andreoli A., *Psychose et changement*, Paris, PUF, 1991.
121. Dimolesco A., L'organisation de la thérapeutique par le travail à l'asile de Bucarest, *L'hygiène mentale*, 2, 1929, 54-56.
122. Dimon-Pequignot M.L. & Mathis M., Entre délire et interprétation possible, un médiateur thérapeutique : le jardin, *Topique*, 29, 1982, 113-143.
123. Ducosté M., Outils, armes, pièces d'étoffe tissée exécutés par des aliénés, *Bulletin de la Société de médecine mentale de Belgique*, 17 mai 1920, 147-151.
124. Dumazedier J., *Vers une civilisation du loisir*, Paris, Seuil, 1962.
125. Dumont R., *L'utopie ou la mort*, Paris, Seuil, 1973.
126. Dumortier J.B. & Feltesse H., Un nouveau champ d'action pour les CAT, *Revue de droit sanitaire et social*, 23, 1987.
127. Durkheim E., *L'éducation morale* (1902), Paris, PUF, 1963.
128. Dutrenit J.M., *Sociologie, travail social et psychiatrie*, Paris, Etudes vivantes, 1981.
129. Duyme M. & Coll., *Maladie mentale, travail et société*, Paris, CTNERHI, 1987.
130. El Ayari, *La thérapeutique par le travail chez les psychopathes*, Thèse pour le doctorat en médecine, Paris, 1936.
131. Elkaim M., *Réseau-alternative à la psychiatrie*, Paris, Union Générale d'Edition, 1977.
132. *L'enseignement ménager à l'hôpital psychiatrique*, Bron, Hôpital psychiatrique départemental du Vinatier, 1964, ronéotypé.
133. *Ergothérapie, thérapie, rentabilité* (document interne à l'hôpital de Moisselles), s.l., n.d. (1970), ronéotypé.
134. Escolier J.C. & Reichmann S., Analyse des réseaux sociaux des patients psychotiques après sortie de l'hôpital, *L'information psychiatrique*, 66, 4, 1990, 357-364.

135. Escudero A., A bâtons rompus... « Aux réseaux pensants », *Revue pratique de psychologie de la vie sociale et d'hygiène mentale*, 2, 1990, 28-29.
136. De l'Espinay A. & Grivel A., Ateliers thérapeutiques, *Revue pratique de psychologie de la vie sociale et d'hygiène mentale*, 1, 1979, 13-19.
137. Evrat, Etude sur la reconstruction projetée de l'asile public des aliénés de l'Isère, *Annales médico-psychologiques*, 4, 1852, 15-41.
138. L'extrême pauvreté et le RMI, *Esprit*, numéro hors série, 1989.
139. Fabre R., En quoi l'existence d'un CAT pour malades mentaux se justifie-t-elle ?, *Revue pratique de psychologie de la vie sociale et d'hygiène mentale*, 2, 1990, 16-18.
140. Falret J., Visite à l'établissement d'aliénés d'Illenau, *Annales médico-psychologiques*, 5, 1845, 419-444.
141. Falret J., Rapport au nom de la Commission de Gheel, *Annales médico-psychologiques*, 8, 1862, 138-170.
142. Falret J., Rapport sur un mémoire du Docteur Auzouy : Des fermes-asiles ou de la colonisation agricole des aliénés, *Annales médico-psychologiques*, 5, 1865, 89-97.
143. Famenne, Le travail manuel, agent de thérapeutique physique (résumé par Perrotin L. de l'article du *Bulletin de la Société de médecine mentale de Belgique*, n° 150, 1909), *Journal de psychologie normale et pathologique*, 1910, 479.
144. Fanon F. & Azoulay J., La sociothérapie dans un service d'hommes musulmans, difficultés méthodologiques, *L'information psychiatrique*, 30, 9, 1954, 349-361.
145. Fardeau M. & Levaillant M., Pour une analyse de la politique sociale en faveur des handicapés, *Cahiers du CTNERHI*, 49, 1990, 1-31.
146. Faure H., L'argent à l'hôpital psychiatrique, *L'information psychiatrique*, 7, 1956, 414-423.
147. Fernandes B., La thérapeutique occupationnelle, *Annales médico-psychologiques*, 2, 4, 1947, 406-412.
148. Fernandez-Zoïla A., Sur la psychologie de l'homme au travail, *L'information psychiatrique*, 35, 11, 1959, 525-530.
149. Ferrer C.O., Consideraciones sobre el trabajo en los alienados, *Boletin del Asilo de alienados de Oliva*, 1, 1, 1933, 33.
150. Ferrer C.O., Nuevas consideraciones sobre el trabajo en los alienados, *Boletin del Asilo de alienados de Oliva*, 2, 4, 1934, 75.
151. Ferrière A.D., *L'autonomie des écoliers*, Paris, Delachaux et Niestlé, 1931.
152. Follin S., Discussion sur le rapport de G. Daumézon « Les initiatives collectives dirigées : forme de psychothérapie collective », *Annales médico-psychologiques*, 2, 1948, 220-226.
153. Follin S., A propos de la participation des infirmiers à la psychothérapie (intervention Groupe de Sèvres), *L'information psychiatrique*, 12, 1958, 837-841.
154. Foulquier M.T., Une expérience originale de centre d'adaptation et de formation au travail, *Revue pratique de psychologie de la vie sociale et d'hygiène mentale*, 2, 1977, 112-117.
155. Fournier J.P., Laurent M. & Monlun M., Situation psychiatrique et itinéraire réadaptatif, *Revue pratique de psychologie de la vie sociale et d'hygiène mentale*, 4, 1986, 51-79.
156. Foville M.A., Intervention sur le rapport de J. Falret concernant le mémoire de Auzouy : des fermes-asiles ou de la colonisation agricole des aliénés, *Annales médico-psychologiques*, 5, 1865, 97-101.

157. Foxonet C., Représentations à l'œuvre dans l'insertion professionnelle du malade mental, *L'information psychiatrique*, 69, 6, 1989, 597-605.
158. Freud A., *Initiation à la psychanalyse pour éducateurs* (1930), n. éd. fr., Toulouse, Privat, 1969.
159. Friedmann G., *Le travail en miettes*, Paris, Gallimard, 1956.
160. Frisch J., Travail et non-travail, *Encyclopaedia Universalis*, Paris, Encyclopaedia Universalis, 1968.
161. Gaillac H., *Les maisons de correction 1830-1845*, Paris, Cujas, 1971.
162. Garnier P., Internement des aliénés (thérapeutique et législation), *Congrès des médecins aliénistes et neurologistes de France et des pays de langue française [...] 1896*, Paris, Masson, 1897, 1, 1-108.
163. Garrabé J., Que sera la psychothérapie institutionnelle à la fin du XXe siècle ?, dans *Psychiatrie et société*, Toulouse, Erès, 1981.
164. Garrabé J., Mesures sociales et réhabilitation dans le traitement des psychoses schizophréniques, *Encyclopédie médico-chirurgicale*, 37295, E 10, 1982.
165. Gasser Y., La réinsertion sociale des malades mentaux stabilisés, *Réadaptation*, 261, 1979, 3-6.
166. Gentis R., *Projet Aloïse*, Paris, Scarabée, 1982.
167. Gillibert M., *Plan pour l'emploi des handicapés*, exposé au Conseil des ministres du 10 avril 1991, ronéotypé.
168. Girard H., De l'organisation et de l'administration des établissements d'aliénés, *Annales médico-psychologiques*, 2, 1943, 230-260.
169. Giudicelli S., Pratiques et théorisation du soin aux psychotiques, *L'information psychiatrique*, 63, 3, 1987, 367-377.
170. Goffman E., *Asiles. Etudes sur la condition sociale des malades mentaux*, Paris, Editions de Minuit, 1968.
171. Golse B., Hôpital de jour rural, *Revue pratique de psychologie de la vie sociale et d'hygiène mentale*, 2, 1991, 27-30.
172. Goodman P., *La contre-éducation obligatoire*, Paris, Fleurus, 1972.
173. Gorriti, Les accidents du travail chez les aliénés (résumé par Lauzier J. de l'article paru dans la *Revista argentina de neurologia psiquiatria y medicina legal*, 1, 3, 1927), *L'hygiène mentale*, 2, 1929, 64.
174. Got R., Continuité et réadaptation, *Revue pratique de psychologie de la vie sociale et d'hygiène mentale*, 3, 1989, 30-35.
175. Got R. & Quidu, Le centre de post-cure et de réadaptation sociale de l'Ouest à Billiers, *Réadaptation*, 261, 1979, 44-47.
176. Grima M., Une nouvelle gestion des hommes, *Informations sociales*, 8, 1986, 4, 10.
177. Griesinger W., *Traité des maladies mentales. Pathologie et thérapeutique* (1845), Paris, A. Delahaye, 1865.
178. Grocolas J.R. & Andreani S., Stratégies des entreprises et politique d'emploi : l'exemple de la main d'œuvre handicapée, *Cahiers du CTNERHI*, 46, 1989, 1-13.
179. Grunfeld A., Rémunération aux ateliers thérapeutiques de la SVASM, *Revue pratique de psychologie de la vie sociale et d'hygiène mentale*, 2, 1991, 31-32.
180. Guillaume C., Le minimum social vu de Besançon, *Esprit*, numéro hors série : l'extrême pauvreté et le RMI, 1989, 50-57.
181. Guiraud L., *Manuel d'hygiène*, Paris, Masson et Cie., 1922.
182. Halberstadt G., A propos de l'ergothérapie, *Annales médico-psychologiques*, 1,

1929, 193-198.
183. Heber-Suffrin C. & M., *Appels aux intelligences*, Vigneux, Matrice, 1988.
184. Hochmann J., *Techniques de soins en psychiatrie de secteur*, Lyon, PUF, 1983.
185. Ichok G., *Le travail des malades et des infirmes*, Paris, Marcel Rivière, 1931.
186. Illich I., *La convivialité*, Paris, Seuil, 1973.
187. Illich I., *Le chômage créateur*, Paris, Seuil, 1977.
188. Inciyan E., Créer des métiers pour sortir de l'ornière. Bertrand Schwartz a gagné son pari, *Le Monde de l'éducation*, 159, 1989, 84-88.
189. Jaeger M., *Le désordre psychiatrique*, Paris, Payot, 1981.
190. Jean-Paul II, Le travail humain (Laborem exercens), *Supplément à Témoignage Chrétien*, 1941, 1981.
191, Jeanson F., *Eloge de la psychiatrie*, Paris, Seuil, 1979.
192. Jeanson F., *La psychiatrie au tournant*, Paris, Seuil, 1987.
193. Jolivet B., La remise et le maintien au travail des malades mentaux, *Réadaptation*, 202, 1973, 3-18.
194. Jolivet B., Travail et thérapie de réadaptation, *Encyclopédie médico-chirurgicale*, 37931, A 10, 1981.
195. Jolivet B., Argumentaire sur la réhabilitation en tant que pôle social de la réadaptation, *Actualités psychiatriques*, 5, 1989, 48-50.
196. Jolivet B. & Barbeau M., Maladie mentale, travail et société. Le Centre Mogador, *Bulletin de l'UNAFAM*, 4, 1990, 4-12.
197. Jones M., *Social psychiatry in practice. The idea of the therapeutic community*, Harmonsdsworth, Penguin Book, 1968.
198. Kammerer B., « Ils travaillent du chapeau » ou un CAT pour malades mentaux, *Revue pratique de psychologie de la vie sociale et d'hygiène mentale*, 2, 1990, 11-13.
199. Koechlin P., *Etude sur la place du travail dans la thérapeutique psychiatrique actuelle*, Thèse pour le doctorat en médecine, Paris, 1951.
200. Koechlin P., La psychothérapie institutionnelle, *Revue pratique de psychologie de la vie sociale et d'hygiène mentale*, 2, 1966, 65-73.
201. Koechlin P., La psychothérapie institutionnelle existe-t-elle encore ?, *L'information psychiatrique*, 56, 5, 1980, 621-627.
202. Koechlin P. & Morlon C., Un voyage d'études dans des hôpitaux psychiatriques de Hollande, *L'information psychiatrique*, 6, 1951, 169-181.
203. Konecny-Birck G., *Chronicité à l'atelier thérapeutique en secteur psychiatrique*, Thèse pour le doctorat en médecine, Université Paris V, 1974.
204. Konecny-Birck G., *L'atelier thérapeutique - hôpital de jour du fleuron*, Mémoire pour le certificat d'études spéciales de psychiatrie, Université Paris VI, 1980.
205. Kreisky B., *Pour en finir avec le chômage en Europe*, (rapport de la commission européenne pour l'emploi), Paris, La Découverte, 1989.
206. Labrégère A., *L'insertion des personnes handicapées*, Paris, La Documentation Française, 4897, 1989.
207. Ladame P.L., Une visite à la colonie agricole d'Uchtspringe, *Annales médico-psychologiques*, 1, 1911, 230-242.
208. Ladame P. L. & Demay, La thérapeutique des maladies mentales par le travail, *Congrès de médecins aliénistes et neurologistes de France et des pays de langue française [...] 1926*, Paris, Masson, 1926, 3-36.
209. Lallemand D., Les bénéficiaires du RMI ont la parole, *Actualités sociales hebdomadaires*, 1723, 1991, 9-10.

210. Laneyrie P., *Les Scouts de France. L'évolution du mouvement des origines aux années 80*, Paris, Editions du Cerf, 1985.
211. Lapointe, Sur le travail comme moyen de traitement des aliénés, *13ème congrès de médecine 1900*, Paris, Masson, 1900, 548-552.
212. Laroche M., Les cuisines de la déraison, *Le Monde*, 7 novembre 1990, 14239, 21.
213. Lautier J., Les exagérations de la thérapeutique par le travail, *L'hygiène mentale*, 6, 1929, 191-192.
214. Lebaube A., Baudet M.B., Marcaillou L. & Monnot C., L'insertion des bas niveaux de qualification, *Le Monde*, 14 mars 1990, 14036, 1990, 47-49.
215. Leconte M., L'état actuel de nos connaissances en psychiatrie autorise-t-il la poursuite du dirigisme d'inspiration sociatrique ?, *Congrès des médecins aliénistes et neurologistes de France et des pays de langue française [...] 1958*, Paris, Masson, 1958, 515-527.
216. Leguay D. & Coll., Modalité possible de soins des psychoses : le centre de réadaptation professionnelle, *L'information psychiatrique*, 59, numéro spécial, 1983, 349-350.
217. Le Guillant L., Intervention (Symposium de Bonneval de 1951), *L'évolution psychiatrique*, 3, 1952, 554-571.
218. Le Guillant L., Introduction à une psychopathologie sociale, *L'Evolution psychiatrique*, 1, 1954, 1-52.
219. Le Guillant, Achaintre & Jacquelin, L'organisation du travail des malades à l'hôpital psychiatrique, *L'information psychiatrique*, 9, 1956, 619-634.
220. Le Guillant, Sivadon & Pariente, Le reclassement professionnel des malades sortis de l'hôpital psychiatrique, *L'information psychiatrique*, 3, 1957, 131-143.
221. Le Guillant L., Bonnafé L. & Mignot H., Problèmes posés par la chronicité sur le plan des institutions psychiatriques, *Congrès de psychiatrie et de neurologie de langue française [...] 1964*, Paris, Masson, 1965, 1334-1736.
222. Lehmann A. & Pedersen R.H., Influences des conditions climatériques sur le travail (résumé par L. Cons de l'article paru dans *Archiv für die gesamte psychologie, Leipzig, 1907*), *Journal de psychologie normale et pathologique*, 1908, 255-256.
223. Lenoir R., *Les exclus. Un Français sur dix*, Paris, Seuil, 1974.
224. Léon XIII, *La condition des ouvriers (Rerum Novarum)*, Lettre encyclique du 15 mai 1891, Paris, Bonne Presse, 1961.
225. Levy M., La loi du 10 juillet 1987 en faveur de l'emploi des travailleurs handicapés - Une obligation bien tempérée, *Cahiers du CTNERHI*, 42, 1988.
226. Lévy P.E., Le principe du traitement éducateur dans la neurasthénie et les névroses, *Journal de psychologie normale et pathologique*, 1913, 58.
227. Lévy-Strauss C., *La pensée sauvage*, Paris, Plon, 1985.
228. Linhart D., Le travail vital, *Informations sociales*, 8, 1986, 11-17.
229. Lobrot M., *La pédagogie institutionnelle*, Paris, Gauthier-Villars, 1966.
230. Logre J.P., La grande misère des hôpitaux psychiatriques (reproduction de l'article paru dans *Le Monde* du 10.2.1948), *L'information psychiatrique*, 7, 1948, 179-181.
231. Loo P., Réponse à l'intervention de L. Bonnafé, *Annales médico-psychologiques*, 4, 1956, 631-632.
232. Marchal V., *La femme comme il la faut*, Paris, Perisse frères, s. d.

233. Marie D., L'évolution générale de l'assistance des aliénés (résumé par L. Cons de l'article paru dans la *Revista sperimentale di freniatria e medicina legale*, 1903), *Journal de psychologie normale et pathologique*, 1904, 505.
234. Marie P., *Les activités agricoles dans les hôpitaux psychiatriques en France. La situation au 19ème siècle et de nos jours*, Mémoire pour le Certificat d'études spéciales de psychiatrie, Faculté de médecine de l'Université de Caen, 1989.
235. Marie & Voisin, La réadaptation sociale des aliénés par le travail thérapeutique, *Annales médico-psychologiques*, 1, 1911, 114-115.
236. Martin P., Martin C. & Goldberg M., Remarques sur la relation médecin-infirmiers-malades à l'hôpital psychiatrique, *Revue pratique de psychologie de la vie sociale et d'hygiène mentale*, 1, 1957, 15-26.
237 Marx K., *Le Capital* (1867), Paris, Garnier-Flammarion, 1962.
238. Masson, La vie sociale des malades à l'hôpital psychiatrique. L'expérience de Châlons-sur-Marne, *Annales médico-psychologiques*, 1, 3, 1948, 342-347.
239. Mendousse P., La part du dressage dans l'éducation, *L'éducateur moderne*, février 1910, 57-67.
240. Meyerson I., Le travail, fonction psychologique, dans Meyerson I., *Le travail, les métiers, l'emploi*, Paris, PUF, 1955.
241. Meylan A., L'infirmier des hôpitaux psychiatriques. Recherche sur les origines et contribution à l'histoire de la profession (3ème partie), *L'information psychiatrique*, 51, 3, 1975, 323-332.
242. Michaud G., *Ecoles buissonnières. Pédagogie - Psychiatrie - Psychanalyse*, Paris, Gauthier-Villars, 1978
243. Millon, Fargeot & Teulie, Réflexions sur une institution sociothérapique : le Club Paul Balvet à Saint-Alban, *Revue pratique de psychologie de la vie sociale et d'hygiène mentale*, 2, 1954, 45-55.
244. Missenard A., Gelly R. & Ochonisky J., Psychiatrie du travail, *Encyclopédie médico-chirurgicale*, 37886, A 10, 1967.
245. Missirlich, Heurtier & Coll., *Expérience d'ergo et de sociothérapie dans un hôpital d'Afrique du Nord*, Paris, 1966. ronéotypé.
246. Mitrani G., Le signifiant travail, *Psychiatrie française*, 1, 1983, 15-17.
247. Mlekuz N., Les prophètes des métiers perdent la boule, *Libération*, 12 mars 1991, 3050, 21-22.
248. Montes F., Développer l'emploi protégé, *Réadaptation*, 259, 1979, 13-15.
249. Montes F. & Savy J., F. Montes (interview) Le travail protégé, *Réadaptation*, 369, 1990, 17-22.
250. Montes F., *Travail. Infirme. Des aveugles travailleurs aux travailleurs handicapés. Genèse de la (re)mise au travail des infirmes*, Diplôme d'études supérieures d'économie sociale, Université de Paris I, 1989.
251. Montessori M., *L'enfant* (1936), Paris, Denoël Gonthier, 1975.
252. Montobbio E., Une expérience italienne : apprentissage et mise au travail des jeunes handicapés psychiques, *Communautés éducatives*, 63, 1988, 87-93.
253. Morel de G., Considérations générales sur les établissements d'aliénés en Grande-Bretagne, *Annales médico-psychologiques*, 10, 1847, 96-122.
254. Morgenthaler W. & Forel O.L., *Le traitement des malades nerveux et mentaux*, Berne, Hans Huber, 1930.
255. Nouvelles technologies : stratégies socio-économiques pour les années 90, *Publication de l'OCDE*, s.n.é., 1988.

256. Olivenstein C., Mai 68 : une démystification interrompue, *Perspectives psychiatriques*, 25, 1969, 67-70.
257. Organisation mondiale de la santé, L'hôpital psychiatrique public (3ème rapport du Comité d'experts de la santé mentale de l'OMS, 1953, extraits), *L'information psychiatrique*, 7, 1954, 238-264.
258. Oules, Le moniteur d'ergothérapie, *L'information psychiatrique*, 2, 1954, 64-66.
259. Oules, Quelques vérités sur le travail des malades à l'hôpital psychiatrique, *Vie sociale et traitements*, 12, 1957, 2.
260. Oury F. & Vasquez A., *Vers une pédagogie institutionnelle*, Paris, Maspéro, 1982.
261. Oury J., L'hygiène mentale et les infirmiers des hôpitaux psychiatriques, *Revue pratique de psychologie de la vie sociale et d'hygiène mentale*, 1, 1959, 21-26.
262. Oury J., Articulation de la pratique institutionnelle avec l'approfondissement de la théorie des psychoses, *L'information psychiatrique*, 63, 8, 1987, 979-998.
263. Oziol & Coll., Le centre d'aide par le travail pour déficients mentaux adultes. Les Ateliers de la Colagne à Marvejols, *Revue pratique de psychologie de la vie sociale et d'hygiène mentale*, 1, 1971, 19-29.
264. Paatz M., Réinsertion professionnelle des malades mentaux : mesure sur mesure, *Revue pratique de psychologie de la vie sociale et d'hygiène mentale*, 2, 1989, 27-31.
265. Parant L., L'hygiène mentale au Pérou, *Bulletin de la Ligue d'hygiène mentale*, 1922, 81.
266. Parchappe M., De l'organisation du travail dans les principaux asiles de Grande-Bretagne et dans l'asile du département de la Seine inférieure, *Annales médico-psychologiques*, 11, 1848, 357-400.
267. Parchappe M., Discussion sur les différents modes d'assistance des aliénés, *Annales médico-psychologiques*, 7, 1866, 105-150.
268. Pariente M. & Kipman F. & D., Enquête sur les loisirs et les activités socio-culturelles dans les hôpitaux psychiatriques, *L'information psychiatrique*, 5, 1964, 319-345.
269. Pascal J.C., Structures légères en psychiatrie ; soin ou assistance ?, *L'information psychiatrique*, 55, 4, 1979, 385-386.
270. Patey G.A., L'hôpital psychiatrique de Matzuzawa, *La presse médicale*, 62, 1937, 1143-1144.
271. Pichot P., Thérapeutiques sociales en Grande-Bretagne, *L'évolution psychiatrique*, 3, 1948, 87-94.
272. Pieron H., *Vocabulaire de la psychologie*, Paris, PUF, 1951.
273. Pinel P., *Traité médico-philosophique sur l'aliénation mentale ou la manie*, Paris, Richard, Caille & Ravier, 1801.
274. Piveteau V., Impératif de production et place du sujet, *Revue pratique de psychologie de la vie sociale et d'hygiène mentale*, 2, 1990, 23-24.
275. Pliez E., Astrolabe ou un tremplin vers l'insertion, *Vie sociale et traitements*, 7, 1989, 19-20.
276. Polack J.C., A propos de l'animation culturelle dans une institution psychiatrique, *Revue de psychothérapie institutionnelle*, 5, 1967, 13-22.
277. Porot A., L'assistance par le travail dans les asiles hollandais, *L'hygiène mentale*, 24ème année, 2, 1929, 41-54.

278. Pouget R., Centre d'aide au travail pour malades mentaux : le meilleur soin au meilleur prix (interview), *Panorama du médecin*, 3062, 1989, 22-24.
279. Preisig M., L'organisation du travail des aliénés à l'asile de Cery (près Lausanne), *Congrès des médecins aliénistes et neurologistes de France et des pays de langue française [...] 1926*, Paris, Masson, 1926, 375-376.
280. Problèmes de rémunération du travail thérapeutique, *L'information psychiatrique*, 8, 1950, 266-273, s.n.a.
281. Racamier P.C., *Le psychanalyste sans divan*, Paris, Payot, 1970.
282. Racine Y., *Argent et échange à l'hôpital psychiatrique*, Paris, Scarabée, 1967.
283. Racine Y., Certhoux A., Mares J. & Garde M., Aspects thérapeutiques de l'ergothérapie, *L'information psychiatrique*, 1959, 585-601.
284. Ramadier J., L'assistance des épileptiques et des idiots en Loir-et-Cher. L'hospice Dessaignes annexe de l'asile d'aliénés, *Annales médico-psychologiques*, 1, 1911, 425-440.
285. Rambaud P., Réinsertion professionnelle. Mise en place d'une pratique, *L'information psychiatrique*, 64, 1, 1988, 75-81.
286. Rapoport R.N., *Community as doctor, new perspectives on therapeutic community*, London, Tavistock publications, 1960.
287. Rappart P., *La folie et l'Etat*, Toulouse, Privat, 1981.
288. Rappart P., Le narcissisme et l'institutionnel, *L'évolution psychiatrique*, 53, 3, 1988, 639-661.
289. Rappart P., A propos de la circulaire de 58 : ne pas dissocier un droit de ses conditions d'exercice, *Revue pratique de psychologie de la vie sociale et d'hygiène mentale*, 1, 1988, 37-38.
290. Raynier J. & Beaudoin H. (1922), *L'assistance psychiatrique française*, Paris, Lefrançois, 1950.
291. Rees T.P. & Whiteley J.S., La thérapeutique par l'occupation dans les maladies mentales, *Revue pratique de psychologie de la vie sociale et d'hygiène mentale* 3, 1957, 93-101.
292. La réinsertion sociale des malades mentaux, *Réadaptation*, 261, 1979.
293. Renaudin L.F.E., Administration des asiles d'aliénés, *Annales médico-psychologiques*, 5, 1845, 224-264.
294. Requet A., Occupational therapy, *Encyclopédie médico-chirurgicale*, 37930, E 10, 1955.
295. Le RMI vu par ses allocataires, *Travail social actualités*, 349, 1990, 7-10.
296. Réseaux, *Elise News. Les initiatives d'emploi en Europe*, 20, 1991, 1.
297. Reto J.P., Travail et réadaptation ou comment « motiver », *Actualités psychiatriques*, 6, 1987, 15-19.
298. Reverzy J.F. & Dameron J.F., Guérisons, soins, appartements thérapeutiques et structures intermédiaires, *L'information psychiatrique*, 55, 4, 1979, 353-382.
299. Reynaud M., Sortir de la psychose ou sortir de la psychiatrie ? Réflexions sur l'évaluation de l'évolution des psychoses, *L'information psychiatrique*, 66, 2, 1990, 145-162.
300. Riebstein M., Offres et demandes en réadaptation. L'opinion d'un médecin des hôpitaux psychiatriques, *Actualités psychiatriques*, 3, 1985, 69-72.
301. Rocamora J., Développement local, citoyenneté, animation de quartier, insertion des populations immigrées, *Info-Contacts*, Supplément à Alpha-Promotion, novembre 1989, 3-4.

302. Rodiet A. & Heuyer G., *La folie au XXème siècle*, Paris, Masson, 1931.
303. Roualdes D., Au CAT Pierre Dumonteil, on facilite le reclassement dans les entreprises, *Réadaptation*, 259, 1979, 37-39.
304. Roustang G., *Le travail autrement*, Paris, Dunod, 1982.
305. Roustang G., D'une société de plein-emploi à une société de pleine activité, *Partage*, 65, 1991, 22-24.
306. Royez M., L'emploi des travailleurs handicapés : un pari sur l'intelligence et la solidarité, *Le Monde (Initiatives)*, 6 mars 1991, 14341, II.
307. Sarazin I., Insertion : les grandes manœuvres, *Actualités Sociales Hebdomadaires*, 1728, 1991, 7-8.
308. Sassolas M., La réalité quotidienne comme outil thérapeutique, *Sauvegarde de l'enfance*, 5, 1988, 477-484.
309. Sauzon H.C., Le service de réadaptation et de réinsertion sociale de Valbonne, *Réadaptation*, 261, 1979, 55-56.
310. Savy J., Le CART d'Arvert et de l'Aubreçay, *Réadaptation*, 256, 1979, 19-22.
311. Schiff P., Le mouvement d'hygiène mentale en Allemagne, *L'hygiène mentale*, 24ème année, 8, 1929, 232-237.
312. Schiller M., Le traitement des aliénés par le travail, *Congrès des médecins aliénistes et neurologistes de France et des pays de langue française [...] 1926*, Paris, Masson, 1926, 377-379.
313. Schweich M., *Aujourd'hui et demain, l'ergothérapie en psychiatrie*, intervention journée de l'ANFE, CHS de Villejuif, 1988, ronéotypé.
314. Scotto J.C., Antoni M. & Dravet A., Migrants malades et interventions psychiatriques, *Revue pratique de psychologie de la vie sociale et d'hygiène mentale*, 1, 1990, 74-78.
315. Seguy J., *La notion d'ambiance psychothérapique à l'hôpital psychiatrique. Expérience d'un service de femmes*, Thèse pour le doctorat en médecine, Toulouse, 1955.
316. Semelaigne R., *Les pionniers de la psychiatrie française avant et après Pinel*, Paris, J.B. Baillière et fils, 1932.
317. Sergent E., *Traité de pathologie médicale et de thérapeutique appliquée*, Paris, Maloine, 1921.
318. Simon H., *Une thérapeutique plus active à l'hôpital psychiatrique* (1929), traduction Hôpital psychiatrique de Saint-Alban, s.n.é., s.d.
319. Simon H., La psychothérapie à l'asile, *L'hygiène mentale*, 28ème année, 1, 1933, 16-28.
320. Simon T., Souvenir (sur l'emploi des malades chez les fonctionnaires de l'asile), *Annales médico-psychologiques*, 2, 1923, 289-301.
321. Singer L. & Kapfer T., Le CAT : son rôle dans le traitement des psychoses chroniques, *Psychiatrie française*, 2, 1982, 101-105.
322. Sivadon P., Le travail des malades à l'hôpital psychiatrique, *L'information psychiatrique*, 6, 1951, 157-163.
323. Sivadon P., Une réalisation d'assistance psychiatrique hospitalière : le Centre de traitement et de réadaptation de Ville-Evrard, *Annales médico-psychologiques*, 2, 1952, 239-367.
324. Sivadon P., Le travail et l'ergothérapie dans les établissements psychiatriques, *Revue pratique de psychologie de la vie sociale et d'hygiène mentale*, 3, 1958, 32-34.

325. Sivadon P., La notion de modèle analogique en psychiatrie sociale, *Actes du 4ème congrès mondial de psychiatrie*, Madrid, 1966, 374-376.
326. Sivadon P., Goutal M. & Masse G., Paul Sivadon (interview), *Nervure*, 3, 8, 1990, 23-29.
327. Sonnet L., RMI : l'assistanat en prime, *Rebonds*, 89, 1990, 14-16.
328. Stern A., *L'expression*, Neuchâtel, Delachaux et Niestlé, 1973.
329. Symposium sur la psychothérapie collective (Bonneval, 1951), *L'évolution psychiatrique*, 3, 1952, 531-576.
330. Tabary J.J., Travail, chômage et psychiatrie. A propos des retombées psychiatriques de la crise de l'emploi dans un secteur, *L'information psychiatrique*, 55, 3, 1979, 233-253.
331. Table-ronde sur le malade mental en 1979, *Réadaptation*, 261, 1979, 14-20.
332. Tachon M., Le processus d'insertion en crise, *Informations sociales*, 8, 1986, 73-78.
333. Tanzi E. & Lugaro E., *Trattato delle malattie mentali*, Milan, Società editrice libraria, 1923.
334. Tatossian A., La thérapie institutionnelle. Sagesse et illusions, *Psychiatrie française*, 2, 1988, 31-35.
335. Teulie Y., La notion de club thérapeutique (1954), dans Tosquelles F., *Education et psychothérapie institutionnelle*, Mantes, Editions Hiatus, 1984, 72-85.
336. Thobie Y., Critères cliniques et sociaux de la réinsertion, *Actualités psychiatriques*, 4, 1990, 30-36.
337. Thoret Y. & Godefroy M., Satisfaction esthétique et psychiatrie, *L'évolution psychiatrique*, 52, 1, 1987, 147-161.
338. Thulie H., *Le dressage des jeunes dégénérés ou orthophrénopédie*, Paris, Félix Alcan, 1900.
339. Tissot A., *La thérapeutique par l'occupation dans les maladies mentales aux Etats-Unis*, Thèse pour le doctorat en médecine, Faculté de médecine de Paris, 1937.
349. Tixier-Ximenes E., Une « réinsertion » en impasse : le CAT, *L'information psychiatrique*, 59, numéro spécial, 1983, 351-352.
341. Tooth G., L'hôpital psychiatrique et sa place dans le service de santé mentale (présenté par L. Le Guillant), *L'information psychiatrique*, 7, 1957, 367-386.
342. Torrubia H., A propos de la sociothérapie, *Revue pratique de psychologie de la vie sociale et d'hygiène mentale*, 4, 1956, 136-137.
343. Tosquelles F., La rencontre : fondement métaphysique, dans *Humaniser l'hôpital psychiatrique*, Paris, Le Cerf, 1959.
344. Tosquelles F., *Pédagogie et psychothérapie institutionnelle* (numéro spécial 2-3 de la *Revue de psychothérapie institutionnelle*), Issy-les-Moulineaux, Jean-Louis Aupetit, 1966.
345. Tosquelles F., *Le travail thérapeutique à l'hôpital psychiatrique*, Paris, Le Scarabée, 1967.
346. Tosquelles F., Conditions d'aménagement de la rencontre psychothérapeutique en institution (Communication au Congrès international de psychothérapie de Barcelone, 1958), dans Tosquelles F., *Education et psychothérapie institutionnelle*, Mantes, Hiatus, 1984, 86-91.
347. Tosquelles, Millon & Fargeot, Les problèmes médico-administratifs soulevés par la pratique de l'ergothérapie et de la sociothérapie dans les hôpitaux psychiatriques, *L'information psychiatrique*, 31ème année, 2, 1955, 71-104.

348. Ueberschlag H., Réadaptation des malades des hôpitaux psychiatriques, *L'information psychiatrique*, 3, 1954, 98-100.
349. Ueberschlag H., Petit essai de sociothérapie pratique, *L'information psychiatrique*, 9, 1956, 604-618.
350. Ueberschlag H., La sociothérapie en psychiatrie hospitalière, *Revue pratique de psychologie de la vie sociale et d'hygiène mentale*, 1, 1958, 18-21.
351. Vaillant J.L., Choix de production en CAT, *Revue pratique de psychologie de la vie sociale et d'hygiène mentale*, 2, 1990, 23-25.
352. Valo M., Génération jeunes : les années précaires, *Le Monde de l'éducation*, 162, 1989, 15.
353. Van der Scheer, Idées nouvelles sur le traitement des aliénés agités, *Congrès des médecins aliénistes et neurologistes de France et des pays de langue française [...] 1928*, Paris, Masson, 1928, 389-393.
354. Van Deventer, La question du travail dans l'assistance des maladies mentales, *Annales médico-psychologiques*, 1, 1911, 115-118.
355. Veil C., Travail et pathologie mentale, *Vie sociale et traitements*, 12, 1957, 1-2.
356. Veil C., *Handicap et société*, Paris, Flammarion, 1968.
357. Verine (Conclusions) dans *L'enfance*, Paris, Lanore, 1930.
358. Vermeylen J., Lengele D. & Meynsbrughen, Un centre expérimental mixte de réadaptation socio-professionnelle à Bruxelles. Bilan, problèmes techniques et projets, *Revue pratique de psychologie de la vie sociale et d'hygiène mentale*, 5, 1966, 81-97.
359. Vermorel H., Politique de secteur et psychothérapie institutionnelle, *L'Information psychiatrique*, 44, 2, 1968, 131-148.
360. Vermorel H. & Vermorel M., Essai sur l'évolution de l'hôpital psychiatrique, *L'information psychiatrique*, 42, 2, 1966, 117-142.
361. Vernon-Bruggs, Le travail remplaçant les moyens de contrainte dans le traitement des aliénés, *Bruxelles médical*, 1927, 583.
362. Verry, Le CAT : refuge ou tremplin ?, *Revue pratique de psychologie de la vie sociale et d'hygiène mentale*, 2, 1990, 19-20.
363. Vidon G. & Coll., Restaurant thérapeutique associatif, *Revue pratique de psychologie de la vie sociale et d'hygiène mentale*, 2, 1987, 23-24.
364. Vidon G., Petitjean F. & Bonnet-Vidon B., Thérapeutiques institutionnelles, *Encyclopédie médico-chirurgicale*, 37930, G 10, 1989.
365. Vie J., Le traitement des malades mentaux par le travail. Les idées et les réalisations de H. Simon, *L'aliéniste français*, 10, 1934, 589-598.
366. Villatte J.M. & Mauvieux J., Le Centre Madeleine Gaillard, *Revue pratique de psychologie de la vie sociale et d'hygiène mentale*, 2, 1991, 40-42.
367. Viveret P., *Propositions en vue de l'évaluation du revenu minimum d'insertion. Rapport au premier ministre*, La Documentation française, 1988.
368. Weil S., *L'Enracinement* (1949), Paris, Gallimard, 1990.
369. Winnicott D.W., *Jeu et réalité*, Paris, Gallimard, 1975.
370. Withol de Wenden, Citoyenneté, cultures et lien social, *Alpha-Promotion hebdo*, 97, 1990, 2.
371. Woodbury M.A., L'équipe thérapeutique. Principes de traitement somato-psycho-social des psychoses, *L'information psychiatrique*, 10, 1966, 1047-1142.
372. Wortis J., *La psychiatrie soviétique*, Paris, PUF, 1953.

373. Wresinski J., *Grande pauvreté et précarité économique et sociale. Rapport au Conseil économique et social*, La Documentation française, 1987.
374. Zenoni A., Réinsertion sociale ou sortie de la psychiatrie, *L'information psychiatrique*, 62, 6, 1986, 739-744.
375. Zimmermann D., *Les mouvements de rénovation pédagogiques par eux-mêmes*, Paris, ESF, 1972.
376. Zissmann H., Quelques facteurs pouvant intervenir dans l'adaptation des malades mentaux à leur activité professionnelle, *Revue pratique de psychologie de la vie sociale et d'hygiène mentale*, 4, 1960, 199-207.
377. Zribi G., *Vers une psychothérapie sociale. Le sort des adolescents et des adultes handicapés mentaux*, Paris, ESF, 1987.
378. Zribi G., Expérience d'insertion en milieu ordinaire, *PEPS*, 35, 1990, 22-24.

Table des matières

Achevé d'imprimer par

PARA
GRAPHIC

31240 L'UNION (Toulouse)
Tél. (16) 61.74.27.67
Dépôt légal : Septembre 1991